Gabriele Schambach

Das unsichtbare Geschlecht der Stadtplanung

Genderkonstruktionen in der Planung des Potsdamer/Leipziger Platzes

Für Angela,
für immer Neues zu
Gender, Frauen, Männer...
und anderen Dingen
im Leben
Gaby

MV WISSENSCHAFT

Dissertation am Otto-Suhr-Institut für Politikwissenschaft am Fachbereich Politik- und Sozialwissenschaften der Freien Universität Berlin, Berlin 2005.

Gabriele Schambach, »Das unsichtbare Geschlecht der Stadtplanung. Genderkonstruktionen der der Planung des Potsdamer/Leipziger Platzes«

Verlagshaus Monsenstein und Vannerdat OHG Münster
www.mv-wissenschaft.com

Satz: Gabriele Schambach
Umschlag: Solar Suntay
Titelfoto: Karin Schambach
Druck und Bindung: MV-Verlag

ISBN:3-86582-281-9

INHALTSVERZEICHNIS

Einleitung

Als am 9. November 1989 die Berliner Mauer fiel, war dies der Anfang eines grundlegenden gesellschaftlichen und politischen Veränderungsprozesses in der Bundesrepublik und der DDR. Die in West- und Ost-Berlin geteilte Stadt sollte als Kennzeichen der „Wieder-Vereinigung“ auch städtebaulich zusammenwachsen und eine Gesamtstadt Berlin hergestellt werden. Als eines der markantesten und bekanntesten Gebiete diese Prozesses kann der Potsdamer/Leipziger Platz angesehen werden, der seit dem Ende des Zweiten Weltkrieges weitgehend eine innerstädtische Brachfläche darstellte. Buchstäblich über Nacht endete der 28 Jahre dauernde städtebauliche Dornröschenschlaf des durch die Mauer getrennten West-Berliner Potsdamer- und Ost-Berliner Leipziger Platzes. Und seit der damals Regierende Bürgermeister von West-Berlin, Walter Momper, am 11. November 1989 an dieser Stelle den neuen Grenzübergang eröffnete, stand die Entwicklung der Doppelplatzanlage über Jahre hinweg im Mittelpunkt des öffentlichen Interesses. Jahrelang diskutierten, verhandelten und stritten PolitikerInnen, Senatsverwaltungen, Investoren, StadtplanerInnen und ArchitektInnen sowie engagierte BürgerInnen in Veranstaltungen und Medien über die zukünftige Gestaltung und Nutzung des Potsdamer/Leipziger Platzes. Im Ergebnis sind nach 15 Jahren und milliardenhohen Investitionen auf dem 510.000 qm großen Gebiet 1,1 Millionen qm bebaute Fläche entstanden. In überwiegend moderner Hochhausarchitektur residieren Firmenzentralen internationaler Konzerne, zahlreiche Restaurants, Bars, Geschäfte, Kaufhäuser, Kinos, Hotels, ein Theater und eine Spielbank sowie eine hohe Anzahl von Büros, ergänzt um Wohnungen, umgeben von Parks und einer Wasserfläche, erreichbar über mehr als zehn neue Straßen.

Vergleicht man die Brachfläche von 1989 mit dem heutigen Anblick, stellt sich unweigerlich die Frage, wie es dazu gekommen ist, wie die Entwicklung ihren Anfang nahm. Und bei der Lektüre der zahlreichen Publikationen zum Potsdamer/Leipziger Platz stellt sich außerdem die Frage nach dem „unsichtbaren Geschlecht der Stadtplanung". Denn im Politikfeld Stadtplanung sind Genderkonstruktionen enthalten, die jedoch nicht offensichtlich, sondern vielmehr unsichtbar beziehungsweise verdeckt sind. Denn *alle* Politik in zweigeschlechtlich strukturierten Gesellschaften ist *immer* geschlechtlich codiert und alle gesellschaftlichen Hierarchien folgen der grundsätzlichen geschlechtlichen Scheidelinie, auch wenn nicht alle gesellschaftlichen Hierarchisierungen auf Geschlecht allein zurückführbar sind (Sauer 2000: 37). In die daraus resultierende Forschungslücke stößt diese Arbeit, indem exemplarisch am Potsdamer/Leipziger Platz Genderkonstruktionen im städtebaulichen Planungsprozess herausgearbeitet werden.

Aus einer politikwissenschaftlichen Perspektive ist der Prozess der Stadtplanung deshalb von besonderem Interesse, weil baulich-räumliche Strukturen „zu Stein gewordene Herrschaftsverhältnisse" sind (Becker 1998: 174) – als Ergebnis sozialer Auseinandersetzungen und gesellschaftlicher Diskurse (Krämer-Badoni 1995: 9). Sie sind gleichermaßen Spiegel der Gesellschaften, in denen sie entstehen, denn erst im Zusammenspiel stiften der materiale Raum und die gesellschaftlichen Sphären die gesellschaftliche Praxis (Holland-Cunz 1992/93: 32, vgl. Becker 1997).

Auf den ersten Blick scheint das Ideal vom Mensch als Maß des Bauens Frauen und Männer gleichermaßen einzubeziehen und keine Unterschiede zwischen den Geschlechtern zu machen (Dörhöfer 1994: 19). Tatsächlich jedoch gehen in die Gestaltung der räumlichen Umwelt Annahmen über die Geschlechter und die damit verbundenen Zuschreibungen ein, die wiederum Voraussetzungen schaffen, unter denen Geschlechterbeziehungen ausgehandelt werden (Frank 1998: 334). Frauen und Männern werden unterschiedliche Positionen in der Gesellschaft sowie Orte und Zuschreibungen zugewiesen (für viele: Rossanda 1990: 16). Die Polarität der Geschlechter steht in einem vielschichtigen Verhältnis von Statushierarchien jeder Art, wodurch Ungleichheit organisiert wird, die immer soziale, politische und ökonomische Folgen mit sich bringt (Seifert 1992: 275).

Die Wechselwirkung von baulich-räumlicher Gestaltung und den herrschenden Geschlechterverhältnissen gelangt dann ins

Blickfeld, wenn die Kategorie Gender berücksichtigt wird. Gender als kulturelle, politische und gesellschaftliche Konstruktion von Geschlecht gilt in modernen Gesellschaften als grundlegendes Organisations- und Ordnungsprinzip und somit als zentrale Struktur- und Analysekategorie (vgl. Frevert 1995). Durch die Kategorie Gender ist es möglich, das körperliche, biologische Geschlecht vom sozialen Geschlecht getrennt zu betrachten. Dadurch werden die sozialen Ungleichheiten der Geschlechter nicht als Folgen körperlicher Differenzen angesehen, sondern in den Kontext soziokultureller Normierungen gestellt (Gildemeister 2001: 65/66), in die als ein „generatives Muster der Herstellung sozialer Ordnung" Hierarchisierung und Ungleichheit explizit eingeschlossen sind (ebd.: 76).

Die Konstruktion von Gender vollzieht sich nach sozialkonstruktivistischen Ansätzen in einem wechselseitigen Prozess von individuellem Handeln und strukturellen Rahmenbedingungen. Im Alltagsverstand entsteht Interaktion, wenn ‚Frauen' und ‚Männer' als mehr oder weniger vorsozial gedachte Personen miteinander in Kontakt treten und handeln (Meuser 1998: 82, Gildemeister 2001: 73). In sich wiederholenden Interaktionsformen bewegen sich die Individuen in einem gesamtgesellschaftlichen Netzwerk spezifischer Werte, Normen, Bedeutungen, Interpretationen und Regeln, die Zwänge implizieren, denen sie nicht ausweichen können und an denen sie tagtäglich weiterknüpfen, sodass sie gleichzeitig die vergeschlechtlichten Gesellschaftsstrukturen sowie Herrschafts- und Machtsysteme reproduzieren (ebd.: 80, Becker-Schmidt 1995: 47, Lorber 1999: 47, Sauer 2000: 37). Die „gesellschaftliche Konstruktion von Wirklichkeit" kommt durch Prozesse der Institutionalisierung und Legitimation als kollektiv produzierte soziale Ordnung zustande und tritt den Menschen als objektiv erfahrbare Wirklichkeit gegenüber (Gildemeister 2001: 75).

Eine zentrale Rolle bei der Konstruktion von Gender spielen Institutionen (vgl. Connell 1995). Der Staat gilt als eine wichtige Institution, da durch politische Programme und die Gestaltung von Politikbereichen die Geschlechterverhältnisse konstituiert und reguliert werden. Neben dem Staat sind auch ökonomische Institutionen und transnationale Unternehmen sowohl in hohem Maße durch ihre Mehrzahl von Männern in Entscheidungspositionen vermännlicht als auch institutionell und strukturell vergeschlechtlicht (ebd.: 72).

Bei der städtebaulichen Planung des Potsdamer/Leipziger Platzes wird schon bei nur oberflächlicher Betrachtung zum einen deutlich, dass der Staat, durch die Senatsverwaltungen, und ökonomische Institutionen in Form der Investoren die Planung weitgehend bestimmt und entschieden haben, und zum anderen die Akteure in der überwiegenden Mehrheit Männer waren. Neben der Abwesenheit von Frauen ist weiterhin feststellbar, dass im Planungsprozess geschlechtsspezifische Aspekte von Stadtplanung unberücksichtigt blieben, das heißt, die Themen der Planung wurden verhandelt, als wären sie geschlechtsneutral.

Um die implizit enthaltenen Genderkonstruktionen in der Planung offen zu legen, ist es notwendig, auf einer strukturellen und symbolischen Metaebene die Vorstellungen und Argumente der Akteure von der Gestaltung des Potsdamer/Leipziger Platzes zu untersuchen. Dies ist möglich, indem die expliziten Botschaften und Sachverhalte auf implizite Konstruktionen von Weiblichkeit und Männlichkeit hin untersucht werden. Neben den Zuschreibungen für Frauen und Männer haben sie einen symbolischen Gehalt, da Attribute, Begriffe, Bereiche und Orte geschlechtlich konnotiert sind. Während Männlichkeit gegenüber Weiblichkeit immer höher bewertet wird, existieren auch Dominanzverhältnisse unter Männern beziehungsweise verschiedenen Männlichkeiten, wobei *hegemoniale Männlichkeit* als kulturelles Ideal und Orientierungsmuster gilt (Connell 1987, 1999, Meuser 1998: 98). Diese entsteht, „wenn es zwischen kulturellem Ideal und institutioneller Macht Entsprechungen gibt“ (Connell 1999: 98) und kommt in Relation zu abgewerteten Männlichkeiten durch Unterordnung, Marginalisierung und Ausgrenzung zum Tragen. Alle Formen von Männlichkeiten grenzen sich gegenüber Weiblichkeit ab, während abgewertete Männlichkeit in der empirischen Analyse nur heraus gearbeitet werden kann, wenn sie gleichzeitig ins Verhältnis zu

Weiblichkeit gesetzt wird *und* weitere soziale Kategorien, wie beispielsweise Ethnie (race), Klasse/Beruf etc. berücksichtigt werden.

These und Fragestellung

Für die Untersuchung der Planung des Potsdamer/Leipziger Platzes ist davon auszugehen, dass Stadtplanung auf einer strukturellen und symbolischen Metaebene eine männlich vergeschlechtlichte Institution ist. Es wird zu zeigen sein, dass in den Vorstellungen der an der Planung beteiligten Akteure Genderkonstruktionen eingelassen sind, die durch ihre impliziten Konstruktionen von Weiblichkeit und Männlichkeit*en* sichtbar werden und grundlegend auf der Trennung von Öffentlichkeit und Privatheit basieren. Es ist anzunehmen, dass sich im Planungsprozess und -ergebnis jene Vorstellungen und Argumente haben durchsetzen können, die entsprechend hegemonialer Männlichkeit konstruiert sind.

Zur Überprüfung dieser Annahmen ist danach zu fragen:

- Wie ist Gender konkret in den Vorstellungen der Akteure konstruiert?
- Was sind dabei jeweils die Merkmale von hegemonialer und abgewerteter Männlichkeit sowie von Weiblichkeit?
- Welche Akteure haben sich mit welchen Vorstellungen und Argumenten im Planungsverlauf durchsetzen können?

Die Analyse auf einer symbolischen Metaebene der Planung ermöglicht die Offenlegung des unsichtbaren Geschlechts der Stadtplanung und verdeutlicht Macht- und Hierarchieverhältnisse entlang der Kategorie Gender. Das Aufzeigen konkreter Merkmale von Genderkonstruktionen in Planungsprozess und -ergebnis kann – differenziert und kontextualisiert – Auskunft geben über die realen räumlichen und sozialen Zuordnungen und somit über die Auswirkungen auf das Leben von Frauen und Männern.[1]

Methodisches Vorgehen

Die Bearbeitung der Fragestellung verlangt ein methodisches Vorgehen, bei dem sowohl der Politikgestaltungsprozess – also der Planungsverlauf – rekonstruiert werden kann, als auch die Genderkonstruktionen in den Vorstellungen der Akteure sichtbar werden. Deshalb wurde eine Methodenkombination aus Elementen der Politikfeld- und der Diskursanalyse gewählt, die zwar nicht umfassend berücksichtigt oder angewendet werden, aber Forschungsergebnisse ermöglichen, die mit den einzelnen methodischen Konzepten nicht zu erzielen wären.

Zur bestmöglichen Rekonstruktion von Politikgestaltungsprozessen bietet die Politikfeldanalyse ein methodisches Vorge-

[1] Zu berücksichtigen ist dabei, dass es nicht *eine* Frauensicht, ein gemeinsames Interesse und Bedürfnis an der gebauten Umwelt gibt (vgl. Terlinden 1993, Dörhöfer 1994) und auch Männer einen frauentypischen Lebensalltag haben können (vgl. Niedersächsisches Frauenministerium 1996).

hen, bei dem politische Institutionen und politische Prozesse in engem Zusammenhang mit den Politikinhalten untersucht werden, um aufzuzeigen, welche Akteure sich mit welchen Argumenten durchsetzen konnten (vgl. Windhoff-Héritier 1987, Héritier 1993, Schubert 1991). Der Fokus liegt üblicherweise auf dem politisch-administrativen System,[2] ergänzt um relevante nicht-staatliche Akteure. Beim Planungsprozess des Potsdamer/Leipziger Platzes stehen die Senatsverwaltungen im Mittelpunkt der Betrachtung, weil diese sowohl die formal zuständigen staatlichen Stellen als auch wesentliche Entscheidungsträger innerhalb des politisch-administrativen Systems waren. Als nicht-staatliche Akteure sind selbst bei einer nur oberflächlichen Betrachtung der Planung des Potsdamer/Leipziger Platzes die vier großen Investoren relevant: Daimler Benz, Sony, Hertie/Wertheim und Asea Brown Boveri (ABB)/Haus Vaterland[3]. Diese wurden aufgrund ihrer Einflussmächtigkeit ausgewählt, da sie direkt mit dem politisch-administrativen System verhandelten und die Planung maßgeblich mit entschieden.

---

[2] Darunter werden allgemein alle diejenigen binnenstrukurellen Faktoren gefasst, die auf den politischen Problemverarbeitungsprozess einen Einfluss ausüben. Die zunächst ungewohnte Zusammenfassung von Legislative und Exekutive, Politikern und Bürokraten trägt der Erkenntnis Rechnung, dass die tatsächlichen politischen Problemlösungen unter den Handlungsbedingungen moderner westlicher Demokratien in der Regel von den politischen Programmen und politischen Forderungen abweichen (Schubert 1992: 728).

[3] ABB und Haus Vaterland firmierten 1992 zu ‚A+T' (ein Zusammenschluss von Roland Ernst, dem rheinischen Unternehmer Berthold Kaaf, der Bayerischen Hypobank und Asea Brown Boveri), nachdem Roland Ernst die Immobilie Haus Vaterland erworben hatte (Schweitzer 1996: 107).

Aufgrund dieser Fokussierung bleiben die Vorstellungen weiterer nicht-staatlicher Akteure, zum Beispiel Bund Deutscher Architekten, Architektur und Ingenieurverein, Gruppe 9. Dezember etc., weitgehend unberücksichtigt.

Aus politikwissenschaftlicher Perspektive ist der Zeitraum von November 1989 beziehungsweise den ersten dokumentierten Aktivitäten der Senatsverwaltungen Anfang 1990 bis zum 10. Dezember 1991 von besonderem Interesse, da in diesem Zeitraum der politischen Verhandlungen die verschiedenen Positionen und Vorstellungen der Akteure besonders gut sichtbar werden. Mit dem Mauerfall am 9. November 1989 wurde erstmals nach fast drei Jahrzehnten eine gesamtstädtische Planung für das West- und Ost-Berliner Gebiet des Potsdamer/Leipziger Platzes möglich. Zu diesem Zeitpunkt gab es allerdings kaum konkrete Vorstellungen von der Nutzung, Funktion oder Bebauung. Es galt also in einem politischen Verhandlungsprozess die grundsätzliche Gestaltbarkeit des Gebietes zu entscheiden, bei dem alles möglich war oder möglich gewesen wäre. Der städtebauliche Politikgestaltungsprozess endete mit dem Senatsbeschluss vom 10. Dezember 1991, in dem die Grundlagen der weiteren Planung festgelegt und das formale Verfahren eingeleitet wurden. Letzteres mündete am 28. Juni 1994 in den Festsetzungsbeschluss des so genannten Koordinierungsplanes, der das gesamte Areal umfasste und die städtebaulichen Rahmenbedingungen für die weitere Bebauung vorgab.

Mit dem methodischen Konzept der Politikfeldanalyse kann zwar sichtbar gemacht werden, mit welchen Argumenten, Ideen und Überzeugungen sich die Akteure im Planungsverlauf haben durchsetzen können, aber das *Subthema* Geschlechterpolitik kann damit nicht adäquat erfasst werden, weil es nicht direkt thematisiert, sondern quasi verdeckt und folglich wenig ‚greifbar' ist (vgl. Behning 1997). Geschlechterpolitik kann durch die Analyse von Texten herausgearbeitet werden. Texte sind als Ergebnisse von Sprech- und Denktätigkeiten gesellschaftliche Produkte, deren Summe Bestandteil einer aktiven Auseinandersetzung mit der Umwelt zu einem bestimmten Thema darstellt, bei der gesellschaftliche Wirklichkeit entsteht (Jäger 1993: 171, ders. 1994: 14). Sie geben Auskunft über die darin transportierten Vorstellungen in Bezug zu den herrschenden gesellschaftlichen Machtverhältnissen und den dadurch zugewiesenen unterschiedlichen Lebenspraxen der Menschen (Jäger 1993: 416, Gildemeister 2001: 79).

Eine Kombination beider methodischer Vorgehensweisen ermöglicht sowohl, den Politikgestaltungsprozess der städtebaulichen Planung des Potsdamer/Leipziger Platzes anhand der Politik- oder Planungsinhalte sowie die Veränderungen der Machverhältnisse und Koalitionen zu untersuchen, als auch die impliziten Genderkonstruktionen in den Vorstellungen der beteiligten Akteure offen zu legen.

Da die Senatsverwaltung für Stadtentwicklung und Umweltschutz innerhalb des politisch-administrativen Systems für den Planungsprozess von 1989 bis Ende 1991 hauptverantwortlich war,[4] wurden die dort befindlichen Dokumente, wie Sitzungsprotokolle, Gesprächsnotizen, Vermerke, Briefe etc., ausgewertet und öffentliche Dokumente, wie Pressemitteilungen, Ausschuss- und Senatsprotokolle sowie Publikationen der Senatsverwaltungen und Investoren untersucht. Zeitungsartikel, Zeitschriftenaufsätze und Sekundärliteratur wurden ergänzend herangezogen. Weil das Planungsverfahren formal erst mit dem Festsetzungsbeschluss des Berliner Senats am 28. Juni 1994 endete, ist dieses Dokument als Ergebnis der städtebaulichen Planung ebenfalls eine relevante Quelle, weil die Ergebnisse der Realisierungswettbewerbe der Einzelgrundstücke von Daimler Benz und Sony 1992 sowie von A+T 1993 zum Teil in dieses Dokument und damit in das städtebauliche Planungsergebnis Eingang gefunden haben. Auf (ExpertInnen-)Interviews wurde verzichtet, da der Interessenfokus nicht auf der detaillierten und lückenlosen Rekonstruktion des Prozesses liegt. Darüber hinaus würde die Herausarbeitung von impliziten Genderkonstruktionen in Interviews, mehrere Jahre nach dem Handlungszeitraum, ein anderes Herangehen sowie eine modifizierte Fragestellung erfordern.

[4] Erst mit Einleitung des formalen Planungsverfahrens ging die Verantwortung an die Senatsverwaltung für Bau- und Wohnungswesen über.

Aufbau der Arbeit und Forschungsstand

Der im ersten Kapitel dargelegte theoretische Bezugsrahmen bildet die Folie für die Analyse der Planungsunterlagen. Da die sozialwissenschaftliche Gender-Forschung Stadt und Raum weitgehend unberücksichtigt lässt, während die Planungswissenschaften die symbolischen und strukturellen Aspekte kaum theoretisieren, mussten beide Perspektiven für die vorliegende Arbeit zusammengeführt werden. In der Politikwissenschaft fehlen bisher Forschungen über die Verbindung von Stadtplanung als Politikfeld und Gender.

Zunächst wird die Konstruktion der Kategorie Gender (1.1) anhand sozialkonstruktivistischer Ansätze dargelegt (vgl. Gildemeister 2001, Lorber 1999). Die Konstruktionen von Männlichkeiten werden mittels des Konzeptes der hegemonialen Männlichkeit (Connell 1987, 1999) und weiteren Ausführungen aus dem Bereich der Männer- und Männlichkeitsforschung erläutert (vgl. Meuser 1998, Walter 2000, Döge 2001).

Feministische Planerinnen und Planungswissenschaftlerinnen (1.2) haben sich mit dem Main-/Malestream der Planung(swissenschaft) auseinander gesetzt und auf Grundlage von Analysen Kriterien für die Sektoralbereiche der Stadtplanung erarbeitet. Diese Kriterien feministischer Stadtplanung dienen als Analyseraster für die Untersuchung der verhandelten Themen bei der Planung des Potsdamer/Leipziger Platzes.

Konkrete Handlungsanleitungen geben dazu das Niedersächsische Frauenministerium (1996), das Frauenreferat der Stadt Frankfurt am Main (1996) und das Hessische Ministerium für Wirtschaft, Verkehr und Landesentwicklung (1996). Mit dem gesellschaftlichen Kontext beschäftigten sich wegweisend unter anderem Becker (1997, 2000), Dörhöfer (1999, 2002), Dörhöfer/Terlinden (1998, 2001). Es bleibt jedoch zu konstatieren, dass eine Weiterentwicklung feministischer Planung(swissenschaft) seit den theoretischen Debatten um die Dekonstruktion von Geschlecht bisher nicht stattfand.
Die Zusammenführung der *raumvergessenen* Gender-Forschung mit der praxisorientierten Planungswissenschaft erfolgt durch die Darlegung von Imaginationen und Ausformungen gesellschaftlicher und baulicher Räume (1.3). Auf den grundlegenden Ausführungen zu Imaginationen von Weiblichkeit und Männlichkeit von Bovenschen (1979) werden die konkreten Merkmale von Weiblichkeit und Männlichkeit sowie die geschlechtlichen Konnotationen von Attributen, Eigenschaften, Tätigkeiten und Verhaltensweisen aus der verwendeten Literatur, die alle miteinander übereinstimmenden, vorgestellt. Für die Genderkonstruktionen in den Vorstellungen von (Groß-)Stadt ist die Arbeit von Susanne Frank (2003) wegweisend. Den gemeinsamen Bezugspunkt von gesellschaftlichen und baulichen Räumen bilden die Bereiche Öffentlichkeit und Privatheit, deren Trennung als ein Herrschaftsmechanismus in modernen Gesellschaften gilt und deren Konstruktionen auch in der Planung des Potsda-

mer/Leipziger Platzes nachzuweisen sein wird. In Kombination mit hierarchischen vergeschlechtlichten Raumkategorien dienen die Merkmale von Weiblichkeit und Männlichkeit zur Analyse sowohl der gesellschaftspolitischen wie baulich-räumlichen Genderkonstruktionen in der Planung des Potsdamer/Leipziger Platzes.

Das Kapitel wird durch die Darstellung des methodischen Vorgehens abgeschlossen. Wie bereits erwähnt, beruht dieses auf Elementen der Politikfeldanalyse (vgl. Windhoff-Héritier 1987, Héritier 1993, Schubert 1991) sowie auf der Diskursanalyse (vgl. Jäger 1993, 1994). Die Kombination beider Ansätze unter Berücksichtigung von Genderaspekten bieten Behning (1997, 1999) und Behning/Lepperhoff (1997).

Im zweiten Kapitel wird zunächst (2.1) ein Überblick über den zeithistorischen, gesellschaftspolitischen und städtebaulichen Hintergrund sowie eine Darstellung des Planungsprozesses im Zeitraum von 1989 bis Ende 1991 gegeben (vgl. Pabsch 1998, Lampugnani/Schneider 1994, Frank 2000). Anhand der ausgewählten städtebaulichen Themen Nutzungsmischung, Städtebauliche Form, Erwerbsarbeit, Wohnen und Freiflächen werden der Planungsprozess soweit wie möglich rekonstruiert[5] und die enthaltenen Genderkonstruktionen in den Vorstellungen der beteiligten Akteure

[5] Zur umfassenden Rekonstruktion von Planungsprozessen im Berlin der frühen 1990er Jahre sei besonders auf Lenhart 2001 verwiesen.

heraus gearbeitet (2.2 bis 2.6). Die Auswahl erfolgte zum einen anhand der Themen, die von feministischer Planung(swissenschaft) bearbeitet wurden (vgl. Kapitel 1.2.), und zum anderen, ob im Untersuchungszeitraum ein Konsens zwischen den Akteuren erzielt werden konnte.[6]

Im dritten Kapitel werden eine abschließende zusammenführende Schlussbetrachtung sowie ein Ausblick auf weitere mögliche Forschungsvorhaben gegeben.

Die Planung des Potsdamer/Leipziger Platzes ist ein sehr prominentes Beispiel mit historischen Besonderheiten, mit finanzkräftigen Investoren und einem einzigartigen Planungszeitpunkt. Es stellt sich die Frage der Transformierbarkeit der Forschungsergebnisse dieser Arbeit auf andere stadtplanerische Projekte beziehungsweise Stadtplanung insgesamt. Zum einen sind Einzelfall-Analysen hilfreich zur weiteren Entwicklung feministischer Ansätze, sowohl in der Politikwissenschaft als auch in der Planung(swissenschaft), um die Mechanismen der Produktion und Reproduktion von Geschlecht und Geschlechterhierarchien im Blick zu behalten (vgl. Behning/Lepperhoff 1997: 58). Zum anderen ist davon auszugehen, dass die vergeschlechtlichte Institution Stadtplanung auch bei anderen städtebaulichen Planungsprozessen

---

[6] So wurde beispielsweise die Verkehrsplanung, obwohl sie bei der Planung relevant war, nicht berücksichtigt, da bis Ende 1991 keine Einigung über die verschiedenen Aspekte erzielt werden konnte.

ähnliche oder vergleichbare Konstruktionen und Implikationen von Gender aufweist.

1 Theoretischer Bezugsrahmen

Der theoretische Bezugsrahmen bildet die Folie für die Analyse der Planung des Potsdamer/Leipziger Platzes. Da die sozialwissenschaftliche Gender-Forschung Stadt und Raum weitgehend unberücksichtigt lässt, während die Planungswissenschaften die symbolischen und strukturellen Aspekte kaum theoretisieren, werden beide Perspektiven zusammengeführt.

Bei der Darstellung von theoretischen Ansätzen in der Gender-Forschung stehen die Konstruktion von Gender sowie die Konstruktionen von Männlichkeit*en* in ihrem relationalen und hierarchischen Verhältnis im Mittelpunkt. In der feministischen Planung(swissenschaft) hingegen liegt der Schwerpunkt auf der Konstitution von Gender, die in der Stadtplanung ihren materiellen Ausdruck findet, denn der bebaute und unbebaute Raum gilt als Ergebnis von Genderkonstruktionen.

Die Zusammenführung der beiden Ansätze erfolgt durch die Darlegung von Imaginationen und Ausformungen gesellschaftlicher und baulicher Räume. Neben Imaginationen von Weiblichkeit und Männlichkeit bilden die Bereiche Öffentlichkeit und Privatheit den gemeinsamen Bezugspunkt von gesellschaftlichen und baulichen Räumen.

Die feministischen Kriterien für die Sektoralbereiche der Stadtplanung und die Merkmale von Weiblichkeit und Männlichkeit dienen in Kombination mit vergeschlechtlichten Raumkategorien als Analyseraster für die Untersuchung der verhandelten Themen bei der Planung des Potsdamer/Leipziger Platzes.

Das Kapitel wird durch die Darstellung des methodischen Vorgehens abgeschlossen.

1.1 Theoretische Ansätze der Gender-Forschung

„Wie immer wir die soziale Welt einteilen,
welche Analyse-Einheit auch immer wir wählen,
wir stoßen auf Momente der Praxis,
die die Geschlechter konfigurieren“
(Connell 1995: 64).

Geschlecht gilt als zentrales Strukturprinzip von Gesellschaft und ‚übernimmt' als zentraler Ordnungs- und Orientierungsbegriff eine politisch regulierende Funktion für die Gesellschaft (vgl. Frevert 1995, Pinl 1993, Sauer 2000). Frauen und Männern werden unterschiedliche Positionen, Orte und Zuschreibungen in der Gesellschaft zugewiesen (für viele: Rossanda 1990: 16). Auch wird der Zugang eines Geschlechts zu Tätigkeiten und Rechten bestimmt, während umgekehrt die Wertigkeit von Tätigkeitsfeldern davon abhängig ist, welchem Geschlecht sie zugestanden werden (Hagemann-White 1985: 231). Die Polarität der Geschlechter steht in einem vielschichtigen Verhältnis von Statushierarchien, wodurch soziale, politische und ökonomische Ungleichheit organisiert wird (vgl. Seifert 1992: 275). *Alle* Politik ist in zweigeschlechtlich strukturierten Gesellschaften *immer* geschlechtlich codiert und alle gesellschaftlichen Hierarchien folgen der grundsätzlichen geschlechtlichen Scheidelinie, auch wenn nicht alle gesellschaftlichen Hierarchisierungen auf Geschlecht allein zurückführbar sind (Sauer 2000: 37).

Durch die Unterscheidung der Kategorie Geschlecht sowohl in der Wissenschaftslandschaft als auch in politischen Zusammenhängen in das biologische Geschlecht (Sex) und das soziale Geschlecht (Gender) ist es möglich, das körperliche, biologische Geschlecht vom sozialen Geschlecht getrennt zu betrachten (für viele: Frevert 1995, Becker-Schmidt/Knapp 2000).[7] Dadurch werden die sozialen Ungleichheiten der Geschlechter nicht als Folgen körperlicher Differenzen angesehen, sondern in den Kontext soziokultureller Normierungen gestellt (Gildemeister 2001: 65/66). Die Geschlechter*ordnung* umfasst als wandelbare, historisch-politisch gewordene Form die soziale Organisation, das Erleben der Individuen, die ökonomische Produktion, die politische Repräsentation und die symbolische Reproduktion von Gesellschaft (Sauer 2000: 37). Die damit verbundene binäre Klassifikation ist zwar brüchig und im Rahmen wandelbar, aber dennoch sehr nachhaltig wirksam (Gildemeister 2001: 74), da die Geschlechterzuschreibungen verwoben sind mit politischen und ökonomischen Machtkonflikten, die enorm resistent gegenüber widersprechenden Erfahrungen sind (Hagemann-White 1985: 231f.). Gender gilt in diesem Kontext als ein „generatives Muster der Herstellung sozialer Ordnung", in der soziale Hierarchisierung und soziale Ungleichheit explizit eingeschlossen sind (Gildemeister 2001: 76).

---

[7] Einen Überblick über die Definitionen im US-amerikanischen sowie im deutschen Kontext bietet Stephan (2000).

Die Gender-Perspektive postuliert einen differenzierenden Blick auch auf männliche Lebenszusammenhänge. Es wird jedoch nicht danach gefragt, welche Botschaften auf gesellschaftlicher, institutioneller und personaler Ebene an Männer herangetragen werden, sondern wie unterschiedliche Männlichkeiten durch tagtägliche Handlungen konstruiert werden (Engelfried 1997: 49). Innerhalb der Männer-/Männlichkeitsforschung[8] wird die in der Praxis weiterhin bestehende Opposition zwischen Frauen und Männern in ihrer sozialen, kulturellen und politischen Realität als Mechanismus der Hierarchisierung untersucht. Da in die Beziehung der Geschlechter die Asymmetrie notwendig eingebaut ist, wird immer auch die Machtrelation berücksichtigt (Seifert 1992, 861, Knapp 2000: 75).[9]

---

[8] Einen Überblick bietet BauSteineMänner (1996); zu Forschungen in Deutschland vgl. Walter (2000); zu internationalen empirischen Untersuchungen vgl. Connell (2000).

[9] Viele Publikationen, die *Gender* im Titel tragen, befassen sich jedoch fast ausschließlich mit Frauen und ihrer Perspektive im Geschlechterverhältnis, was Walter als „Etikettenschwindel" bezeichnet (Walter 2000: 108), und was das wissenschaftliche Erkenntnispotential der Kategorie erheblich eingeschränkt.

1.1.1 Konstruktion von Gender

Gender wird in einer Wechselseitigkeit von individuellem Handeln und strukturellen Rahmenbedingungen konstruiert. Sozialkonstruktivistische Ansätze setzen den Schwerpunkt nicht auf gesellschaftstheoretische Ableitungen, sondern auf empirische Rekonstruktion, bei der danach gefragt wird, *wie* Gender sowohl im Individuum als auch in Strukturen und Institutionen konstruiert ist (vgl. u.a. Meuser 1998, Connell 1995 und 1999, Gildemeister 2001). Da anscheinend aufgrund von Körpermerkmalen (ausschließlich) zwei Geschlechter existieren, erforschen interaktionstheoretische Analysen den Prozess der Naturalisierung, in dem Wahrnehmungskategorien, Einstellungen und Verhalten später für *Natur* gehalten werden. Es wird danach gefragt, welche Bedeutung dem *natürlichen* Geschlechtsunterschied von Frauen und Männern im Sinne einer biologischen Zweigeschlechtlichkeit zukommt und welche Strukturen sich auf dieser Grundlage entwickeln (Knapp 2000: 66). Es ist davon auszugehen, dass der Zuordnung zu einem biologischen Geschlecht ein sozialer Prozess der Klassifikation zu einer Mitgliedschaft – Gender – folgt (Gildemeister 2001: 72).

Im Alltagsverstand entsteht Interaktion, wenn ‚Frauen' und ‚Männer' als mehr oder weniger vorsozial gedachte Personen in Kontakt miteinander treten und handeln. Durch Interaktionen werden Frauen wie Männer in einem formenden Prozess zu kompetenten Konstrukteuren von Wirklichkeit (Meuser

1998: 82, Gildemeister 2001: 73). „Man kann also sagen: Man ‚hat' ein Geschlecht erst dann, wenn man es *für* andere hat. [...] [Dies] bewahrt uns vor dem Mißverständnis, das Geschlecht sei irgendetwas, das ‚im Individuum' zu verankern, als Merkmal oder Eigenschaft von Personen dingfest zu machen sei, das im Alltagshandeln dann lediglich einen Ausdruck findet" (ebd.: 73, Hervorhebung im Original).

In sich wiederholenden Interaktionsformen bewegen sich die Individuen in einem gesamtgesellschaftlichen Netzwerk spezifischer Werte, Normen, Verhaltens- und Handlungsmodi, die Zwänge implizieren, in die sie involviert sind und denen sie nicht ausweichen können (Gildemeister 2001: 73). Die AkteurInnen bewegen sich in einem Netz von Bedeutungen, Interpretationen und Regeln, an dem sie tagtäglich weiterknüpfen und durch das sie gleichzeitig die vergeschlechtlichten Gesellschaftsstrukturen sowie Herrschafts- und Machtsysteme reproduzieren (ebd.: 80, Becker-Schmidt/Knapp 1995: 47, Lorber 1999: 47, Sauer 2000: 37). Die „gesellschaftliche Konstruktion von Wirklichkeit" wird als soziale Realität „sui generis" erfahren (Gildemeister 2001: 76) und wirkt als objektivierte gesellschaftliche Wirklichkeit ihrerseits auf das Handeln zurück (ebd.: 81). Durch Prozesse der Institutionalisierung und Legitimation kommt die soziale Ordnung als kollektiv produzierte zustande und tritt den Menschen als objektiv erfahrbare Wirklichkeit gegenüber (ebd.: 75). Auf der Ebene der Interaktion wird soziale Wirklichkeit *re*produziert, was implizit auch bedeutet, dass die stabil erscheinende soziale Realität reproduziert werden *muss* (ebd.: 83). Handlungen von Einzelnen und Gruppen werden in größeren Einheiten konfiguriert, die sich nicht nur in gegebenen Strukturen bewegen und auf diese regieren, sondern diese auch verändern (können) – sie konstituieren und rekonstruieren diese Strukturen (Connell 1995: 64, Walter 2000: 100). Mit *sozial* wird zwar auch Gestaltbarkeit und Machbarkeit verknüpft, aber dabei übersehen, dass „auch die soziale Wirklichkeit in dem Sinne ‚Wirklichkeit' ist, daß sie ständig die Erfahrung von Resistenz vermittelt" und mitunter wenig steuerbar und intentional gestaltbar ist (Gildemeister 2001: 83).

Für die mehrdimensionale Konstruktion von Gender sind vor allem *Macht- und Produktionsbeziehungen* von Bedeutung, die in ihrem Zusammenspiel sehr vielschichtig und komplex sind (Engelfried 1999: 66).
Machtbeziehungen bewirken die Dominanz von Männern über Frauen, deren Hauptachse in der gegenwärtigen europäisch-amerikanischen Geschlechterordnung in der allgemeinen Unterordnung von Frauen und der Vorherrschaft von Männern besteht – eine „Struktur, die die Frauenbewegung ‚Patriarchat' nannte und die gegen Widerstände verschiedenster Art weiter besteht" (Connell 1999: 92). Auch *Produktionsbeziehungen* basieren im kapitalistischen Wirtschaftssystem auf Hierarchisierungen. Als ökonomische Konsequenzen profitieren Männer beispielsweise von geschlechtlicher

Arbeitsteilung und ungleichen Lohnzahlungen, sodass die kapitalistische Ökonomie als ein vergeschlechtlichter Akkumulationsprozess angesehen werden kann (Connell 1995: 65-67).[10]

Strukturen und Institutionen

Die Wirkungsmächtigkeit hierarchischer Geschlechterverhältnisse basiert auch darauf, dass Gender eine *strukturierende* Struktur ist, ein verfestigtes Muster, das das Handeln in den Strukturen geronnener Zweigeschlechtlichkeit wiederum präformiert (Sauer 2000: 41). Diese Strukturen beruhen auf dem Prozess des *doing gender*, das heißt, Menschen als Handlungsträger bestätigen oder stellen durch ihre alltägliche Praxis die vorgegebenen Normen und Erwartungen in Frage, sodass in dem Austausch zwischen individueller Praxis und gesellschaftlichen Strukturen die Produktion von Gender stattfindet (Lorber 1999: 6): Durch die Verankerung von Gender, als Prozess der sozialen Konstruktion, in Familie, am Arbeitsplatz und im Staat wie auch in der Sexualität, Sprache und Kultur werden alle Aspekte des Lebens strukturiert (ebd.: 46). Die Mikropolitik des Alltags und die Makropolitik staatlicher Herrschaft legitimieren einander wechselseitig, indem Gender einerseits die Erwartungsmuster für Individuen

[10] Als dritte Dimension gelten *Emotionale Bindungsstrukturen (Katexis)*, das sexuelle Begehren, das die Dominanz von Männern durch ein System von (Zwangs-)Heterosexualität stützt, und das nicht als natürlich gilt, sondern als soziale Konstruktion in den Wirkungskreis von Machtverhältnissen fällt (ebd.).

bestimmt und andererseits in „die wichtigsten Formen der sozialen Organisation einer Gesellschaft, also Wirtschaft, Ideologie, Familie, Politik eingebunden" ist (Lorber 1999: 41, vgl. Kreisky/Sauer 1997, Barett 1999, Sauer 2000).

Eine zentrale Rolle bei der Konstruktion von Gender spielen Institutionen, die ein Geschlecht *haben* beziehungsweise Geschlechter produzieren (Sauer 2000: 41). „Für viele WissenschaftlerInnen ist es schwierig zu akzeptieren, daß Institutionen in ihrer Substanz und nicht bloß metaphorisch vergeschlechtlicht sind" (Connell 1995: 65).

Der Staat ist eine wichtige Institution, der im Sinne einer Regulierung der Geschlechterverhältnisse politische Programme hervorbringt und Politikbereiche von Bildung, Strafjustiz, Militär über Bevölkerungspolitik bis Wohnungsbau und Stadtplanung gestaltet (ebd.: 71).[11] Als vergeschlechtlichte Institution ist für die Strukturen moderner Staaten typisch, dass die wichtigsten Zentren der Staatsmacht in hohem Maße vermännlicht sind, indem Entscheidungspositionen überwiegend mit Männern besetzt sind (ebd.: 71). Ebenso sind ökonomische Institutionen – das Weltkapital – geschlechtlich geprägt, denn internationale Unternehmen werden überwie-

[11] Diese Aktivitäten des Staates gehen einher mit sozialen Kategorien, durch die sie definiert werden: So hat zum Beispiel die Medizin zur Schaffung der Kategorie „Homosexuelle" beigetragen und zu repressiver Gesetzgebung geführt, Kategorien von Ehemann und Ehefrau führten zu Ehegesetzgebung und Steuerpolitik etc. (ebd.: 71).

gend von Männern kontrolliert und sind in gleicher Weise institutionell vergeschlechtlicht wie der Staat (ebd.: 72).[12] Allerdings färben nicht nur die Persönlichkeiten der Männer in Führungspositionen auf die Institutionen ab, sondern sie sind auch deshalb in diesen Positionen, weil Einstellungen und Beförderungen geschlechtsbezogen vorgenommen werden. Und weil direkte Ausschlussmechanismen gegenüber Frauen zunehmend in Frage gestellt werden, steigt die Relevanz indirekter Mechanismen, wie informeller Netzwerke und Job-Designs, die auf spezifisch männliche Biographien zugeschnitten sind (Döge 1999: 34). Darüber hinaus sind auch die interne Arbeitsteilung und Kontrollsysteme sowie die routinemäßigen Handlungsabläufe oder Konsensbildungsprozesse geschlechtsabhängig organisiert (Connell 1999: 93, Barrett 1999: 72). Eine besondere Art von Männlichkeit ist also in die jeweilige Institution und darüber hinaus in unpersönlicher Weise in der Kultur, in den Sprachstrukturen und anderen Symbolsystemen eingelassen (vgl. Connell 1995).

---

[12] Auch das Militär ist eine Institution, die aufgrund ihrer Struktur, Praktiken, Werte, Riten und Rituale vergeschlechtlicht ist. Es ist überwiegend von Männern bevölkert und prägt maßgeblich die Männlichkeitsvorstellungen in der Gesellschaft, indem der Soldat fast weltweit als Prototyp des männlichen Mannes angesehen wird (Barrett 1999: 71).

1.1.2 Hegemoniale Männlichkeit

Auf Grundlage empirischer Untersuchungen kann heute nicht mehr von *der* Männlichkeit gesprochen, sondern es muss vielmehr von Männlichkeit*en* ausgegangen werden (vgl. Connell 1999, Döge 2001). Diese sind abhängig von weiteren sozialen Kategorien wie Ethnie (race), Religionszugehörigkeit, Sexualität, Alter, Klasse/Beruf, sozialem Status, globaler Positionierung etc. (Connell 1999: 96).[13] Dabei geht es allerdings nicht um eine bloße Kombination dieser Kategorien, sondern um Hierarchisierungen von Männlichkeiten. Um diese hierarchischen Differenzierungen erfassen zu können, hat Connell das offene und dynamische Konzept der *Hegemonialen Männlichkeit* entwickelt, das für die folgende empirische Untersuchung erkenntnisfördernd ist.

Angelehnt an das Hegemoniekonzept von Antonio Gramcsi, das dieser für Klassenbeziehungen entwickelt hat, sind zwei Aspekte besonders hervorzuheben:

Hegemonial ist das, was sich in einer historisch spezifischen Situation gegen andere Möglichkeiten durchgesetzt hat. Es ist also veränderbar und kann bei neuen Konstellationen herausgefordert, verändert oder verstoßen werden. Dies bezieht sich auf eine gesellschaftliche Dynamik, mit der eine Gruppe eine

---

[13] Meuser hat darauf hingewiesen, dass der Einbezug sämtlicher sozialen Kategorien zur Beliebigkeit führt (Meuser 1998: 78, ders. 2000: 54). Seiner Argumentation folgend sind jene Kategorien relevant, die zu Hierarchisierungen führen beziehungsweise in einem hierarchischen Verhältnis zueinander stehen.

Führungsposition im gesellschaftlichen Leben einnimmt und aufrechterhält (Connell 1999: 98), wobei die Konstruktion keine Frage der Aushandlung „zwischen bereits festgelegten Gruppierungen, sondern z.T. eine Frage der BILDUNG dieser Gruppierungen" ist (Carrigan/Connell/Lee 1996: 64/65, Hervorhebung im Original). Gleichzeitig verweist der Begriff auf Situationen, die als selbstverständlich und *normal* konstruiert werden. Damit wird über das materielle Innehaben von Macht hinausgegangen und der Blick auf Prozesse gelenkt, die durch Definitionen von Normalität und Moral sowie den Vorstellungen von gesellschaftlichen Wünschenswertem entstehen und Eingang in gesellschaftliches Denken finden (Barrett 1999: 73).
Zweitens verfügt Hegemonie über ein hohes Maß an Autorität, das auch auf der Zustimmung oder zumindest Duldung der Beherrschten aufbaut. Dies unterscheidet sie von der reinen Gewaltherrschaft oder Diktatur, auch wenn die Option der angedrohten oder realen Gewalt besteht (Walter 2000: 101).

Das Konzept der Hegemonialen Männlichkeit erfasst sowohl das Herrschaftsverhältnis zwischen Männern und Frauen sowie das Dominanzverhältnis unter Männern beziehungsweise verschiedenen Männlichkeiten, worin die wesentliche Stärke des Ansatzes liegt. Es bezeichnet keine feste Charaktereigenschaft, sondern gilt als kulturelles Ideal und Orientierungsmuster (Meuser 1998: 98) und muss nicht einmal das am weitesten verbreitete Muster von Männlichkeit sein (Connell 1999: 68). Die offensichtlichsten Vertreter einer hegemonialen Männlichkeit müssen nicht unbedingt die mächtigsten Männer, sie können allerdings Vorbilder, zum Beispiel Filmschauspieler oder Sportler, sein. Mächtige oder sehr reiche Männer können hingegen in ihrem individuellen Lebensstil weit von hegemonialen Mustern entfernt sein (ebd.). Obwohl zwischen idealisierter sowie institutionalisierter Männlichkeit und realer institutioneller Macht von Männern in der gesellschaftlichen Praxis eine beträchtliche Lücke klaffen kann (Kreisky 1997: 172), entsteht Hegemonie trotzdem nur, wenn es zwischen kulturellem Ideal und institutioneller Macht eine Entsprechung gibt. So stellen die „Führungsebenen in Wirtschaft, Militär und Politik [...] recht überzeugende korporative Inszenierungen von Männlichkeit zur Schau" (Connell 1999: 98). Da sich Männlichkeit als soziales Konstrukt von den (Männer-)Körpern lösen kann und tief in Organisationen eingeschrieben ist (Döge 2001: 35), ist hegemoniale Männlichkeit nicht als eine Eigenschaft der individuellen Person anzusehen, sondern stellt eine „in sozialer Interaktion – zwischen Männern und Frauen und von Männern untereinander – (re-)produzierte und in Institutionen verfestigte Handlungspraxis" dar (Meuser 1998: 102).

Neue Formen

Hegemoniale Männlichkeit verkörpert die momentan akzeptierte Antwort auf das Legitimationsproblem der herrschenden Geschlechterverhältnisse. Sobald sich die Bedingungen für die Verteidigung dieser Verhältnisse verändern, wird auch die Basis für die Vorherrschaft einer bestimmten Männlichkeit ausgehöhlt, sodass neue Gruppen alte Lösungen in Frage stellen und neue Hegemonie konstruieren können (Connell: 1998: 98).[14] So hat sich hegemoniale Männlichkeit innerhalb internationaler Modernisierungs- und Globalisierungsprozesse verändert und diese gleichzeitig strukturiert. Globale Märkte und multinationale Unternehmen werden als Schlüsselstellungen sowohl für die Herausbildung als auch für die Transformation einer globalen Geschlechterordnung angesehen, wobei dem Neoliberalismus eine spezifische Geschlechterpolitik innewohnt, die zur Herausbildung neuer Formen von Männlichkeit führt: „Formen, in denen sich Freiheitlichkeit und Berechnung verbinden, die empfänglich sind für Sinnlichkeit und gleichzeitig gekennzeichnet von einer manipulativen Emotionalität und persönlichen Kälte. Eine modernisierte Unternehmer-Männlichkeit kann sich auf gleiche Einstellungschancen für qualifizierte Frauen bereitwillig einlassen, während sie riesige Profite durch die Ausbeutung von Fabrikarbeiterinnen“ macht (Connell 1998: 81). Für diese „marketplace manhood“ gerät das Kapital „zur Schlüsselgröße, das Ökonomische wird von allen anderen Faktoren

[14] Männlichkeiten unterliegen historischen Bedingungen, sind Umwertungen oder Anfeindungen von und Verdrängungen durch andere Muster ausgesetzt. Die antreibenden Kräfte des Wandels können Widersprüchlichkeiten und politischen Strategien innerhalb der Geschlechterordnung sowie dem Zusammenspiel mit anderen sozialen Faktoren entstammen (Connell 1998: 93).

isoliert und verabsolutiert. [...] Gesellschaft und Welt werden nur als Markt für egoistische, an Kosten-Nutzen-Relationen orientierte Handlungen gesehen" (Döge 2001: 99).

Diese hegemoniale Männlichkeit zeigt sich in den Managern transnationaler Konzerne, die auf den globalen Märkten operieren, sowie in den politischen Führern, die mit ihnen interagieren (Connell 1998: 100). Dabei scheint es einen Zwang zur globalen Standardisierung zu geben, wofür die Kleidung ein kleiner, aber vielsagender Indikator ist: Fast alle führenden Politiker und Manager der Welt tragen die Uniform des westlichen Geschäftsmannes (Connell 1998: 101/102).

1.1.3 Relationen von Männlichkeiten

Hegemoniale Männlichkeit ist in der Lage, anderen Arten von Männlichkeit eine bestimmte Definition aufzuzwingen (Carrigan/Connell/Lee 1996: 62). Sie kann nur in Relation zu anderen Männlichkeiten existieren, denn hegemoniale Männlichkeit konstituiert sich vor allem in einer Auseinandersetzung zwischen Männlichkeiten, wobei allerdings keinesfalls die Auslöschung anderer Männlichkeiten impliziert ist, sondern nur deren Unterordnung und Abwertung (Döge 2001: 36/37).

Connell unterscheidet die Relationen von Männlichkeiten nach drei Prinzipien (Connell 1999: 97ff.):

Unterordnung manifestiert sich in der westlichen Kultur am deutlichsten durch die Unterordnung homosexueller Männer, das heißt ihre Männlichkeit bedroht am stärksten die hegemoniale Männlichkeit. Durch Unterdrückung geraten homosexuelle Männlichkeiten an das unterste Ende der männlichen Geschlechterhierarchie. Alles, was aus hegemonialer Männlichkeit ausgeschlossen ist, wird dem Schwulsein zugeordnet und leicht mit Weiblichkeit gleichgesetzt (Connell 1999: 99/100). Homophobie gilt als sozial konstruierte Phobie, die für die Aufrechterhaltung von hegemonialer Männlichkeit wesentlich ist und zu deren Verteidigung dient (Kaufman 1996: 162, Meuser 1998: 101).

Komplizenschaft bedeutet, dass einerseits nur einige wenige Männer hegemoniale Männlichkeit umsetzen, aber die Mehrheit von dieser Hegemonie profitiert. Die Anzahl derer, die sich „den Spannungen und Risiken an der vordersten Frontlinie des Patriarchats“ aussetzen und rigoros und vollständig hegemoniale Männlichkeit umsetzen, ist recht klein (Connell 1999: 100). Die überwiegende Mehrzahl der Männer profitiert jedoch durch den Zugewinn an Achtung, Prestige und Befehlsgewalt wie auch materiell. Diese Männer achten ihre Frauen und Mütter, werden nie gewalttätig, übernehmen ihren Anteil an der Hausarbeit, bringen den Familienlohn nach Hause und „kommen schnell zum Schluß, dass Feministinnen büstenhalterverbrennende Extremistinnen sein müssen“ (Connell 1999: 100/101).

Abwertung kommt durch *Marginalisierung* und *Ausgrenzung* zum Tragen, wenn das soziale Geschlecht mit weiteren sozialen Kategorien verbunden wird. Marginalisierte Männlichkeiten sind gekennzeichnet durch Beziehungen zwischen Männlichkeiten dominanter und abgewerteter Klassen/Berufe oder Ethnien (race), die immer relativ zur Ermächtigung hegemonialer Männlichkeit der dominanten Gruppe entsteht.[15] Die zwei Typen von Relationen, Dominanz-Unterordnung und Marginalisierung-Ermächtigung bilden den Rahmen, mit dessen Hilfe spezifische Formen von Männlichkeit analysiert werden können, verstanden als „Handlungsmuster in bestimmten Situationen innerhalb eines veränderlichen Beziehungsgefüges“ (Connell 1999: 102).

Ausgrenzung ist das Prinzip des Fraternalismus, der für so genannte Männerbünde charakteristisch ist, wobei die Männlichkeit des Ausgeschlossenen nicht grundsätzlich in Frage gestellt wird (vgl. Kreisky 1997, Wilde 1995). Diese sind „soziale und nicht selten auch physikalische Räume, in die man sich temporär zurückzieht. Angesichts sich verändernder Geschlechterverhältnisse kommt diesen Refugien vor allem die Funktion zu, sich wechselseitig der Normalität und vor allem auch der im moralischen Sinne Angemessenheit der eigenen Überzeugung und Alltagspraktiken zu vergewissern“ (Meuser 1998: 102). Der Ausschluss aus diesen Zusammenhängen kann beispielsweise anhand des sozialen Status funktionieren, wie bei den Herrenclubs Rotary oder Lions, und/oder am Nicht-Vorhandensein von bestimmten Fähigkeiten oder Tugenden wie Mut (Meuser 1998: 102).[16] Diese homosozialen, männerbündischen Zusammenschlüsse – sowohl räumlich als auch in Organisationen und Strukturen – können als eine entscheidende institutionelle Stütze hegemonial männlicher Wirklichkeitskonstruktionen angesehen werden (Meuser 1998: 101).

[15] So können beispielsweise in den USA einzelne schwarze Sportler durchaus dem Bild hegemonialer Männlichkeit entsprechen, was schwarzen Männern nicht generell ein größeres Maß an Autorität verleiht (ebd.).

[16] Gleichzeitig können auch Subordinationsverhältnisse existieren, wie in studentischen Verbindungen das Verhältnis von „Fuchs“ zu „Bursche“ (Meuser 1998: 102).

1.1.4 Fazit

Zusammenfassend weisen die dargelegten theoretischen Ansätze der Gender-Forschung darauf hin, dass Geschlecht als zentraler Ordnungs- und Orientierungsbegriff eine politisch regulierende Funktion für die Gesellschaft übernimmt – und damit als zentrale Kategorie angesehen wird. Die Sichtweise, dass Gender in Individuen konstruiert und durch Interaktion auch in Strukturen und Institutionen eingelassen ist, lässt eine differenzierte Betrachtung der Geschlechterverhältnisse zu und ermöglicht, die Eindimensionalität männlicher Machtstrukturen in Patriarchatskonzepten (vgl. Mies 1992, Pateman 1989) aufzubrechen. Diese gehen von einer Unterdrückung *der* Frau durch *den* Mann aus und unterstellen damit ein homogenes Interesse einer Genus-Gruppe (Meuser 1998: 80, Döge 1998: 9).[17] Obwohl sich die generelle gesellschaftliche Dominanz des männlichen Geschlechts nicht bruchlos in sämtliche Lebensbereiche fortsetzt, ist die institutionalisierte Macht vieler Männer, dessen entscheidendes Kennzeichen die Unterordnung von Frauen ist, weiterhin sehr wirksam (Engelfried 1997: 53, Meuser 1998: 86). Und während die Dekonstruktion der Geschlechter auf der Ebene der Theorie stattfindet, wird auf der Ebene der gesellschaftlichen Praxis, im Lebensalltag der Menschen, die Dualität der

[17] Der Begriff des Patriarchats sollte dennoch aufgrund seiner herrschaftskritischen Dimension innerhalb der Geschlechterforschung beibehalten werden, aber nicht als Analysekategorie oder Metapher, sondern zur Beschreibung für eine lebendige Realität (Döge 1998: 8, Meuser 1998: 80, vgl. Acker 1989).

Geschlechter nach wie vor als selbstverständlich angesehen (Overkamp/Thomas 1998: 101).

Für die Untersuchung des Planungsprozesses des Potsdamer/Leipziger Platzes verdeutlichen die Ansätze der Gender-Forschung, dass die *politische* Zweigeschlechtlichkeit in den politischen Subjekten selbst sowie auf der Ebene politischer Kulturen und staatlicher Institutionen als auch auf der Ebene des politischen Prozesses angesiedelt ist (Sauer 2000: 41). Damit kann von der Vorstellung Abstand genommen werden, die männlichen Politiker und Investoren hätten geschlechtlich monolithische Ziele zuungunsten von Frauen verfolgt. Dennoch führt die weitgehende Gleichsetzung von Männern und Männlichkeit zu der Annahme, dass die Akteure sowohl ein (biologisches) Geschlecht, als auch ihre Konstruktionen von Gender beziehungsweise von Männlichkeit in die Planung eingebracht haben. Beachtenswert ist dabei, dass die Akteure Vertreter politischer und wirtschaftlicher Institutionen sind, die in politischen Prozessen maßgeblich Geschlechterpolitik beziehungsweise die Geschlechterverhältnisse gestalten.

Während das Konzept der hegemonialen Männlichkeit in Relation zu anderen Männlichkeiten eine differenzierte Analyse der Vorstellungen der Akteure von der städtebaulichen Planung erlaubt, bleibt in den Ausführungen die Relevanz von Weiblichkeit – besonders auf einer symbolischen Metaebene, losgelöst vom biologischen Geschlecht – unberücksichtigt (vgl. Kapitel 1.3).

1.2 Feministische Ansätze in der Planung(swissenschaft)

„Oft wird die einfache und doch komplizierte Frage gestellt:
'Was unterscheidet denn eine Raumplanung für Frauen
von der üblichen Planung?'
(Dörhöfer 1994: 19).

Während im vorangegangenen Kapitel die Konstruktion von Gender ausgeführt wurde, gilt es nun, die Konstitution von Gender aufzuzeigen, die in der Stadtplanung ihren materiellen Ausdruck findet. Oder anders ausgedrückt: Stadtplanung – der bebaute und unbebaute Raum – ist das Ergebnis von Genderkonstruktionen und den Vorstellungen von Geschlechterverhältnissen.

Feministische Planung(swissenschaft) baut auf den Analysen und Erkenntnissen der Sozialwissenschaften auf und stellt diese in den Kontext der handlungsorientierten Disziplin „Raumplanung" (Becker 1997: 12). Analysen der bestehenden baulich-räumlichen Strukturen, die die hierarchischen Geschlechterverhältnisse manifestieren und reproduzieren, führten zu Forderungen und Vorschlägen zur Veränderung des Hierarchieverhältnisses. Diese dienen bei der Untersuchung der städtebaulichen Planung des Potsdamer/Leipziger Platzes als Orientierungs- und Interpretationsrahmen.

1.2.1 Feministische Analysen des Main-/Malestream

Im Main-/Malestream der Planungswissenschaften ist die Kategorie Gender zwar immer implizit enthalten, wird aber nicht explizit genannt. Der Mensch scheint das Maß des Bauens zu sein, sodass Männer und Frauen gleichermaßen einbezogen sind und dieses humane Ziel keine Unterscheide zwischen den Geschlechtern macht (Dörhöfer 1994: 19). Wissenschaftlerinnen aus verschiedenen (Raum-)-Planungsdisziplinen analysierten den Main-/Malestream der Planung(swissenschaft) und kamen zu dem Ergebnis, dass erstens nicht von, zweitens nicht mit und drittens nicht für Frauen geplant wird (Becker 2000: 90/91).

Bis in die 1980er Jahre wurde beispielsweise die Stadtplanung immer systematischer mit dem Ziel betrieben, Ordnung in das „Chaos" von Wohnen und Arbeit zu bringen (Bock/Heeg/Rodenstein 1997: 44, vgl. Kapitel 1.3.). Daraus haben sich sowohl städtebauliche Leitbilder als auch gesellschaftlich akzeptierte Lebensformen entwickelt, die eine immer stärker werdende Segregierung der Bevölkerung und eine Sektorisierung des gebauten Raumes forcierten (Breckner/Sturm 1993: 34/35). Die Reproduktion der Arbeitskraft wie des Lebens (Hausarbeit, Kindererziehung, Beziehungsarbeit etc.) wurde in den Theorien der stadträumlichen Entwicklung nicht oder nur unvollkommen – zum Beispiel als Standortwahl von Haushalten – einbezogen (vgl.

Terlinden 1990). Funktionstrennung in der Stadt, Straßenplanung für den motorisierten Individualverkehr, Freiflächen zur Repräsentation des Könnens schienen sich auf die geschlechtsspezifischen Lebenserfahrungen und –bedingungen der männlichen Planer zu beziehen (Hannemann 1998: 170, Jakisch 1998: 142, Niedersächsisches Frauenministerium 1996: 6). Das heißt, die „bisherige Stadtplanung orientierte sich weitgehend an erwachsenen, erwerbstätigen und motorisierten Männern" (ehemaliger Bundesbauminister Klaus Töpfer, zit. n. Frank 1998: 335).

In der Architektur werden selten die Lebens- und Arbeitsbedingungen von Frauen bedacht, sie haben den Wert von Statistinnen oder von „Heinzelfrauen" in den so genannten Schlafstädten (Becker 2000: 90/91, Dörhöfer 1994: 19, Geiger 1994: 15). Dies wird auch dadurch reproduziert, dass Planen und Bauen nach wie vor eine Domäne von Männern ist, auch wenn hier und da immer mehr Frauen tätig sind (Zibell 1998: 23). Frauen sind im Planungsprozess als Planerinnen unterrepräsentiert und als Betroffene häufig zu wenig einbezogen (Demmel/Mack 1994: 2).

Feministische Planung(swissenschaft) stellt hingegen die Lebensbedingungen und Interessen von Frauen beim Planen und Bauen und somit die Verfügung über Raum (und Zeit) sowie die Wahlfreiheit dieser Verfügung in den Mittelpunkt

(Dörhöfer 1994: 20) [8]. Da der bebaute Raum sozial und ökonomisch bestimmt und an menschlichen Tätigkeiten orientiert ist, hängen folglich Raumnutzung und -verfügung von den Tätigkeiten ab, denen Männer und Frauen jeweils nachkommen beziehungsweise im gesellschaftspolitischen Main-/Malestream nachkommen sollen. Kernpunkt ist dabei die gesellschaftliche Arbeitsteilung zwischen den Geschlechtern, die sich baulich-räumlich niederschlägt, die jeweiligen Zuordnungen signalisiert und in einem hierarchischen Verhältnis zueinander steht (Dörhöfer 2002: 130). Der Reproduktionsbereich und seine Gestaltung werden gegenüber dem Produktionsbereich als nachrangig angesehen, sodass auch der Gestaltung öffentlicher Bauten mehr Bedeutung zugemessen wird (Wajcman 1994: 132ff., Döge 1999: 37).

Ausgehend von den Interessen und Lebensbedingungen von Frauen sind die Ziele feministischer Planung(swissenschaft) „Raum für Reproduktionsarbeit" zu schaffen sowie die leichte Erreichbarkeit von Infrastruktur und Erwerbsarbeitsplätzen herzustellen. Gefordert werden einerseits eine Planung der Wohnung und des Wohnumfeldes auch als Reproduktionsarbeitsplatz, andererseits die Aufhebung der funktionsräumlichen Trennung in der Stadt, die Durchmischung von Wohnen und Gewerbe, die Verkürzung der Wege und Verbesserung

[18] Es wurden in den Bereichen Wohnen, Arbeiten, Gemeinbedarf und Verkehr eine Reihe von Kritikpunkten herausgefiltert, wo Frauenbelange nur unzureichend, halbherzig oder überhaupt nicht berücksichtigt worden sind (Mack/Demmel 1994: 111ff.).

der Mobilitätsbedingungen (Dörhöfer/Terlinden 1998: 14/15, Becker 1997: 13). Die von Frauen favorisierte Gestaltung von Stadt ist Ausdruck ihrer Sicht der Dinge und der Umwelt, die sie aufgrund ihrer Zuweisung in bestimmte Bereiche und Zuständigkeiten über viele Generationen entwickelt haben (Geiger 1994: 17/18). Feministische Planerinnen und Wissenschaftlerinnen sind sich einig, dass Frauen aufgrund geschlechtsspezifischer Zuweisungen in der Gesellschaft und insbesondere aufgrund der geschlechtsspezifischen Arbeitsteilung einen anderen Lebensalltag als Männer haben, und dass daraus unter anderem spezifische Anforderungen von Frauen an den Raum resultieren (Becker 1997: 13).

Exkurs: Begriffsklärung

In der Literatur und der räumlichen Planungspraxis werden die Begriffe „frauenfreundlich", „frauenspezifisch", „frauenorientiert" oder „frauengerecht" synonym verwendet und nicht voneinander abgegrenzt (Overkamp/Thomas 1998: 102).[19] Gemeinsam ist ihnen, dass besonders Fraueninteressen berücksichtigt werden (vgl. Demmel/Klingberg/Siemer 1998).

Feministische Planung thematisiert darüber hinaus immer auch den politischen Aspekt der bestehenden Herrschaftsverhältnisse. Die Begrenzungen von Frauen sollen durchbrochen,

[19] Die Begriffe „weibliche Planung" oder „weibliche Sicht" werden hingegen als kontraproduktiv eingeschätzt, weil damit ein ganzes Konglomerat von Eigenschaften mitschwingen, die Frauen in der Gesellschaft zugeschrieben und hierarchisch gering bewertet werden (Becker 1997: 27).

die Herrschaftsstrukturen infrage gestellt und die bestehenden Herrschaftsverhältnisse abgebaut werden. Langfristig sollen raumstrukturelle Voraussetzungen geschaffen werden, die einen gleichberechtigten Zugang aller Frauen zu allen gesellschaftlichen Bereichen ermöglichen, das heißt auch zu Machtpositionen und ökonomischen Ressourcen (Overkamp/Thomas 1998: 105/106). Dies erfordert auch eine grundsätzliche Veränderung der Planungsprämissen und -ziele (Becker 1997: 19).[20]

Neu hinzugekommen ist in den 1990er Jahren der Begriff des *Gender-Planning*, der – im Gegensatz zur Betrachtung der Frauen als einer Gruppe – die sozialen Beziehungen zwischen Frauen und Männern in den Mittelpunkt stellt (Pahl-Weber 1998: 15, Zillmann 1998: 59). Dabei werden Frauen nicht mehr ausschließlich als Opfer oder als Benachteiligte, sondern Frauen und Männer als aktiv Mitgestaltende der gesellschaftlichen und damit auch der baulich-räumlichen Verhältnisse angesehen. Dadurch können auch Männer in die Verantwortung genommen werden und aktiv zur Veränderung beitragen. In der Planung müsste folglich differenziert danach gefragt werden, wer beziehungsweise welche Gruppen von Frauen und Männern von den Maßnahmen profitieren oder

[20] Es genügt beispielsweise nicht, nur den öffentlichen Nahverkehr auszubauen, um Frauen vom Umstieg auf den Individualverkehr abzuhalten, sondern „es muß auch das Verkehrsverhalten von Männern beeinflußt und Maßnahmen zur Eindämmung ihres motorisierten Individualverkehrs ergriffen werden" (Becker 1997: 28, vgl. FOPA 1994).

benachteiligt sind; ob und wie das Geschlechterverhältnis sozial-räumlich stabilisiert oder verändert wird. Eine Auslese von Planungsthemen, die Frauen besonders betreffen, würde entfallen, da *jede* Planung dem Abbau der Geschlechterdiskriminierung Rechnung tragen sollte (Rodenstein 1998a: 148-150).[21] Dies wäre dann auch kein „Extra“ für PraktikerInnen mehr, sondern ganz normaler Bestandteil guter Praxis (Pahl-Weber 1998: 23).

Einigen Autorinnen ist allerdings der Perspektivenwechsel von der Frauen- zur Gender-Sicht nicht gelungen. Zibell charakterisiert Gender-Planning als „bewußt einseitig geschlechtsbezogene Planung, die sich den bisher vernachlässigten weiblichen Anforderungen an die Stadt und ihre Planung in verstärktem Maße zuwendet“ (Zibell 1998: 39/40). Auch für Zillmann ist ein wesentliches Merkmal „die Offenheit für die praktischen Bedürfnisse und Visionen der von Planung ‚betroffenen Frauen‘“ (Zillmann 1998: 60). Hierbei findet eine Reduzierung des Begriffs *Gender* auf *Frau* statt. Die Autorinnen ignorieren, dass mit Gender beide Geschlechter gemeint sind, sodass weiterhin weder Männer und nicht-hegemoniale Männlichkeiten, noch die Beziehung der Geschlechter zueinander in den Fokus genommen werden.

---

[21] Rodenstein (1994) spricht in ihren Ausführungen von Visionen einer „nicht-sexistischen“ Stadt und Planung, die vergleichbar mit Instrumenten, Maßnahmen und Strategien des Gender Mainstreaming sind.

Da Ansätze von Gender-Planning in der Planungspraxis noch wenig ausgearbeitet sind, wird im folgenden weiterhin von feministischer Planung(swissenschaft) gesprochen, weil diese sowohl die baulich-räumlichen wie politisch-gesellschaftlichen Strukturen thematisiert und damit Anknüpfungspunkte zur sozialwissenschaftlichen Gender-Forschung bietet.

1.2.2 Kriterien feministischer Planung(swissenschaft)

Als Ausgangspunkte feministischer Planung gelten der Lebensalltag und die Lebensweise von Frauen, die sich auch heute noch von der Lebensrealität der meisten Männer unterscheidet. Allerdings haben Frauen – vom Mädchen bis zur Rentnerin – unterschiedliche Lebensmuster und unterschiedliche Interessen. Sie haben, abhängig vom Alter und von den sozialen und familiären Situationen, Qualifikations-, Berufs- und Einkommensverhältnissen – auch im Verlauf verschiedener Phasen eines Lebens – unterschiedliche Erwartungen an die Umgebung und deren räumliche Ausprägung sowie an Verkehrsmittel, Kinderbetreuungs-, Gesundheits-, Bildungs- und Kultureinrichtungen (Breckner/Sturm 1993: 32, Niedersächsisches Frauenministerium 1996: 14, Jakisch 1998: 139, Freie und Hansestadt Hamburg 1993: 33ff.).[22] Es kann somit nicht von *dem* Fraueninteresse ausgegangen werden (vgl. Terlinden 1993, Dörhöfer 1994, Niedersächsisches Frauenministerium 1996), sondern es gilt, jene Belange zu berücksichtigen, die sich aus verschiedenen Lebensformen und -modellen ergeben. Differenziert betrachtet können sich die Kennzeichen eines *frauentypischen* Lebensalltags auf mehr Menschen als nur Frauen beziehen, nämlich all jene, die eine

---

[22] Das Niedersächsische Frauenministerium gibt anhand von Kategorien von Frauentypen einen Überblick über deren unterschiedliche Bedarfe an die räumliche Planung und Ausgestaltung (Niedersächsisches Frauenministerium 1996: 16-20).

andere Lebensrealität haben, zum Beispiel Kinder, Alte, Behinderte, MigrantInnen etc. (vgl. Weiske 1998):[23]

- Personen mit zu betreuenden Personen im Haushalt
- Alleinerziehende Personen
- Erwerbstätige Personen, die neben ihren beruflichen Aufgaben familiäre Versorgungs- und Betreuungsaufgaben erfüllen müssen
- Personen ohne Auto
- Personen mit eingeschränktem Aktionsradius sowie Unsicherheit und Angst im öffentlichen Raum
- Personen mit geringerem oder ungesichertem Einkommen (HMWVL 1996: 17, Niedersächsisches Frauenministerium 1996: 9/10, Demmel/Klingberg/Siemer 1998: 10/11)[24]

Ausgehend vom frauentypischen Lebensalltag und Analysen bisheriger Stadt- und Bauplanung formulierten feministische Planerinnen und Wissenschaftlerinnen Kriterien und Forderungen an das städtebauliche Leitbild, Erwerbsarbeit, Woh-

[23] Allerdings wurde bisher ausschließlich der Lebensalltag von Frauen untersucht, während Analysen nicht-hegemonial männlicher Lebensmuster beziehungsweise frauentypischer Männerleben fehlen.

[24] Ein *männertypischer* beziehungsweise hegemonial männlicher Lebensalltag ließe sich im Gegensatz kennzeichnen durch: Vollerwerbstätigkeit mit gesichertem Einkommen, freie Zeit für Freizeitgestaltung, Reproduktions- und Fürsorgefreiheit gegenüber anderen Personen, Automobilität, Selbstverständlichkeit und Sicherheit im öffentlichen Raum zu jeder Tages- und Nachtzeit.

nungen, Freiflächen und öffentliche Räume,[25] die zum Teil Eingang in die Bauleitplanung und in das Baugesetzbuch (BauGB) fanden:[26]

Städtebauliches Leitbild

Durch eine Nutzungsmischung sollen multifunktionale, kompakte und durchmischte Siedlungsstrukturen beziehungsweise Stadtviertel der *kurzen Wege* entstehen. Angestrebt wird eine dezentrale Stadtstruktur, die sich abkehrt von Funktionstrennung und der Konzentration von öffentlichen Geldern auf „wenige spektakuläre kulturelle Großereignisse" (Becker 1997: 13).[27]

---

[25] Die Auswahl und Darstellung der Themen erfolgt in Anlehnung an die Unterlagen zur Planung des Potsdamer Platzes, sodass beispielsweise der Bereich Verkehr, der in der feministischen Planung(swissenschaft) ein wesentlicher Bestandteil ist, hier unberücksichtigt bleibt (vgl. dazu Bauhardt 1994, Geiger 1994, Krause 1998).

[26] Das Baugesetzbuch (BauGB) bietet dafür zahlreiche Grundlagen, besonders § 9 Abs. 1 (vgl. Niedersächsisches Frauenministerium 1996, Hessisches Ministerium für Wirtschaft, Verkehr und Landesentwicklung (HMWVL) 1996, Frauenreferat der Stadt Frankfurt am Main 1996).

[27] Ende der 1980er und Anfang der 1990er Jahre gerieten mit der Entwicklung von der Industrie- zur Dienstleistungsgesellschaft die städtebaulichen Prämissen in eine Krise, und die umweltzerstörenden Wirkungen der räumlichen Leitbilder konnten nicht länger geleugnet werden. Mit Infragestellung der einseitigen Orientierung aller Planung auf Erwerbsarbeit wurde die Aufhebung der Funktionstrennung gefordert und die Vorteile einer Integration von Wohnen, Arbeiten, Freizeit, Einkaufen und Verkehr hervorgehoben. Ohne zu erwähnen, dass dies feministische Planung(swissenschaft) schon seit vielen Jahren forderte, wurde nun das Leitbild der „Nachhaltigkeit" beziehungsweise „Zukunftsfähigkeit", die „polyzentrische, funktionsgemischte" und „alltagstaugliche" Stadt der „kurzen Wege" entwickelt (Becker 2000: 96).

Um das Prinzip der Nutzungsmischung und kurzen Wege zu realisieren, ist eine verbraucherInnen- beziehungsweise wohnungsnahe Versorgung in zentraler Lage im Siedlungsbereich mit sicheren Erwerbsarbeitsplätzen, Einrichtungen der sozialen Infrastruktur und des Gemeinbedarfs,[28] Geschäften und Dienstleistungs- und Kultureinrichtungen, sowie eine gute Erreichbarkeit von Haltestellen des Öffentlichen Personennahverkehrs (ÖPNV) sowie Grün- und Erholungsflächen notwendig. Die kurze und sichere Erreichbarkeit von sozialen Infrastruktureinrichtungen kann auch den Zugang zu Sport, Kultur, Erholung und Weiterbildung erleichtern. Außerdem können Erwerbstätige auf dem Weg von und zur Arbeit oder in der Mittagspause Einkäufe und andere Besorgungen erledigen, was eine enorme Zeitersparnis bedeutet (Niedersächsisches Frauenministerium 1996: 47ff., HMWVL 1996: 10/11, vgl. § 9 Abs. 1 Nr. 1, 5, 11, 21 BauGB).

Eine Funktionsmischung kann durch Ausweisung von Mischgebieten hergestellt werden, damit der öffentliche Raum belebt ist und durch verstärkte soziale Kontrolle die Sicherheit erhöht wird. Monofunktionale und barrierebildende Siedlungsgebiete wie eine Häufung von Verwaltungs- und Büro-

---

[28] Zum Beispiel Schulen, Sport- und Spielanlagen, öffentliche Verwaltungsgebäude, Krankenhäuser, Kindergärten etc. sowie Einrichtungen mit kirchlichen oder kulturellen Zwecken. Angesichts hoher Grundstückspreise und knappen Baulandes sollten im Rahmen der Bauleitplanung frühzeitig geeignete Standorte und Flächen für Gemeinbedarfeinrichtungen gesichert werden, um auf eine gute Platzierung sozialer Infrastruktur hinzuwirken (Niedersächsisches Frauenministerium 1996: 47ff., vgl. § 9 Abs. 1 Nr. 5 BauGB).

gebäuden, die abends und an Wochenenden unbelebt sind, können als Barriere zwischen Wohngebieten wirken und sollten vermieden werden (Niedersächsisches Frauenministerium 1996: 38, vgl. § 9 Abs. 1 Nr. 1 und 2 BauGB).

Es ist eine bauliche Dichte mit kleinteiliger Zuordnung von Gewerbe und Wohnen anzustreben, die durch eine tragfähige Arbeitsplatz- und Bevölkerungsdichte den Auslastungsgrad und die Wirtschaftlichkeit des ÖPNV garantiert. Baulich kann die Nutzungsmischung realisiert werden, indem gewerbliche Nutzung oder Infrastruktureinrichtungen und Wohneinheiten in einem Gebäude kombiniert werden, wobei mindestens die zwei oberen Geschosse Wohnungen enthalten sollten (Frauenreferat der Stadt Frankfurt am Main 1996: 9-11, Niedersächsisches Frauenministerium 1996: 38/39, vgl. § 9 Abs. 1 Nr. 1 BauGB).

Darüber hinaus ist die Bevölkerungszusammensetzung nach Alter und sozialer Stellung von Bedeutung, denn Kindergärten und Schulen sind nur langfristig als Angebot tragfähig, wenn Kinder im Wohngebiet heranwachsen. Wohngebiete mit unterschiedlichen Wohnungsgrößen, Ausstattungen und Preisen ermöglichen zum Beispiel bei veränderter Haushaltsgröße ein Verbleiben im Wohngebiet, was wiederum einer Altersmischung förderlich ist (Frauenreferat der Stadt Frankfurt am Main 1996: 10, Niedersächsisches Frauenministerium 1996: 42, vgl. § 9 Abs. 1 Nr. 7 BauGB). Ein sozial gemischtes Gebiet ist außerdem insgesamt anregender und *städtischer* (HMWVL 1996: 24)

Erwerbsarbeit

Erwerbsbiographien von Frauen sind, neben temporären Unterbrechungen durch Familienphasen, häufig gekennzeichnet durch geringen Verdienst, Teilzeitbeschäftigung, geringere Lebensarbeitszeiten beziehungsweise *Verzicht* auf eigene Erwerbsarbeit. Dies kann zu weiblicher Armut, besonders im Alter, sowie Abhängigkeit von staatlicher Hilfe wie Sozialhilfe oder dem (Ehe-)Partner führen. Personen, die die Hauptlast der Haus- und Familienarbeit tragen, arbeiten häufig als Teilzeitkräfte in kleinen und mittleren Betrieben des Handwerks, Handels und im Dienstleistungssektor im wohnungsnahen Umfeld, oft unterhalb ihrer Qualifikation, da es häufig keine oder keine qualifizierten Arbeitsplätze in der Nähe des Wohnortes gibt (vgl. Niedersächsisches Frauenministerium 1996). Alleinerziehende Mütter (und vermutlich auch Väter) wählen eher sichere (Vollzeit-)Arbeitsverhältnisse in größeren und damit wohnortferneren Betrieben. Die Sicherheit der Arbeitsverhältnisse, die Regelmäßigkeit der Tätigkeit und der Arbeitszeitumfang nehmen mit steigender Entfernung des Arbeitsplatzes zur Wohnung zu (Baumgart 1993: 60). Erwerbsarbeitsplätze sollten wohnungsnah und mit dem ÖPNV erreichbar sein, da sich lange Anfahrtswege, insbesondere bei Teilzeitbeschäftigung, nicht rechnen (Frauenreferat der Stadt Frankfurt am Main 1996: 6f.).

Die Forderung nach „wohnungsnahen Arbeitsstätten", als Nachbesserung in monofunktionalen Stadtrandsiedlungen geht allerdings vom „Prinzip Hausfrau" aus, das heißt der Zuständigkeit für die Reproduktionsarbeit in Wohnung und Wohnumfeld und *zusätzlicher* Erwerbstätigkeit. Sinnvoller wäre es, „arbeitsstättennahe Infrastruktur (Kindertagesstätten, Schulen, Geschäfte, Praxen etc.) zu schaffen, was der Tatsache Rechnung trüge, dass Erwerbsarbeit ohne Reproduktionsarbeit nicht funktioniert" (Dörhöfer/Terlinden 1998: 137).

Wohnen

Der Thematisierung der Haus- und Reproduktionsarbeit von Frauen folgte die Forderung nach nutzungsneutralen Wohnungsgrundrissen sowie der Schaffung von Wahlmöglichkeiten für Lebensmuster und Orte des Wohnens (vgl. u.a. Warhaftig 1985, Terlinden 1990).

Feministische Planung(swissenschaft) verfolgt das Ziel, der „Reproduktionssphäre Raum zu geben und Bedeutung zu verleihen", denn im Main-/Malestream der Planung(swissenschaft) wird die Wohnung nicht als Arbeitsplatz betrachtet, sondern als ein räumlicher Bereich, der vorwiegend der Erholung und Freizeit dient (Becker 1997: 13). Aus der Perspektive der Erwerbstätigkeit betrachtet, wurden Wohnungsgrundrisse entsprechend mit einem großen, repräsentativen Wohnzimmer, kleiner (funktionaler) Küche, kleinen Kinderzimmern und gemeinsamem (Eltern-/Ehe-)Schlafzimmer gestaltet. Dadurch wird das politische Primat der Ehe und (vollständigen) Familie gestützt und abgesichert und selbst gewählte und alternative Lebensformen als Voraussetzung für eine selbständige Lebensführung verhindert (Becker 1997: 22).[29] Damit Wohnungen kein Emanzipationshindernis für Frauen darstellen (vgl. Warhaftig 1985), werden flexible Grundrisse mit gleich großen Zimmern favorisiert, die unterschiedliche Nutzungen zulassen, Küchengrößen, die ihrer Nutzung als Arbeits- und Kommunikationsort entsprechen, sowie ein eigenes Zimmer für die Frau.

Durch eine Festsetzung der jeweils höchstzulässigen Anzahl von Wohnungen pro Wohngebäude werden auch große Wohnungen für Mehrpersonenhaushalte und nicht nur Kleinstappartements für Singles möglich (Frauenreferat der Stadt Frankfurt am Main 1996: 10/11). Dies würde einer sozialen Durchmischung entgegenkommen und alternative und neue Wohnformen wie generationenübergreifendes Wohnen oder betreutes Wohnen befördern (Niedersächsisches Frauenministerium 1996: 39). Trotz hoher städtebaulicher Dichte sollten die Fehler der 1970er Jahre nicht wiederholt werden und Hochhäuser nur in Ausnahmefällen für bestimmte NutzerInnengruppen, wie gewerbliche Nutzung oder Singlewohnen, zugelassen werden. Gebäude sollten deshalb maximal vier bis

[29] Becker verweist darauf, dass besonders die permanente, ungebrochene Aufrechterhaltung des Eheschlafzimmers in der Wohnungsbau-Architektur die Frau vor allem nachts ins Eheschlafzimmer verweist, das nicht nur ein Zweckraum, sondern räumliches Symbol und räumliche Inszenierung des Anspruchs des Mannes auf die allzeitige sexuelle Verfügbarkeit der Frau ist (Becker 1997: 18).

sechs Geschosse betragen, denn hohe Geschosszahlen können zu Anonymität und sozialer Entmischung führen (Frauenreferat der Stadt Frankfurt am Main 1996: 13/14, HMWVL 1996: 21-23). Außerdem wirkt sich eine Mischung unterschiedlicher Wohnbauformen als offene und geschlossene Bauweise wie Einfamilien- oder Reihenhäuser sowie Geschosswohnungsbau auf die soziale Durchmischung und eine vielseitige Wohnstruktur positiv aus (Frauenreferat der Stadt Frankfurt am Main 1996: 17, Niedersächsisches Frauenministerium 1996: 39, vgl. § 9 Abs. 1 Nr. 1 BauGB). Die Hof- und Gartenzonen sollten durch Wege für die Öffentlichkeit angemesssen abgegrenzt werden, um ungestörte Ruhe-, Spiel- und Erholungsbereiche im unmittelbaren Wohnumfeld zu sichern. Geschützte (Block-)Innenbereiche können als Gemeinschaftsflächen dienen, die für Fremde unzugänglich sind. Besonders für Kinder sind (Block-)Innenbereiche sichere Aufenthaltsorte, die allerdings nicht auf Restflächen, sondern in sonniger Lage und in einsehbarer Nähe zu Wohngebäuden untergebracht werden sollten (Niedersächsisches Frauenministerium 1996: 49ff., vgl. § 9 Abs. 1 Nr. 2, 4, 11, 21 BauGB).

Freiflächen

Das Wohnumfeld in Form von wohnungsbezogenen Freiflächen dient sowohl der Hausarbeit, Freizeitgestaltung, Erholung und Kommunikation als auch Kindern als Bewegungs-

und Spielraum.[30] Kinderspielflächen und gemeinschaftliche Freiflächen sollten ausreichend in einsehbarer Nähe der Wohnungen liegen. Ein spannendes Wohnumfeld als unmittelbarer Außenraum der Wohnung, in dem unbeaufsichtigtes Kinderspiel durch Ruf- und Sichtkontakt zur Wohnung möglich ist, entlastet Eltern oder betreuende Personen von zeitaufwändiger Begleitung und Aufsicht auf Spielplätzen (HMWVL 1996: 21-23, Niedersächsisches Frauenministerium 1996: 44ff., vgl. § 9 Abs. 1 Nr. 4 und 22 BauGB).

Erholungsflächen dienen im Allgemeinen dem Wohlergehen, der Unterhaltung und Entspannung und als Ausgleich zur Berufstätigkeit. Beim frauentypischen Lebensalltag kann zwischen Freizeit und Nicht-Freizeit weniger leicht unterschieden werden, und die Freizeitabschnitte sind zeitlich kürzer und verteilter. Deshalb ist eine direkte Erreichbarkeit sowie die Berücksichtigung von Liege- und Spielwiesen sinnvoll, da Mütter (und Väter) von kleinen Kindern diese häufig im Rahmen der Kinderbetreuung und zur Kommunikation nutzen (HMWVL 1996: 21-23, Niedersächsisches Frauenministerium 1996: 54ff., vgl. § 9 Abs. 1 Nr. 15 und 25 BauGB). Auch Spielplätze sollten sich in gut erreichbarer und verkehrssicherer Lage befinden, damit Kinder gefahrlos allein

[30] Besonders Mädchen halten sich mehr im unmittelbaren Wohnnahbereich auf als Jungen. Sie bevorzugen möglichst ungestörte geschützte Nischen, Häuschen und Treffpunkte, zum Beispiel im Hauseingang, Hof oder Garten und legen größeren Wert auf nahe gelegene, gut erreichbare Grün- und Spielflächen (Niedersächsisches Frauenministerium 1996: 16, Frauenreferat der Stadt Frankfurt am Main 1996: 14)

zum Spielplatz gehen können und Eltern vom Begleitservice entlastet sind sowie die Möglichkeit des kurzfristigen Spielplatzbesuches in Verbindung mit anderen Alltagsaktivitäten (zum Beispiel Einkaufen) besteht (Niedersächsisches Frauenministerium 1996: 54ff., vgl. § 9 Abs. 1 Nr. 15 und 25 BauGB). Sportflächen sind in der Regel sehr flächenintensive Sportvereinsflächen, die überwiegend von Jungen und Männern genutzt werden.[31] Da Mädchen und Frauen den turnerischen und gymnastischen Bereich sowie Spiel- und Freizeitsport bevorzugen, sollten Rollschuh- und Schlittschuhbahnen, Volleyballflächen etc. berücksichtigt werden. Da vor allem in Städten Freiflächen knapp sind, sollte mit der Ausweisung von „reinen" Wettkampfflächen zurückhaltend umgegangen und flexibel nutzbaren Freiflächen der Vorrang gegeben werden (Niedersächsisches Frauenministerium 1996: 47ff., vgl. § 9 Abs. 1 Nr. 5 BauGB).

Öffentlicher Raum

Der öffentliche Raum sollte durch die Wiederbelebung des Straßenraumes seine Aufenthalts- und Sozialfunktion zurückgewinnen, indem die Sicherheit und Nutzbarkeit des öffent lichen Raumes zu allen Tages- und Nachtzeiten gewährleistet ist (Pahl-Weber 1998: 17). Die Belebung von Räumen unter anderem durch Nutzungsmischung erhöht die soziale Sicher-

[31] Untersuchungen der Freiraumplanung ergaben, dass rein quantitativ, zum Beispiel durch flächenintensive Fußball- und Bolzplätze, Männer und Jungen bevorzugt werden, ohne dass gleichzeitig ein entsprechendes Angebot für Frauen und Mädchen zur Verfügung gestellt wird (Spitthöver 1989).

heit und verhilft zugleich Kindern und älteren Menschen zu einer eigenständigen Mobilität, womit wiederum Personen mit einem frauentypischen Lebensalltag vom Begleitservice stark entlastet werden (Krause 1998: 155).

Der öffentliche Raum, der über das engere Wohnumfeld hinaus die Öffentlichkeit des Stadtteils und den gesamten Stadtraum einbezieht, scheint für Frauen sehr ambivalent zu sein. Sie bewegen sich tagsüber im öffentlichen Raum der Stadt, als notwendige Voraussetzung für Reproduktionsbesorgungen orientiert am Warenangebot und an den Dienstleistungen von Banken, Versicherungen, Ärzten, Kindergärten sowie in öffentlichen Verkehrsmitteln. Darüber hinaus erobern sie Räume und Zonen, die ihnen lange verschlossen waren: Kneipen und Hörsäle, Chemielabors, Autowerkstätten, Fahrerkabinen von Tram- und U-Bahn und gelegentlich sogar Vorstandsetagen (Geiger 1994: 15).

Der öffentliche Raum sollte so gestaltet sein, dass Frauen und Mädchen sich sicher fühlen, ihn als ihren Raum akzeptieren und sich dort gerne aufhalten (Holja 1998: 7).[32] Die Nichtwahrnehmung von öffentlichen Räumen durch Mädchen kann als aktives Vermeidungsverhalten gegenüber Räumen interpretiert werden, in denen sie sich nicht wieder finden und nicht geachtet fühlen. Die Bereitstellung von Öffentlichkeit

[32] Zu Anforderungen an die Sicherheit im öffentlichen Raum vgl. Zibell 1998, Siemonsen/Zauke 1991.

und Räumen durch Erhöhung der Belebtheit und damit auch der sozialen Kontrolle durch vielfältige und kleinräumige Nutzungsmöglichkeiten wie Sitzgelegenheiten und Spielmöglichkeiten, gilt entsprechend als ein Akt der Parteilichkeit für Mädchen und Frauen (HMWVL 1996: 23, Niedersächsisches Frauenministerium 1996: 12, Dahl/Fey-Hoffmann 1994: 29).

In der feministischen Planung(swissenschaft) sind Angst und Kontrolle Aspekte des Themas öffentlicher Raum. Erstere äußert sich in so genannten Angsträumen, womit monotone, menschenleere Räume gemeint sind, in denen sich bei vielen Frauen (und wahrscheinlich auch Männern) das Gefühl von Unbehagen und Angst einstellt und sie hindert, am öffentlichen Leben teilzunehmen. Und das, obwohl sich die Tat-Orte sexueller Belästigung und Gewalt überwiegend im Nahbereich der Familie und des Haushalts befinden (Rodenstein 1998: 70). In der öffentlichen Debatte wurde jedoch nicht das Thema Gewalt gegen Frauen aufgegriffen, sondern die Angst von Frauen vor dieser Gewalt, die von der Gestaltung räumlicher Strukturen auszugehen scheint. Mit der Umkehrung von Ursache und Wirkung werden aus den gefährlichen Räumen Angsträume von Frauen. Zwar geht mit der fehlenden Benennung der Ursachen der gesellschaftskritische Kontext der ursprünglichen Kritik verloren, dennoch haben die entwickelten Maßnahmen einen gewissen praktischen Nutzen (Becker 1998: 178, Zibell 1998: 35). Durch die Erhöhung des subjektiven Sicherheitsgefühls werden gleichberechtigte Chancen für den Aufenthalt in der Stadt, die Nutzung städtischer Funktionen und Räume und die Aneignung städtischer Strukturen ermöglicht (Niedersächsisches Frauenministerium 1996: 12, Krause 1994: 85).

Mit der Angst im öffentlichen Raum geht der Wunsch nach Sicherheit durch soziale Kontrolle einher. Gemeint ist damit, dass andere Menschen aufpassen und einschreiten, wenn beispielsweise Fremde ohne Grund in privat genutzte Zwischenzonen von Bauten eindringen (HMWVL 1996: 23). Allerdings ist soziale Kontrolle nicht per se *gut*, sondern äußerst ambivalent, denn sie führt auch zur Ausgrenzung gesellschaftlich nicht akzeptierter Menschen und Gruppen. Sie bietet nur dann einen gewissen Schutz vor Gewalt, wenn die Öffentlichkeit diese Gewalt ablehnt (Becker 1997: 16).

1.2.3 Erfolge und Begrenzungen

Feministische Ansätze in der Planung(swissenschaften) beinhalten umfassende Analysen und Studien über die Hintergründe und Auswirkungen der baulich-räumlichen Strukturen auf das Geschlechterverhältnis. Planerinnen und Architektinnen haben darauf aufbauend Kriterien formuliert und Entwürfe entwickelt, wie die baulich-räumlichen Strukturen zu verändern sind, um auf den Abbau des hierarchischen Geschlechterverhältnisses hinzuwirken.

Eine Orientierung am frauentypischen Lebensalltag ist allerdings ein Anspruch, der bis heute weitestgehend unerfüllt geblieben ist und eher eine Ausnahme darstellt (Becker 1997: 13). Obwohl es auf politischer und kommunaler Ebene einen gewissen Konsens gibt, existiert eine große Diskrepanz zwischen umsetzungsreifen Erkenntnissen und praktizierter Planungsrealität. Die Umsetzung in konkrete Architektur ist noch immer auf relativ kleine Modell- oder Alibiprojekte – vorwiegend im Wohnungsbau in stadtstrukturell ungünstiger Lage – beschränkt (Klinkhart 1998: 111, Hannemann 1998: 170/171, Zibell 1998: 33, Demmel/Klingberg/Siemer 1998: 9, Baumgart 1993: 48).

Die Erfolge sind dennoch im Vergleich zu feministischen Ansätzen in anderen Politikbereichen enorm. Dies liegt sicherlich zum einen daran, dass sich erkannte Missstände mit der Veränderung der baulichen Strukturen beheben lassen, und zum anderen, dass die gesellschaftspolitische Entwicklung in Richtung Nachhaltigkeit und Zukunftsfähigkeit mit den Forderungen und Vorschlägen feministischer Planung(swissenschaft) kompatibel ist.

Darüber hinaus ist die Programmatik feministischer Planung(swissenschaft) bekannt, sodass Planungsgesetze – jedenfalls teilweise – einschlägig überarbeitet wurden und frauengerechter Wohnungsbau (zum Beispiel in Hessen) aus der Modellphase heraus Eingang in den öffentlich geförderten Wohnungsbau gefunden hat (Rodenstein 1998a: 143/144).[33]

Die Etablierung des Themas in politischen Gremien und Verwaltungen kann auf den erhöhten Frauenanteil in den Institutionen zurück geführt werden, die die Forderungen in ihren Arbeitsbereichen vertreten und in ihre Tätigkeitsfelder einfließen lassen (Dörhöfer/Terlinden 1998: 19).

Die Etablierung von Fraueninteressen in der Stadtplanung führte auch zu einer Stadtplanung, die allen Menschen, unabhängig vom Geschlecht, die Chancen für eine sozialverträgliche Selbstverwirklichung in der Gemeinschaft ermöglicht (Rodenstein 1998: 73, Niedersächsisches Frauenministerium

---

[33] Auch im novellierten niedersächsischen Landesraumordnungsprogramm von 1994 konnten zentrale Themen wie Mobilität, Funktionsmischung, Verbesserung der Arbeits- und Qualifizierungsmöglichkeiten von Frauen und veränderte Haushaltsstrukturen verankert werden (Striefler 1998: 83).

1996: 1996: 6/11).[34] Selbst Prof. Dr. Klaus Töpfer, ehemaliger Bundesbauminister, forderte, dass die „Lebenssituation von Frauen bei der Entwicklung der städtebaulichen Konzeptionen verstärkt Berücksichtigung finden [sollte], zumal davon ausgegangen werden kann, daß eine frauenfreundliche Stadt die Wohn- und Lebensqualitäten für alle Bevölkerungsgruppen verbessert" (zit. n. Holja 1998: 6). Die Subsumierung feministischer Planungsziele als *menschliche* Ziele führt allerdings auch dazu, dass nicht die radikalen Forderungen nach grundlegenden Veränderungen aufgenommen, sondern ein reduzierter Katalog von Maßnahmen von gesellschaftspolitischen Strukturen entkontextualisiert wurde (Becker 2000: 94/95). Die Realisierung technisch-organisatorischer Maßnahmen wie Frauenparkplätze, Frauennachttaxis, Notrufsäulen in Tiefgaragen, abgesenkte Bordsteine, Niederflurbusse, bessere Straßenbeleuchtung etc., scheint leichter in technische Vorschriften umsetzbar zu sein, als jene Maßnahmen, die auf eine Veränderung räumlicher und damit auch gesellschaftlicher Strukturen abzielen (Zibell 1998: 26/27).

Erschwerend kommt hinzu, dass im Zuge der Deregulierung staatlichen Handelns eine tiefgreifende Umstrukturierung

[34] So haben zum Beispiel feministische Forderungen zur Veränderung des Raumes Eingang in allgemeine Programme der Stadtentwicklung wie die Agenda 21 gefunden, allerdings ohne dass die Herkunft dieser Postulate einer menschenwürdigeren Stadt erwähnt wurde (Dörhöfer 1999: 266). Auch die Novellierung von Wohnungsbauförderrichtlinien und die Innovationen im Wohnungsbau sind auf feministische Forderungen zurückzuführen (Dörhöfer/Terlinden 1998a: 32).

räumlicher Planung stattfindet, die die Bedeutung hoheitlicher kommunaler und staatlicher Planung zugunsten der Planungen von Investoren reduziert, womit ein Verlust der Adressaten feministischer Planungskonzepte einhergeht. In privatisierten Planungsprozessen scheinen die Adressaten für ausgleichende oder gar gesellschaftliche Hierarchien kompensierende Planungsgrundsätze zu fehlen. Weil sich bisher alle Ansätze auf die öffentliche Hand und deren formalisiertes Planungsverfahren konzentrierten, braucht es Ideen, wie die Vorstellungen feministischer Planung einem ökonomisch kalkulierenden Investor vermittelt und wie neue Allianzen außerhalb der Planungsämter, zum Beispiel mit Unternehmen, eingegangen werden können (Becker 2000: 99, Rodenstein 1998a: 143).

Darüber hinaus ist die Klientel feministischer Planung(swissenschaft) durch die Ausdifferenzierung der Lebenslagen unscharf geworden. Die Differenzierungen zwischen Frauen sowie die theoretische postmoderne Dekonstruktion der Geschlechter „läßt es unmöglich erscheinen, eine weibliche Identität zu definieren beziehungsweise von, für oder über FRAUEN zu sprechen“ (Becker 2000: 99, Hervorhebung im Original).

1.2.4 Fazit

Potentiale feministischer Planung(swissenschaft) bestehen einerseits im Ernstnehmen der Kategorie Gender sowie der Untersuchung ihrer Konstruktion in der Wechselwirkung von baulich-räumlichen Strukturen und gesellschaftspolitischen (Planungs-)Prozessen.

Die Kategorie Gender wird zwar wahrgenommen, aber nur in Bezug auf die soziale Konstruktion von *Frauen* gesehen, ohne beide Geschlechter und ihr Verhältnis zueinander zu betrachten. Differenzierte Analysen, wie sich baulich-räumliche Strukturen auf *welche* Frauen *und* Männer auswirken, *wer* von *was wie* privilegiert oder diskriminiert wird, würde unter notwendiger Einbeziehung anderer sozialer Kategorien wie Ethnie (race), Klasse/Beruf, Religion, Alter etc. dazu führen, Frauen nicht als *die* Benachteiligten und Männer nicht als *die* Nutznießer (hegemonial-)männlicher Planung anzusehen. Dies würde nicht die Einebnung geschlechtlicher Hierarchieverhältnisse oder die Gleichrangigkeit sozialer Kategorien bedeuten, sondern durch eine differenzierte Analyse die Möglichkeit beinhalten, die Zielgruppen feministischer Planung(swissenschaft) zu schärfen und gegebenenfalls auch zu erweitern.

Das Ernstnehmen der Kategorie Gender würde außerdem dazu führen, deren Konstruktion in der Wechselwirkung von baulich-räumlichen Strukturen und gesellschaftspolitischen

(Planungs-)Prozessen analysieren zu können. Bisher wurden schwerpunktmäßig die Konstitution und die Auswirkungen baulich-räumlicher Strukturen auf die Geschlechterverhältnisse untersucht. Nach der Konstruktion von Gender und damit den Geschlechterverhältnissen zu fragen, bedeutet, nach dem *wie* zu fragen. Zum Beispiel: Wie gehen die Vorstellungen der Planenden von den Geschlechterverhältnissen in die Planung ein? Woran lassen sich diese in den baulich-räumlichen Strukturen konkret erkennen? Welche Räume sind wie geschlechtlich konnotiert? Dazu ist die Kategorie Gender notwendig, denn diese geht über Frauen und Männer hinaus und erfasst die meist impliziten Strukturen einer vergeschlechtlichten Planung. Der praktische Nutzen bestünde darin, weitere Ansatzpunkte zu finden, wie oder an welchen Stellen sich der Abbau der hierarchischen Geschlechterverhältnisse bewerkstelligen ließe.

1.3 Imagination und Ausformung gesellschaftlicher und baulicher Räume

„Der sozialwissenschaftliche und der ingenieurwissenschaftliche Blick unterscheiden sich grundlegend in ihrem Verständnis des Ortes. [...] Doch so unterschiedlich beide Orte aus dem jeweils disziplingebundenen Blick auch erscheinen mögen, so wenig stehen sie bezugslos nebeneinander" (Holland-Cunz 1992/93: 36).

Der materiale Raum und die gesellschaftliche Sphäre bilden gemeinsam die gesellschaftliche Praxis, in der die Menschen agieren. Der gesellschaftliche Ort kann ein Diskussions- oder Erfahrungszusammenhang sein, der erst durch eine spezielle Atmosphäre und Handlungsmuster den materialen Raum mit einem spezifischen Sinn und Bedeutungsgehalt füllt, durch den wiederum gesellschaftliche Sphären strukturiert werden können (Holland-Cunz 1992/93: 36). Räumliche Strukturen können als Ergebnisse sozialer Auseinandersetzungen, gesellschaftlicher Diskurse und Macht angesehen werden (Krämer-Badoni 1995: 9), die gewissermaßen Ausdruck von „zu Stein gewordenen Herrschaftsverhältnissen" sind (Becker 1998: 174). Baulich-räumliche Strukturen können, genauso wie soziale Geschlechterbeziehungen, Interaktionen von Frauen und Männern beeinflussen und prägen (Frank 2003: 349).

Der bauliche Raum wird jedoch zumeist als natürlich-materielle Substanz betrachtet und als natürlich oder selbstverständlich von Frauen und Männern internalisiert (Dörhöfer/Terlinden 1998: 21). Auf unterschwellige Weise werden die gesellschaftlichen Hierarchien vermittelt und Vorrangigkeit oder Benachteiligung signalisiert, die wiederum die Vorstellungen, Bewertungen und das Verhalten von PlanerInnen, InvestorInnen, PolitikerInnen und NutzerInnen prägen (dies. 1998a: 37). Denn „die physische Existenz von Raum und ihrer Baukörper besteht nicht nur aus Material und Form, sondern repräsentiert Bedeutungen beziehungsweise wird durch Bedeutungen geprägt“ (dies. 1998: 22). Die Interpretation der räumlichen Strukturen mit ihren geschlechtlichen Konnotationen zu erkennen, bedeutet eine „Entnaturalisierung“, das heißt die Infragestellung der Annahme der „natürlichen“ Gegebenheiten des baulichen Raumes (ebd.: 21). Die Wechselwirkung von materiellen und symbolischen, realen und imaginierten Dimensionen von baulichen Strukturen und Geschlecht verdeutlicht, dass die alltäglichen Realitäten und Erfahrungen die individuellen und kollektiven Bilder und Vorstellungen von baulichen Räumen strukturieren und verändern (Frank 2003: 335). Die Referenz- und Symbolsysteme, in und mit denen dies beschrieben und gedeutet wird, sind nicht bloß Gedanken- und Bilderspiele, sondern die Imagines gehen nachhaltig in die Gestaltung sozialräumlicher Umwelten ein. Annahmen über die Geschlechter „wurden buchstäblich versteinert und betoniert und machten sich ihrerseits wiederum als Voraussetzungen geltend, unter denen Geschlechterbeziehungen sich entwickelten und immer wieder aufs neue ausgehandelt wurden“ (Frank 2003: 348).

Entsprechend ist die Imagination und Ausformung gesellschaftlicher und baulicher Räume der Anknüpfungspunkt der dargelegten Ansätze der Gender-Forschung und der feministischen Planung(swissenschaft), denn die enthaltenen Zuschreibungen von Weiblichkeit und Männlichkeit und die Trennung der gesellschaftlichen wie baulichen privaten und öffentlichen Bereiche haben Auswirkungen auf das Leben von Frauen und Männern.

1.3.1 Imaginationen von Weiblichkeit und Männlichkeit

Die Imaginationen von Weiblichkeit und Männlichkeit sind durch Binarität und Polarität gekennzeichnet, die ihren Ursprung im der abendländischen Denktradition haben. Imaginationen befördern ein Geflecht von Zuschreibungen, Definitionen und Identitätsbildungen sowie von Bildern räumlicher Strukturen (Dörhöfer/Terlinden 1998: 21). Sie behalten ihre Wirkungsmächtigkeit, weil sie sich durch die Wechselwirkung von ‚wissenschaftlichen' Analysen und Literatur oder Medien immer wieder aufs Neue manifestieren und reproduzieren (Frank 2003: 66). Imaginationen bleiben auch bestehen, wenn sie den realen Verhältnissen gar nicht mehr entsprechen oder sich diese längst verändert haben (Kahlert 1994: 73). Gleichzeitig wirken sie sich auf reale Frauen und Männer aus, indem eine Gleichsetzung von Weiblichkeit mit Frau und Männlichkeit mit Mann stattfindet.

Grundlegend ist, dass Imaginationen von Weiblichkeit und Männlichkeit, nicht in einem gleichberechtigten Aushandlungsprozess entstanden sind, sondern die Vorstellungen vom Weiblichen wurden und werden von männlichen Parametern aus gedacht und imaginiert (Bovenschen 1979: 14). Die Konstruktion von Männlichkeit basiert auf der Definition, dass „männlich ist, was nicht weiblich ist" (vgl. u.a. Barrett 1999: 88). Der Höherbewertung von Männlichkeit steht die geringer bewertete Weiblichkeit gegenüber. Zur Erhaltung des höheren

Prestigewertes ist in der Konstruktion eine Abgrenzung beziehungsweise der Ausschluss alles Weiblichen notwendig. Weibliche Attribute werden zwar durchaus positiv und hoch bewertet, aber ausschließlich in jenen Bereichen (zum Beispiel im Privaten), denen sie zugeordnet und die klar von den männlichen Bereichen und den darin enthaltenen Zuschreibungen getrennt sind. Trotz Ab- und Ausgrenzung beziehen sich die Konstruktionen Weiblichkeit und Männlichkeit komplementär aufeinander und bilden letztlich eine Einheit. Männlichkeit braucht Weiblichkeit, um sich zu spiegeln und um sich als das Herrschende zu versichern; Weiblichkeit hingegen ist auf Männlichkeit bezogen, da es von diesem imaginiert ist und ohne dieses ein *Nichts* wäre (vgl. Bovenschen 1979). Eine Definition von Weiblichkeit als das, *was nicht männlich* ist wäre nicht zutreffend, weil es als Ergänzung dient und keine Eigenständigkeit besitzt. Die Frage nach Weiblichkeit unabhängig von der gesellschaftlichen Ordnung, lässt sich nicht beantworten, weil dieses *Andere* außerhalb der bestehenden symbolischen Ordnung existieren würde (vgl. Seifert 1992).

Als grundlegend für die Einteilung von Weiblichkeit und Männlichkeit kann die Nähe beziehungsweise Ferne zur Natur beziehungsweise Kultur angesehen werden (vgl. Sauer 1994). Weiblichkeit ist in ihrer Verbundenheit zur Natur und ihrer Körperlichkeit konstruiert, die sich auf Fortpflanzung und Sexualität bezieht.[35] Die männlichen Merkmale im Bereich Fortpflanzung und Sexualität beschränken sich auf Erzeuger, Liebhaber und Begehrender während sich Körperlichkeit in deren Überwindung, Selbstkontrolle, Körperbeherrschung, Ausdauer und Abhärtung ausdrückt. Aus männlicher Perspektive soll und muss Natur in Kultur und Zivilisation verwandelt werden, um Übersichtlichkeit, Ordnung, Nutzbarkeit herzustellen.[36] Folglich sind Naturwissenschaften, Kampf, Heldentum, Entdeckung und Unterdrückung männlich konnotiert, weil dadurch Kulturland, Fortschritt und letztlich der Sieg über die Natur errungen werden kann. Damit verbunden ist eine geschlechterpolare Konstruktion von Weiblichkeit als Gattung und Männlichkeit als durch Sozialisation und Individuation strukturiert (Bovenschen 1979: 27). Die Konstruktion von naturmetaphorisch ausgedeuteter weiblicher Statik beinhaltet die Vorstellung von Ganzheitlichkeit und Geschlossenheit des „weiblichen Wesens", das im Gegensatz zum männlichen Leistungs- und Effizienzdenken einen an häuslichen und biologischen Funktionen orientierten Tugendkatalog hervorbrachte (ebd.: 27ff.). Die Konstruktion von Weiblichkeit entspricht zwar einer „gedachten imaginierten Weiblichkeit", die nicht mit realen

---

[35] Assoziativ wird Weiblichkeit mit Macht über neues Leben (Empfangen, Gebären, Stillen) gleichgesetzt und ist durch den natürlichen Rhythmus der Natur bestimmt. Die sexuellen Aspekte umfassen sowohl Reinheit, Sauberkeit und Jungfräulichkeit als auch Sündhaftigkeit und verführerische Reize (vgl. Schambach 1996, Frank 2003).

Frauen gleichgesetzt werden kann (ebd.: 32), doch geht damit eine Wirkungsmächtigkeit weiterer Zuschreibungen einher, die sich auf das Leben von Frauen (und Männern) auswirkt.[37]

Weiblichkeit[38]	**Männlichkeit**
Natur/Körperlichkeit	Kultur
Privatheit	Öffentlichkeit
Familie	Beruf
Innen	Außen
Konsumption/Reproduktion	Produktion
Seele/Gefühl	Geist/Vernunft
Unordnung/Chaos	Disziplin/Ordnung
Emotionalität	Rationalität
Objekt	Subjekt
Sein	Tun
passiv	aktiv
Frau	Mann

Abb. 1: Eigene Darstellung

---

[36] Entsprechend wird Männlichkeit mit Willenskraft, Risikobereitschaft, Entschlossenheit, Grenzüberschreitung, Technik, Organisation, Planung etc. assoziiert (vgl. Schambach 1996).

[37] Darüber hinaus existieren Zuschreibungen, die zunächst keine direkte Geschlechtsspezifik erkennen lassen beziehungsweise beiden Geschlechtern zugeordnet werden können: Gerechtigkeit, Verantwortung, Ehrlichkeit, Moral, Ehre etc. Diese Merkmale haben für die Geschlechter jeweils unterschiedliche Bedeutungen. So bezieht sich zum Beispiel weiblich konnotierte Ehre und Moral auf Körperlichkeit beziehungsweise Sexualität. Männlich besetzt bezieht sie sich auf das Große und die Gemeinschaft, denn zum Beispiel Militärdienst bedeutet eine Ehre gegenüber dem Vaterland (vgl. Haug 1990, Frevert 1995).

[38] Diese sowie die folgenden Merkmale, Zuschreibungen und Assoziationen sind der verwendeten Literatur entnommen (siehe Bibliographie) und sind keinesfalls vollständig, sondern instruktiv gemeint.

Hegemoniale Männlichkeit und Weiblichkeit

Wie in Kapitel 1.1 dargelegt, wurden in der Männlichkeitsforschung unterschiedliche Männlichkeiten herausgearbeitet, deren hierarchisches Verhältnis durch die Berücksichtigung weiterer sozialer Kategorien deutlich wird. Offen geblieben war das Verhältnis unterschiedlicher Männlichkeiten zu Weiblichkeit. Alle Formen von Männlichkeiten grenzen sich gegenüber Weiblichkeit ab, aber es kann davon ausgegangen werden, dass einzig hegemoniale Männlichkeit durch den Ausschluss von Weiblichkeit konstruiert ist, sodass in der weiteren Untersuchung Männlichkeit mit hegemonialer Maskulinität gleichgesetzt wird.

Da besonders untergeordnete oder abgewertete Formen von Männlichkeit in die symbolische Nähe zu Weiblichkeit gebracht werden (vgl. Schimpfnamen wie „sissies" oder „nanny-boy", Connell 1999: 69) müssen empirische Analysen diese *sowohl* im Verhältnis zu Weiblichkeit betrachten, *als auch* andere soziale Kategorien berücksichtigten.

Bei der Konstruktion von Weiblichkeit stellt sich die Frage nach „hegemonialer Feminität", die jedoch nicht mit der männlichen Hegemonie, der globalen Dominanz des männlichen Geschlechts vergleichbar sei, denn trotz existierender Dominanz- und Machtbeziehungen unter Frauen erstrecke sie sich nicht auf das andere Geschlecht (Meuser 1998: 98). Frauen können in Kombination mit anderen sozialen Kategorien durchaus in einem Hierarchieverhältnis gesellschaftlich höher stehen als andere Frauen sowie zur Konstruktion untergeordneter und/oder abgewerteter Männlichkeit von Männern beitragen. Doch auf der Metaebene der symbolischen Ordnung, auf der die Kategorie Weiblichkeit losgelöst vom biologischen Geschlecht betrachtet wird, kann es eine hegemoniale Feminität nicht geben: Denn Weiblichkeit gilt als imaginiert und von männlichen Parametern aus gedacht, besitzt keine Eigenständigkeit und kann sich folglich auch nicht auf das andere Geschlecht erstrecken. Insofern ist auch die Frage obsolet, welche Auswirkungen eine Kombination von Weiblichkeit mit anderen sozialen Kategorien auf Formen von Männlichkeiten haben könnte.

1.3.2 Imagination und Planung von (Groß-)Stadt

Bei der Imagination und Planung von (Groß-)Stadt sind Geschlecht und Stadt als stützende Ordnungsfaktoren von Gesellschaft aufs Engste miteinander verknüpft und konzipiert. Das räumliche Ordnungssystem von Stadt beruht auf bestimmten Geschlechter(an)ordnungen mit festgefügten Vorstellungen der Geschlechter. Dementsprechend sind unterschiedliche gesellschaftliche Zuschreibungen, Aufgaben und Verantwortungsbereiche festgelegt, denen wiederum bestimmte städtische Räume und Orte zugewiesen werden. Die implizite unterschiedliche Verteilung der Geschlechter in der städtischen Ordnung ist nicht nur auf distinkte physisch-materielle Räume begrenzt, sondern setzt sich fort in deren symbolisch-geschlechtlicher Codierung (Frank 2003: 15). Vorstellungen von Weiblichkeit und Männlichkeit sowie Zuschreibungen von Männern und Frauen innerhalb und außerhalb der Stadt sind konstitutive Elemente (ebd.: 23).

Imagination von (Groß-)Stadt

Wesentliche Bestandteile von (Groß-)Stadt sind Imaginationen von Natur versus Kultur mit ihren dargelegten jeweiligen Zuschreibungen zu Weiblichkeit und Männlichkeit. Die Stadt kann als Ausdruck von männlich konnotierter Zivilisation und Ordnung gegenüber der Willkür und dem Chaos der weiblich konnotierten Natur angesehen werden (ebd.: 24).

In der städtischen Ordnung sollte die wilde, unberechenbare Natur nach Außerhalb verbannt und die „domestizierte Natur" innerhalb der Stadt platziert werden (ebd.: 220). Eine ordentlich geplante Natur sollte im Siedlungsgebiet durch ‚grüne Oasen' und Naherholungsgebiete in Form von Parks, Gärten, Wasserflächen und Straßenbegrünung die Funktion als strukturierendes und auflockerndes Element im streng gegliederten städtischen Raum einnehmen (ebd.: 202). Die systematische Einführung von Naturelementen in den Stadtraum kann als Versöhnung der bisher widersprüchlichen Forderungen nach Ausschluss und Integration von Natur angesehen werden (ebd.: 220). In Bezug auf Imaginationen von Weiblichkeit kann die zivilisierte und kontrollierte Natur mit „domestizierter Weiblichkeit" gleichgesetzt werden (ebd.: 232). Die weiblich konnotierte Natur wurde also aufgespalten in einen gefährlichen, nach Außerhalb zurückzudrängenden, und einen disziplinierten, domestizierten Anteil, der im Inneren platziert und von der städtischen Ordnung dominiert und beherrscht wurde (ebd.: 232).[39]

Seit der Entstehung von dicht besiedelten Großstädten im 19. Jahrhundert wurden diese in der Literatur – besonders wegen der Menschenmassen – als undurchdringlicher Dschungel,

[39] Die Bändigung wilder Natur in der Stadt wird besonders durch fließende Wasser deutlich: Während uferlose Meere und (mit-)reißende Ströme die verschlingende und destruktive Seite weiblicher Sexualität repräsentieren, bezeugt die Anlage von künstlichen Seen, Wasserfällen, malerisch plätschernden Bächen und (Spring-)Brunnen in der Stadt deren erfolgreiche Zähmung (ebd.: 202).

Wildnis, Sumpf oder Labyrinth beschrieben (ebd.: 48). Es wurde eine „unheimliche Macht der Massen" heraufbeschworen, die alle individuellen und sozialen Grenzen, Abstände und Unterschiede auflöse: Der Einzelne höre auf, ein Einzelner zu sein, verschmelze mit den anderen zu einem undifferenzierten Massenganzen (ebd.: 58/59). Die Masse wurde mit roher, wilder Natur gleichgesetzt, in der Themen des Archaischen, Unzivilisierten, Leidenschaftlichen enthalten sind, was zu Assoziationen von Masse mit wilder Weiblichkeit führte (ebd.: 60). Die Stadt als männlich-bürgerlicher Ausdruck von Ordnung schien zusammengebrochen zu sein (ebd.: 86).

Mit dem städtischen und gesellschaftlichen „Umbruchprozeß der industrie-kapitalistischen Modernen" wurden die „als ‚männlich' geltenden Leitbilder und Tugenden, Verhaltensmuster und -kodices brüchig" (ebd.: 118). Denn die Erscheinungs- und Begleitformen der Großstadt mit der Neuen Frau widersprach dem bürgerlichen Idealbild der sanften und passiven, körperlosen, entsexualisierten Hausfrau und Mutter, sodass die Konstruktion männlich-bürgerlicher Raum-Ordnung zu wanken drohte (ebd.: 119).

Planung von Großstadt

Um die „urbane Krise von Männlichkeit" zu überwinden, kann die Großstadtplanung vom 19. Jahrhundert bis in die 1980er Jahre des 20. Jahrhunderts als Strategie der „Rückkehr zu einer gesunden Polarität der Geschlechter“ angesehen werden (ebd.: 119). Mit der Strategie der scharfen und polarisierenden sozialen, moralischen und räumlichen Grenzziehung wurde das Ziel verfolgt, „dem weiblichen städtischen Chaos eine ‚männliche‘ sozialräumliche und symbolische Ordnung aufzunötigen“ (ebd.: 121). Die Verherrlichung mütterlicher Weiblichkeit fand ihre Entsprechung in der das Familienheim hütenden Haus-Frau. Dieses wurde zum Zufluchts- und Rückzugsort der dem städtischen Tumult und der Unordnung ausgesetzten Männer utopisiert (ebd.: 119/120).

Es galt, die Organisation der städtischen Zivilisation durch die Neuordnung der Verhältnisse von männlichen und weiblichen Raumdynamiken und Umwelteigenschaften beziehungsweise von Männern und Frauen in der Stadt zu erreichen, wobei die Planung als machtvolles Medium und Instrument gesellschaftlichen Wandels angesehen wurde. Rationale Planung, moderne Technik, innere und äußere Organisation und Ordnung sollten die Großstädte vom Chaos befreien (ebd.: 270).

Herausragende Stadtplaner wie Haussmann und Le Corbusier sahen in der geometrischen Ordnung den formalen und inhaltlichen Ausdruck praktizierter Vernunft und damit das geeignete Mittel der zivilisatorischen Bändigung und Kontrolle der

Stadt (ebd.: 194, Dörhöfer 2002: 138).[40] Die Geometrie von gerader Linie und rechtem Winkel verkörperte und ermöglichte diese Ordnung, die als exakt, unveränderlich, vollkommen und erhaben angesehen wurde.[41] Eine auf geometrischen Formen errichtete städtische Zivilisation war sowohl Inbegriff von Schönheit und Perfektion als auch höchster Ausweis aufgeklärter menschlicher Vernunft und damit Höhepunkt des Zivilisationsprozesses (Frank 2003: 212/213). Geometrie war auch Ausdruck für die Beherrschung und Kontrolle über die ordnungszersetzenden weiblichen Naturkräfte (ebd.: 214).[42] Ihren Ausdruck fanden diese Vorstellungen beispielsweise in den großen Boulevards und strengen Häuserfronten sowie den akkurat gestalteten Parks in Paris.

Zusammenfassend lässt sich festhalten, dass die Stadt als Ort *männlicher* Zivilisation und Kultur imaginiert wird, die Ordnung in die *weibliche* wilde und chaotische Natur bringen soll (Dörhöfer/Terlinden 1998: 21, Geiger 1994: 18). Natur und Weiblichkeit wird dabei als formlose, undurchschaubare, willkürliche, feindliche Masse beschrieben, und Stadt und

---

[40] So geht die Funktionstrennung von Arbeiten, Wohnen, Freizeit/Erholung sowie Fortbewegung/Verkehr auf die von Le Corbusier veröffentlichte „Charta von Athen" von 1928 zurück (Frank 1998: 336).

[41] Dass Geometrie als „männlich" und „vernünftig" gilt, hat eine bis in die Antike zurückreichende Tradition, die im Kontext industriekapitalistischer Urbanisierung aktualisiert wurde (Frank 2003: 194).

[42] Gerade Linien statt krumme, gewundene Straßen und stabilisierende rechte Winkel statt paralysierender Kurven sollten durch planvolle, rationale Gestaltung einer fachlichen oder politischen Autorität entstehen und damit die wahllose, spontane, irrationale Bebauung als Resultat einer Vielzahl individueller Einzelentscheidungen überwinden (Frank 2003: 214).

Männlichkeit als Trutzburg der Sicherheit, Ordnung, Vernunft und Insel der Zivilisation imaginiert (Frank 2003: 211), in der weiblich konnotierte Attribute integriert sind:

Natur	**domestizierte Natur**	**Stadt**
ungebändigte Weiblichkeit	domestizierte Weiblichkeit	Männlichkeit
Hure	Jungfrau/Mutter	Mann
wild	sanft	vernünftig
Auflösung	Kontinuität	Stabilität
Wildwuchs	Einzäunung	ordnendes System
irrational	emotional	rational

Abb. 2: Eigene Darstellung in Anlehnung an Frank 2003: 211, 259

Bis in die 1980er Jahre waren in der Stadtplanung die städtischen Räume, Plätze und Orte sowie die jeweils zugeordneten Tätigkeiten voneinander getrennt und binär codiert. Die Auswirkungen beziehungsweise die Wirkungsmächtigkeit dieser trennenden oder ordnenden Sichtweise wurde von der feministischen Planung(swissenschaft) kritisiert, und es wurden alternative Kriterien formuliert (vgl. Kapitel 1.2). Wesentlicher Bestandteil dieser Polarisierung von sozialen und baulichen Räumen ist die Trennung in Öffentlichkeit und Privatheit, die sowohl in der Politikwissenschaft als auch in der Planung(swissenschaft) von Bedeutung ist.

1.3.3 Öffentlichkeit – Privatheit – Ökonomisches System

Die Beschäftigung mit den Kategorien Öffentlichkeit und Privatheit hat in den Sozial-, Geistes- und Planungswissenschaften eine lange Tradition, wobei die Trennung der Bereiche als Konstituens der westlichen Philosophie und der empirischen Wirklichkeit in der modernen Gesellschaft und als strukturierendes Konzept zur Ordnung von Raum und Gesellschaft angesehen wird (Sturm 1997: 53, Terlinden 2002: 143). Obwohl die Grenzziehung der Bereiche keineswegs statisch, sondern historisch variabel ist (Döge 1998: 39, Hausen 1992: 86ff.), bleibt sie besonders im Hinblick auf geschlechtliche Konnotationen und Imaginationen bis heute relevant.

Öffentlichkeit

Prinzipiell umfasst der Begriff der Öffentlichkeit jene gesellschaftlichen Bereiche, die grundsätzlich allen Menschen offen stehen. Charakteristisch für den öffentlichen Bereich sowie die dort stattfindenden Tätigkeiten und herrschenden Prinzipien sind Zugänglichkeit, Transparenz und Offenheit (vgl. Beck 1986, Cohen 1994, Reichwein 1993). Idealerweise sollte allen Angehörigen des Gemeinwesens uneingeschränkter Zutritt zur Öffentlichkeit gewährleistet sein und dieser nicht von bestimmten Gruppen besetzt werden (Terlinden 2002: 141).

Bürgerliche oder *politische* Öffentlichkeit wird als ein Terrain demokratischer Freiheit verstanden.[43] Im Ideal ist diese definiert durch die Beziehung zum Staat, der Zugänglichkeit für alle und der Beförderung des Gemeinwohls oder eines gemeinsamen Interesses (Fraser 1996: 168). Die Idee des freien Zugangs als zentrales Element wird jedoch dadurch eingeschränkt, dass diese bürgerliche Öffentlichkeit durch ein Regelwerk des Stils und der Etikette sowie durch Rituale und Regeln geprägt ist, die Ungleichheiten hervorbringen (Fraser 1996: 160, Holland-Cunz 1994: 227, Lang 1994: 209): „Rollen, die eingenommen werden, ein Publikum, das sich selbst räsoniert, Rituale, die Sachlichkeit erzeugen, ein formalisiertes und eingeübtes Sprechen, dessen Inhalte bekannt sein müssen, verweisen auf spezifische personale Erfahrungen, die die Anteilnehmenden an Öffentlichkeit erlernt, eingeübt und verinnerlicht haben müssen" (Holland-Cunz 1994: 236). Dadurch wird Partizipation verhindert, auch wenn der Zugang formell und rechtlich allen offensteht (Fraser 1996: 160). Heute umfasst die bürgerliche Öffentlichkeit institutionalisierte Debatten (zum Beispiel Parlamente) und andere Formen der Meinungsbildung (zum Beispiel Medien) sowie das staatlich-administrative System (Terlinden 2002: 148).

Außer der bürgerlichen Öffentlichkeit existieren Konzepte, die mit *diskursiver* Öffentlichkeit bezeichnet werden können.

[43] vgl. Hannah Arendt (1992), Jürgen Habermas (1990), Richard Sennett (1993).

Diese Form entsteht, wenn Menschen zusammen kommen, die ein gemeinsames politisches oder gesellschaftliches Anliegen haben, unabhängig davon, ob dieses zum Beispiel die Nachbarschaft, das Haus, die Stadt etc. betrifft oder in welcher Größenordnung sie zustande kommt. Dadurch bilden sich ein öffentliches Interesse und eine Öffentlichkeit, die nicht von vornherein durch Kriterien der moralischen und politischen Homogenität gekennzeichnet, sondern nach beiden Seiten offen sind: das *Wer* in Bezug auf die TeilnehmerInnen und das *Was* in Bezug auf das Gespräch sind nicht festgelegt (vgl. Benhabib 1991, Arendt 1992, Fraser 1996).[44]

In der Planungswissenschaft zählen zum öffentlichen Raum alle Stätten, die frei zugänglich sind: Straßen, Plätze, Grünanlagen und andere Freiflächen sowie alle Räume, die von einer größeren Gemeinschaft – vor allem einander fremder Menschen – genutzt werden können, zum Beispiel Orte sozialer Infrastruktur und kultureller und politischer Veranstaltungen (Dörhöfer 1999: 263, Sturm 1997: 55, Breckner/Sturm 2002: 174). Die Lebendigkeit öffentlicher Räume entsteht unvorhersehbar, aber planerisch unterstützbar aus dem komplexen Nebeneinander zufälliger und selbstbestimmter, zweckorientierter wie zweckfreier Nutzungen (Breckner/Sturm 2002: 175).

44 Dieses Konzept von Öffentlichkeit trifft zum Beispiel auf Neue Soziale Bewegungen zu, die wiederum Einfluss auf die bürgerliche Öffentlichkeit nehmen können.

Privatheit

Für die Konzeption von Privatheit ist die strikte Abgrenzung zum öffentlichen Bereich charakteristisch. Kennzeichnend für Privatheit sind Reproduktionstätigkeiten wie Haus-, Beziehungs-, Erziehungsarbeit etc. Dabei gilt die Wohnung als Ort familialer Lebensgestaltung, körperlicher Verrichtungen und privater Reproduktionsarbeit. Innerhalb der Wohnung dienen bestimmte Räume besonders der Intimität: Ehe- beziehungsweise Elternschlafzimmer und das Bad mit Toilette. Diese sind als Orte körperlicher Verrichtungen (Sexualität und umfassende Reinigung) möglichst vor Außenstehenden abzuschirmen (Sturm 1997: 55). Im Privaten sollen Bedürfnisse nach Vertrautheit, Intimität, Zuneigung und gegenseitiger Unterstützung erfüllt werden (Benhabib 1994: 290, Holland-Cunz 1994: 227, Sturm 1997: 68).

So gewinnt der private Bereich für die Gesellschaft an Bedeutung und erhält einen eigenen Wert, ohne jedoch im Mainstream der politischen Diskussionen und Planung(swissenschaft) gleichwertige Beachtung zu finden.[45]

Der Begriff Öffentlichkeit wurde von vielen Feministinnen benutzt, um alles zu bezeichnen, was außerhalb der häuslichen oder familiären Sphäre liegt (Fraser 1996: 152). Die konzeptionelle und auch überwiegend tatsächliche Einteilung

---

[45] Der private Bereich ist jedoch kein staats- und herrschaftsfreier Rückzugsort, was Feministinnen mit der Losung „Das Private ist politisch" formulierten und was besonders die Problematik von Gewalt in der Familie beziehungsweise im Privatbereich verdeutlicht (Lang 1994: 218).

und Trennung der gesellschaftlich differenten Orte in Öffentlichkeit und Privatheit sowie in Produktions- und Reproduktionsbereich mit gänzlich unterschiedlicher Binnenstrukturierung, gilt als wesentliches Strukturmerkmal bürgerlicher Gesellschaften (Benhabib/Nicholson 1987: 555, Meyer 1992: 62, Holland-Cunz 1994: 227). Aus feministischer Perspektive stehen sich die öffentliche und die private Sphäre mit ihren jeweiligen Zuschreibungen in unversöhnlicher Dichotomie gegenüber (Holland-Cunz 1994: 227). Besonders die Ausgrenzung des Privaten aus dem öffentlich-politischen Raum gilt als ein, wenn nicht gar als *der* Herrschaftsmechanismus (ebd.: 236).

Ökonomisches System

Die traditionelle Dichotomie von Öffentlichkeit und Privatheit muss um einen Mischbereich ergänzt werden, in dem private Interessen öffentlich werden und der als *ökonomisches System* bezeichnet werden kann (vgl. Arendt 1992, Fraser 1996).[46] Dieser Bereich ist dadurch gekennzeichnet, dass der Zugang beschränkt ist, er nicht dem Gemeinwohl, sondern bestimmten Interessengruppen dient und ebenfalls räumlich begrenzt ist. Das ökonomische System nimmt Einfluss auf den öffentlichen Bereich und schließt gleichzeitig Fragen aus

---

[46] Dies umfasst alle Tätigkeiten, die der Produktion von Gütern dienen sowie reproduktive Dienstleistungen, die dem privaten Bereich zugeordnet werden und die besonders seit der Industrialisierung zu *öffentlichen* Interessen wurden – also alles, was unter Wirtschaft(en), Markwirtschaft, Ökonomie etc. verstanden werden kann (vgl. Arendt 1992).

der öffentlichen Debatte aus, indem sie als Angelegenheit unpersönlicher Zwänge des Marktes ökonomisiert, als private Eigentumsvorrechte oder als technische Probleme für Manager und Planer dargestellt werden (vgl. Arendt 1992). Diese Angelegenheiten werden in spezialisierten Zusammenhängen von öffentlichen Auseinandersetzungen abgeschirmt, was sich „gewöhnlich zum Vorteil dominanter Gruppen und Individuen und zum Nachteil der ihnen Untergeordneten" auswirkt (Fraser 1996: 171).[47] Das ökonomische System befindet sich, da es außerhalb des privaten (Familien-)Bereiches liegt, in der Nähe der bürgerlichen Öffentlichkeit, denn dessen Prinzipien sind ebenfalls durch Rationalität, Apersonalität und bestimmte Rituale und Verhaltensmuster geprägt. Es beinhaltet auch die Trennung der Erwerbsarbeit als Produktionsarbeit und die Gebrauchswirtschaft oder Reproduktionsarbeit in der Familie als *Nichtarbeit* (Sturm 1997: 56, Dörhöfer/Terlinden 1998: 192).

Seinen baulich räumlichen Ausdruck findet das ökonomische System vor allem in Form von Warenhäusern, Einkaufspassagen und Malls, deren Kennzeichen Zweckgebundenheit (zum Beispiel Konsum), Zugangsbeschränkung (zum Beispiel durch Öffnungszeiten) und Verhaltensvorschriften (zum Beispiel durch Hausordnungen) sind, und deren Betrieb der

[47] Zur feministischen Analyse ökonomischer und volkswirtschaftlicher Modelle und deren impliziten hierarchischen Geschlechterverhältnis vgl. Michalitsch 2003.

Gewinnmaximierung dient (Breckner/Sturm 2002: 175).[48] Auch vermeintlich öffentliche Plätze gehören dazu, wenn sie – wie zum Beispiel am Potsdamer Platz – der „Repräsentation machtvolle[r] Akteure der kapitalistischen Weltökonomie vorbehalten“ sind, wodurch sich die Nutzungsvielfalt reduziert und eine Schließung des öffentlichen Raumes stattfindet (Breckner/Sturm 2002: 175).

Vergeschlechtliches Hierarchieverhältnis

Die Konstruktionen von Öffentlichkeit, ökonomischem System und Privatheit stehen in einem Hierarchieverhältnis zueinander, das geschlechtlich konnotiert ist. Dabei werden Öffentlichkeit und ökonomisches System mit ihren Zuschreibungen männlich konnotiert und höher bewertet[49] als die weiblich konnotierte Privatheit, was sich besonders im Verhältnis von Produktions- und Reproduktionsarbeitssphäre niederschlägt. Die zugeschriebenen Aufgaben, Eigenschaften und Tätigkeiten von Privatheit beschränken sich allerdings nicht auf die (private) Familie, sondern beziehen sich auf zwischenmenschliche Beziehungen im Allgemeinen.[50] Der

---

[48] Grundlegende Voraussetzung für den Eintritt in den „ökonomisierten“ Raum sind jedoch ein „gewisses Geldvermögen“ und „monetäre Spielräume“ (Breckner/Sturm 2002: 178, Terlinden 2002: 151).

[49] Assoziiert werden diese mit Disziplin, Leistung, Konkurrenz, Einzelkämpfertum, Stärke, Erfolg etc. Als männliche Eigenschaften gelten dabei Rücksichtslosigkeit, Durchsetzungsfähigkeit, Führungsfähigkeit, Leistungsbesessenheit, Ehrgeiz etc. Weiblich konnotierte Eigenschaften sind lediglich Bienenfleiß, Fingerfertigkeit und Geschicklichkeit (vgl. Schambach 1996).

[50] Weibliche Konnotationen sind beispielsweise Ergebenheit, Aufopferungsfähigkeit, Anpassung, Fürsorglichkeit, Einfühlungsvermögen, Hingabebereitschaft, Güte, Anteilnahme etc. (vgl. Schambach 1996).

öffentliche und der ökonomische Bereich hingegen erstrecken sich, als Sorge um das Gemeinwohl, auch auf den privaten Bereich.[51] Die Konnotationen der Bereiche schließen einander aus und sind nicht kompatibel, wobei die männlichen Zuschreibungen höher bewertet werden, weil sie immer aus der Sicht des Imaginierenden erfolgen und somit die Definitionsmacht besitzen (Hagemann-White 1984: 80).

Privatheit	**Öffentlichkeit / Ökonomisches System**
Weiblichkeit	Männlichkeit
Konsumtion	Produktion
reproduktive Leistung	produktive Leistung
Intimität	Außenwelt
Gestaltung des Familienlebens	Gestaltung des Gemeinwesens
Familienorientiert	Berufsorientiert
häuslicher Fleiß	berufliche Leistung
Unselbständigkeit	Selbständigkeit
Gebundenheit	Freiheit
Abhängigkeit	Unabhängigkeit
Frau	Mann

Abb. 3: Eigene Darstellung

Durch die enthaltenen symbolisch-geschlechtlichen Zuschreibungen und Imaginationen von Räumen werden Frauen und

[51] Dies wird zum Beispiel in der Konstruktion des Jägers, Kriegers oder Staatsmannes deutlich, die ohne ein weibliches Pendant auskommen (vgl. Schambach 1996).

Männern unterschiedliche physisch-materielle Räume zugewiesen (Frank 1998: 334), die trotz realer Veränderungen als naturalisierende Zuschreibungen von Weiblichkeit und Männlichkeit fortbestehen. Durch die nachgeordnete Bedeutung von Privatheit und die Gleichsetzung von Weiblichkeit mit Frauen wird verständlich, dass trotz der Ausweitung formaler öffentlicher Rechte diskriminierende Beschränkungen im Erwerbsbereich und in Bezug auf politische Partizipationsmöglichkeiten bestehen. Einer Integration von Frauen in den öffentlichen Bereich stehen die zugeschriebenen weiblich konnotierten Normen und Werte, Tätigkeiten und Eigenschaften entgegen, die dem öffentlichen Bereich gegensätzlich sind (vgl. Becker-Schmidt/Knapp 1995).[52]

[52] Zum Beispiel gilt eine entschlossene Wettbewerbseinstellung als nichtweiblich, da sie nicht zum *normalen* weiblichen Verhalten zählt. Die männlichen Prinzipien von Ruhm, Geld und Macht in der Geschäftswelt führen bei Männern zu Zuschreibungen wie ehrgeizig und zielstrebig und sind positiv besetzt. Versucht eine Frau dasselbe, gilt sie als egoistisch, rücksichtslos und herrschsüchtig. Zwar werden heute typisch weibliche Merkmale im Erwerbsleben zunehmend mehr geschätzt, was jedoch nicht zu einer grundsätzlichen Veränderung in der hierarchischen Wertigkeit von Weiblichkeit und Männlichkeit und den damit verbundenen Positionszuschreibungen führt (vgl. Cohen 1994, Schambach 1996).

1.3.4 Hierarchische vergeschlechtlichte Raumkategorien

Ausformungen baulicher Räume sind ohne Konnotationen und gesellschaftliche Verortungen weder herrschaftlich oder hierarchisch und gehören auch keinem Geschlecht (Dörhöfer 2002: 139). Hierarchisierung und Vergeschlechtlichung sind erst erkennbar, wenn sie mit den Gesellschafts- und Geschlechterverhältnissen in Beziehung gesetzt werden, denn das räumliche Wertesystem entspricht weitgehend dem Sozialen (ebd.: 134).

Grundsätzlich sind hierarchische Raumkategorien sowohl vertikal als auch horizontal geordnet, stehen meist in Zusammenhang miteinander und werden immer aus der Sicht der Mächtigen und Herrschenden betrachtet und entsprechend bewertet.[53] Räumlichen Kategorien wie *vorne-hinten* und *rechts-links* werden, vom Standort des Mächtigen aus gesehen, bestimmte positive oder negative Qualitäten zugesprochen und entsprechende Eigenschaften denjenigen zugeordnet, die sich in den so definierten Bereichen befinden (Meckseper 1996: 39).[54]

Bei den Raumkategorien *oben-unten* werden die höheren Sphären den Starken, Mächtigen und Guten zugeordnet, wäh-

[53] So werden beispielsweise strenge orthogonale Raster, die Vertikale nur von Männern männlich und Rundungen weiblich konnotiert. Architektinnen weisen diese Zuordnungen weit von sich (Dörhöfer 2002: 139).

[54] Zum Beispiel befindet sich *vor* dem Chefzimmer als Zutrittsschwelle das *Vor*zimmer mit der Sekretärin (Dörhöfer 2002: 133).

rend die niederen den Schwachen, Abhängigen und Bösen entsprechen. In Beziehung zu den gesellschaftlichen Verhältnissen gesetzt, manifestiert sich dies in den Begriffen Ober- und Unterschicht und findet seinen Ausdruck in den architektonischen Strukturen: „Der Beamte im höheren Dienst auf der Beletage eines Mietshauses hatte bis ins 20. Jahrhundert unter sich die Kellerkinder wohnen" (Meckseper 1996: 37). Innerhalb der Berufswelt äußert sich dies beispielsweise bei Büro-, Bank- und Verwaltungsgebäuden darin, dass sich Chefzimmer fast immer im obersten Geschoss befinden (Dörhöfer 2002: 133). Eine geschlechtliche Hierarchie erhält dies durch die empirische Wirklichkeit: Im *mittleren* und *oberen* Management sind eher Männer als Frauen anzutreffen (Frank 2003: 342).

Wesentlich vielgestaltiger sind horizontale Raumkategorien, die sich durch Nähe und Ferne charakterisieren lassen, was innerhalb der Stadtplanung besonders durch die Bereiche *Zentrum* und *Peripherie* relevant ist. Im Zentrum finden die produktiven Tätigkeiten der Dienstleistungsgesellschaft in Büros, Geschäften sowie Parlamenten und Verwaltungen statt. Die Peripherie hingegen ist durch den privaten – weiblich konnotierten – Bereich der reproduktiven Tätigkeiten der Familie und des Hauses gekennzeichnet, der gleichzeitig als Rückzugsort fungiert (Dörhöfer 2002: 130/131). Trotz realer Veränderungen bleiben die räumlichen wie geschlechtlichen Konnotationen bestehen: Die gesellschaftliche, wirtschaftliche und politische Macht des Zentrums ist männlich, während die Reproduktion und das Private in der Peripherie weiblich konnotiert sind.

Im ökonomischen System hat sich darüber hinaus mit der Dienstleistungsgesellschaft eine weitere Hierarchisierung herausgebildet, indem sich im Zentrum von Städten *hoch*qualifizierte Dienstleister konzentrieren, wozu neben den Firmenzentralen und Finanzdienstleistern auch Werbeagenturen, Anwaltskanzleien, Softwarefirmen, Hotelketten und andere nichtproduzierende Zulieferbetriebe zählen (Mönninger 1998, 93). Die Konstruktion und Imagination *des* Managers, Anwalts, Programmierers verkörpert dabei die hegemoniale Männlichkeit und löst das Ideal *des* Arbeiters in der Industriegesellschaft ab (vgl. die Konstruktion der *marketplace manhood* in Kapitel 1.1). Gleichzeitig findet innerhalb der Dienstleistungszentren auch eine vertikale Hierarchisierung statt, indem den *hoch*qualifizierten und -dotierten Dienstleistern am *unteren* Ende eine große Zahl von Arbeitsplätzen mit *verfügbaren Dienstboten* gegenübersteht: Sekretariat, Empfang, Verkauf, Bedienung, Wach- und Reinigungspersonal etc. (vgl. Sassen 1996). In Bezug auf die dargelegten Assoziationen von Masse lässt sich diese vertikale Hierarchisierung geschlechtlich konnotiert lesen, indem das Individuum *oben* männlich und die Masse der Dienstboten *unten* weiblich konnotiert sind.[55]

Weitere horizontale Hierarchien sind die Kategorien *innen* und *außen:* Im städtischen Zentrum, den Straßen und Plätzen, den (Firmen-)Gebäuden sind männliche Konnotationen zugelassen, die mit Produktivität, Produktionsarbeit und monetären Mitteln (sowohl als Einkommen als auch zum Konsum) gleichgesetzt werden können, während Reproduktion, Reproduktionsarbeit, Abwesenheit monetärer Mittel *außen* vor bleiben müssen.[56] Auch die weiblich konnotierte Familie und das Heim werden häufig mit *Innen* gleichgesetzt und mit Geborgenheit, Schutz und Vertrautheit assoziiert, während *Außen* oder der Außenraum das Fremde kennzeichnet (Dörhöfer/Terlinden 1998: 27).[57] Neben dem privaten Bereich kann auch die Stadt, die geordnet und geplant ist – samt der geordneten Geschlechterverhältnisse – als innenliegend angesehen werden, während außerhalb die ungebändigte Natur liegt. Bei diesen hierarchischen Raumkategorien findet abhängig vom Kontext eine unterschiedliche geschlechtliche Konnotation statt: Der private Innenbereich der Familie ist weiblich und das Außen männlich, während das Innen der

---

[55] In der empirischen Wirklichkeit sind diese Positionen zumeist mit Frauen besetzt. Männer von ethnischen Minderheiten besetzen vor allem eher unsichtbare Positionen als Reinigungskräfte und Nachtwächter (vgl. Frank 1998).

[56] Dies trifft auch auf Slums und Großsiedlungen der sozial Schwachen in der Peripherie zu (vgl. Frank 1998).

[57] Was allerdings in Bezug auf Gewalt im Privatbereich und der Befreiung durch Flucht ein Trugschluss ist (Dörhöfer/Terlinden 1998: 27).

Stadt männlich und das Außen der Natur weiblich konntotiert sind.

1.3.5 Fazit

Die Darlegung der Imagination und Ausformung gesellschaftlicher und baulicher Räume hat deren Wechselwirkung, besonders für die Geschlechterverhältnisse, verdeutlicht: In die bauliche Gestaltung gehen Annahmen über die Geschlechter ein, die wiederum die gesellschaftlichen Geschlechterbeziehungen beeinflussen. Imaginationen von Weiblichkeit und Männlichkeit mit ihren Zuschreibungen und Merkmalen behalten, trotz sich verändernder Realitäten ihre Wirkungsmächtigkeit und werden durch das Handeln der Akteure – zum Beispiel in der Stadtplanung – manifestiert und reproduziert.

Kernpunkt der geschlechtlichen Segregation ist die Trennung in einen privaten und einen öffentlichen Bereich: Die Imaginationen von Weiblichkeit und Männlichkeit in der gesellschaftlichen Sphäre finden ihre Entsprechung sowohl in der Imagination als auch in der Ausformung baulicher Räume, besonders in der Funktionstrennung der Städte. Durch die Imaginationen werden Zuschreibungen und Merkmale dem jeweiligen, geschlechtlich konnotierten Bereich zugeordnet und durch die Gleichsetzung von Weiblichkeit mit Frau und Männlichkeit mit Mann werden den Menschen entsprechende Plätze in der Stadt zugewiesen.

Die aufgezeigten segregierten gesellschaftlichen und baulichen Räume mit ihren geschlechtlichen Zuschreibungen und Konstruktionen dienen als Grundlage, um die Vorstellungen der Akteure von der städtebaulichen Planung des Potsdamer/Leipziger Platzes zu analysieren und die darin enthaltenen impliziten Genderkonstruktionen herauszuarbeiten.

1.4 Methodisches Vorgehen

„In der *politischen Kultur* als Denksystem und institutionalisierten Symbolwelt wird die Definition von politisch und unpolitisch, von öffentlich und privat, von männlich und weiblich – die geschlechtliche Vermessung des politischen Raumes – verhandelt“ (Sauer 2000: 42, Hervorhebung im Original).

Um das unsichtbare Geschlecht der Stadtplanung und die Genderkonstruktionen in der Planung des Potsdamer/Leipziger Platzes aufzuzeigen, ist ein methodisches Vorgehen notwendig, bei dem sowohl der Politikgestaltungsprozess – also der Planungsverlauf – rekonstruiert werden kann, als auch die Genderkonstruktionen in den Vorstellungen der Akteure sichtbar werden. Es wurde eine Methodenkombination aus Ansätzen der Politikfeld- und der Diskursanalyse gewählt, wobei lediglich Elemente dieser methodischen Vorgehensweisen berücksichtigt wurden, anstatt diese umfassend anzuwenden. So werden Forschungsergebnisse ermöglicht, die aufgrund der Mehrdimensionalität der Fragestellung mit den einzelnen methodischen Konzepten nicht zu erzielen gewesen wären.

1.4.1 Planungsprozess

Zur bestmöglichen Rekonstruktion von Politikgestaltungsprozessen bietet die Politikfeldanalyse ein methodisches Vorgehen, bei dem politische Institutionen und politische Prozesse in engem Zusammenhang mit den Politikinhalten untersucht werden, um aufzuzeigen, welche Akteure sich mit welchen Argumenten durchsetzen konnten.[58] Das „Zusammenwirken der unterschiedlichsten exekutiven, legislativen und gesellschaftlichen Institutionen und Gruppen bei der Entstehung und Durchführung einer bestimmten Policy" (Windhoff-Hèritier 1987: 45) verdeutlicht die Komplexität politischer Prozesse, deren Ergebnis abhängig von den beteiligten Akteuren und deren Beziehungen zueinander variiert (Behning/Lepperhoff 1997: 57/58). Policy wird als dynamischer Prozess begriffen und der Blick auf Veränderungen der Politikinhalte gelenkt (Schubert 1991: 55), wobei Macht im politischen Prozess nicht mehr als absolute, sondern als relative Größe begriffen wird, da Machtpositionen vornehmlich im Politikprozess ausgehandelt, manifestiert und verändert werden (Behning/Lepperhoff 1997: 57/58).

Bei der Untersuchung der städtebaulichen Planung des Potsdamer/Leipziger Platzes stehen als staatliche Akteure die Vorstellungen und Argumente der Berliner Senatsverwaltungen im Mittelpunkt der Analyse. Die Senatsverwaltung für

Stadtentwicklung und Umweltschutz war politisch und verwaltungsintern hauptverantwortlich für den städtebaulichen Planungsprozess, die Senatsverwaltung für Bau- und Wohnungswesen war für die Untersuchung und Vorbereitung der Grundstücksverkäufe zuständig, und die Senatsverwaltung für Finanzen erarbeitete die Kaufverträge. Diese Senatsverwaltungen waren sowohl die formal zuständigen staatlichen Stellen als auch wesentliche Entscheidungsträger innerhalb des politisch-administrativen Systems. Darunter werden allgemein all diejenigen binnenstrukurellen Faktoren gefasst, die einen Einfluss auf den politischen Problemverarbeitungsprozess ausüben. Die zunächst ungewohnte Zusammenfassung von Legislative und Exekutive, Politikern und Bürokraten trägt der Erkenntnis Rechnung, dass die tatsächlichen politischen Problemlösungen unter den Handlungsbedingungen moderner westlicher Demokratien in der Regel von den politischen Programmen und politischen Forderungen abweichen (Schubert 1992: 728).

Bei empirischen Analysen von Politikgestaltungsprozessen spielen auch nicht-staatliche Akteure eine wesentliche Rolle (vgl. Héritier 1993, Schubert 1991). Einerseits streben die nicht-staatlichen Akteure grundsätzlich eine Beteiligung an politischen Entscheidungsprozessen an, indem sie ihre Interessen gegenüber dem politisch-administrativen System ver-

[58] Ausführlich zu Politikfeldanalyse oder Policy-Analyse, die meist synonym verwendet werden: Windhoff-Héritier 1987, Héritier 1993, Schubert 1991.

treten. Andererseits sind die staatlichen Institutionen auch an einer Zusammenarbeit mit diesen Gruppen interessiert, weil sie sich davon eine größere Akzeptanz der Entscheidungen in der Bevölkerung erhoffen (vgl. Schubert 1991). Außerdem erhöhen sich beispielsweise auch die Chancen, angesichts leerer Haushaltskassen stadtplanerische Projekte realisieren zu können.

Als nicht-staatliche Akteure sind selbst bei einer nur oberflächlichen Betrachtung bei der Planung des Potsdamer/Leipziger Platzes die vier großen Investoren relevant: Daimler Benz, Sony, Hertie/Wertheim und ABB/Haus Vaterland[59]. Diese wurden aufgrund ihrer Einflussmächtigkeit als zweiter Hauptakteur ausgewählt, da sie direkt mit dem politisch-administrativen System verhandelten und die Planung maßgeblich mit entschieden. Aufgrund dieser Fokussierung bleiben die Vorstellungen weiterer nicht-staatlicher Akteure (zum Beispiel Bund Deutscher Architekten, Architektur und Ingenieurverein, Gruppe 9. Dezember etc.) weitgehend unberücksichtigt.

Aus politikwissenschaftlicher Perspektive ist der Zeitraum von November 1989 beziehungsweise der ersten dokumentierten Aktivitäten der Senatsverwaltungen Anfang 1990 bis zum 10. Dezember 1991 von besonderem Interesse, da in

---

[59] Ab 1992 firmierten diese Firmen als ‚A+T'.

diesem Zeitraum der politischen Verhandlungen die verschiedenen Positionen und Vorstellungen der Akteure besonders gut sichtbar werden. Mit dem Mauerfall am 9. November 1989 wurde erstmals nach fast drei Jahrzehnten eine gesamtstädtische Planung für das West- und Ost-Berliner Gebiet des Potsdamer/Leipziger Platzes möglich. Zu diesem Zeitpunkt gab es allerdings kaum konkrete Vorstellungen von der Nutzung, Funktion oder Bebauung, sodass alles möglich war oder möglich gewesen wäre. In dem politischen Verhandlungsprozess galt es, die grundsätzliche Gestaltbarkeit des Gebietes zu entscheiden und die Grundlagen für das folgende formale städtebauliche Planungsverfahren und die spätere architektonische Bebauung auszuhandeln. Am Ende des Untersuchungszeitraums hatten sich die beteiligten Akteure weitgehend auf eine städtebauliche Planung des Gebietes geeinigt, die am 10. Dezember 1991 vom Abgeordnetenhaus beschlossen wurde. Mit diesem Senatsbeschluss wurde das formale Planungsverfahren für den so genannten Koordinierungsplan eingeleitet, der das gesamte Areal des Potsdamer/Leipziger Platzes umfasste. Unter Federführung der Senatsverwaltung für Bau- und Wohnungswesen führten die Beteiligungen der Bürger, der Träger öffentlicher Belange etc., im Vergleich zur vorigen Phase, lediglich zu geringfügigen Veränderungen der grundsätzlichen Planungsprämissen. Das formale Planungsverfahren mündete am 28. Juni 1994 in den Festsetzungsbeschluss des Koordinierungsplanes durch das Berliner Abgeordnetenhaus und bedeutete den Abschluss des städtebaulichen Planungsprozesses.

Um die Vorstellungen der beteiligten Akteure während des städtebaulichen Politikgestaltungsprozesses zu analysieren, wird durch die Analyse von Texten, Dokumenten, Aufzeichnungen in einer Fallstudie „soweit wie möglich und soweit wie begründet nötig, die exakte Rekonstruktion eines empirisch-konkreten Prozesses erarbeitet" (Schubert 1991: 46). Durch die Untersuchung der Entwicklung und Resultate staatlicher Politiken auf ihre Bedingungszusammenhänge im Hinblick auf den Einfluss politischer Strukturen und Interaktionsprozesse zwischen den Akteuren wird sichtbar, welche Akteure sich mit ihren Politikinhalten im Konsensbildungsprozess durchsetzen konnten (Schubert 1991: 48, Behning 1999: 205). Dabei ist zu berücksichtigen, dass politische Entscheidungen immer „wertgeladen" sind und jeder Handelnde in einem dichten Netz von Werten und Normen eingebunden ist (Schubert 1991: 42). Von Interesse ist, wie Handelnde in einer Gesellschaft in der Lage sind, entsprechende Normen zu setzen, beziehungsweise wie sie daran gehindert werden und wer dadurch die politische und soziale Realität bestimmen kann (ebd.).

1.4.2 Offenlegung von Genderkonstruktionen

Obwohl der vorgestellte methodische Ansatz, der den Schwerpunkt auf die Analyse von „Argumente[n], Ideen und Überzeugungen als Faktoren“ legt (Hèritier 1993: 5) für die Untersuchung des Politikgestaltungsprozesses sinnvoll ist, kann das *Subthema* Geschlechterpolitik nicht adäquat erfasst werden. Das politische System konstruiert mit seinen Politiken, mit seinen Entscheidungen und Instrumenten „Geschlechter“, sodass jede Politik, jede politische Maßnahme in einer zweigeschlechtlich hierarchisierten Gesellschaft gleichzeitig „Geschlechterpolitik“ ist (Sauer 2000: 41). Darunter werden Maßnahmen und Wirkungen verstanden, die als nicht intendierte und unartikulierte Programme nicht-intendierte Effekte auf die Geschlechterverhältnisse haben (Kulawik/Sauer 1996: 29). Da diese Geschlechterpolitik nicht direkt thematisiert wird und damit quasi verdeckt bleibt, ist es notwendig, die geschlechtlichen Implikationen durch eine Interpretation von Texten zu erfassen, um sie „greifbar“ zu machen (Behning 1997: o. S.).

Die Vorstellungen der Akteure von der Planung des Potsdamer/Leipziger Platzes manifestieren sich zunächst als Ergebnis von Handlungen und Interaktionen in Texten. Als Ergebnisse von Sprech- und Denktätigkeiten sind Texte gesellschaftliche Produkte einer aktiven Auseinandersetzung mit der Umwelt zu einem bestimmten Thema, durch die gesellschaftliche Wirklichkeit entsteht (Jäger 1993: 171, ders. 1994: 14). Sie geben Auskunft über die darin transportierten Vorstellungen in Bezug zu den herrschenden gesellschaftlichen Machtverhältnissen und den dadurch zugewiesenen unterschiedlichen Lebenspraxen der Menschen (Jäger 1993: 416, Gildemeister 2001: 79).

Die thematisierten Sachverhalte in den Texten werden unter Rückbezug auf ihren gesellschaftspolitischen Kontext und vor dem zeithistorischen Hintergrund einer kritischen Bewertung unterzogen: „Bereits die sachliche Beschreibung deckt Mystifizierungen auf, weist auf Widersprüche hin, legt Interessen bloß und Unterschiede frei zwischen z.B. Aussagen und in ihnen enthaltenen Nahelegungen, Implikationen etc." (Jäger 1993: 221). Mit diesem Verständnis sind Diskurse nicht so sehr als Ausdruck gesellschaftlicher Praxis von Interesse, sondern weil sie, institutionalisiert, geregelt und an Handlungen gekoppelt, bestimmten Zwecken dienen und Macht ausüben (Jäger 1994: 26/27). Durch die Lokalisierung „objektivierter Herrschafts- und Machtverhältnisse" in den Texten wird deutlich, ob und welche Diskurse Macht entfalten (Behning 1997: o. S., Möller 1999: 95).

Um das unsichtbare Geschlecht der Stadtplanung – als Geschlechterpolitik und Genderkonstruktion – der städtebaulichen Planung des Potsdamer/Leipziger Platzes offen zu legen, werden die Vorstellungen der Akteure durch eine interpretative Textanalyse (vgl. Jäger 1993: 33-42) auf der Folie des dargelegten theoretischen Bezugsrahmens untersucht. Die expliziten Botschaften und Sachverhalte der Texte werden ins Verhältnis zu den Kriterien feministischer Planung(swissenschaft) gesetzt (vgl. Kapitel 1.2) und die impliziten Genderkonstruktionen durch Assoziationen, Konnotationen und Zuschreibungen von Weiblichkeit und Männlichkeit*en* herausgearbeitet (vgl. Kapitel 1.3). Dadurch wird sowohl deutlich, wie Gender konkret in den Vorstellungen der Akteure konstruiert ist und was dabei jeweils die Merkmale von hegemonialer und abgewerteter Männlichkeit sowie von Weiblichkeit sind, als auch welche Akteure sich mit welchen Vorstellungen und Argumenten im Planungsverlauf durchsetzen konnten.

1.4.3 Untersuchungsmaterial

Die vorliegende Untersuchung basiert auf der Analyse schriftlichen Textmaterials, wobei auf (ExpertInnen-)Interviews verzichtet wurde, da der Interessenfokus nicht auf der detaillierten und möglichst lückenlosen Rekonstruktion des Prozesses liegt. Darüber hinaus würde die Herausarbeitung von impliziten Genderkonstruktionen in Interviews, mehrere Jahre nach dem Handlungszeitraum, ein anderes Herangehen sowie eine modifizierte Fragestellung erfordern.

Da die Senatsverwaltung für Stadtentwicklung und Umweltschutz innerhalb des politisch-administrativen Systems hauptverantwortlich für den Planungsprozess von 1989 bis Ende 1991 war,[60] wurden die dort befindlichen Dokumente, wie Sitzungsprotokolle, Gesprächsnotizen, Vermerke, Briefe etc., ausgewertet und öffentliche Dokumente, wie Pressemitteilungen, Ausschuss- und Senatsprotokolle, sowie Publikationen der Senatsverwaltungen und Investoren untersucht. Zeitungsartikel, Zeitschriftenaufsätze und Sekundärliteratur wurden ergänzend herangezogen. Da das Planungsverfahren formal erst mit dem Festsetzungsbeschluss des Berliner Senats am 28. Juni 1994 endete, ist dieses Dokument als Ergebnis der städtebaulichen Planung ebenfalls eine relevante Quelle, weil die Ergebnisse der Realisierungswettbewerbe der Einzelgrundstücke von Daimler Benz und Sony 1992 sowie

von A+T 1993 zum Teil Eingang in dieses Dokument und damit in das städtebauliche Planungsergebnis gefunden haben.
Die Untersuchung des Materials bezieht sich auf die Themenbereiche Nutzungsmischung, Städtebauliche Form, Erwerbsarbeit, Wohnen und Freiflächen. Die Auswahl erfolgte zum einen anhand der Themen, die in der feministischen Planung(swissenschaft) bearbeitet wurden (vgl. Kapitel 1.2.), und zum anderen anhand der Frage, ob im Untersuchungszeitraum ein Konsens zwischen den Akteuren erzielt werden konnte. So wurde beispielsweise die Verkehrsplanung, obwohl sie bei der Planung relevant war, nicht berücksichtigt, da bis Ende 1991 keine Einigung über die verschiedenen Aspekte erzielt werden konnte.

Die Kombination der vorgestellten methodischen Ansätze und Vorgehensweisen ermöglicht es, den Planungsprozess anhand ausgewählter Themenbereiche weitgehend zu rekonstruieren und die Veränderungen der Machtverhältnisse und Koalitionen der beteiligten Akteure aufzuzeigen. Gleichzeitig können die implizit enthaltenen Genderkonstruktionen in den Vorstellungen und Argumenten der Akteure sowie die Durchsetzungsfähigkeit von Konstruktionen hegemonialer Männlichkeit sichtbar werden. Durch die Konzentration der Analyse auf eine Metaebene des Denksystems und der

[60] Erst mit Einleitung des formalen Planungsverfahrens ging die Verantwortung an die Senatsverwaltung für Bau- und Wohnungswesen über.

institutionalisierten Symbolwelt werden nicht die Persönlichkeitsmerkmale der einzelnen Akteure, sondern diese als Interessensgruppen untersucht.

Die vorliegende Untersuchung ist weniger eine programmatische, als vielmehr eine empirische Antwort auf die Frage, *wie* Gender in der Stadtplanung sowohl produziert und reproduziert, als auch präsentiert und praktiziert wird (vgl. Lorber 1999, Becker-Schmidt/Knapp 2000).

2 Genderkonstruktionen in der städtebaulichen Planung des Potsdamer/Leipziger Platzes

Der Planungsprozess des Potsdamer/Leipziger Platzes wurde im November 1989 mit dem Mauerfall möglich, der sowohl zu einer grundlegenden Veränderung der städtebaulichen wie gesellschaftspolitischen Prämissen führte. Die politische Auseinandersetzung der städtebaulichen Planung des Gebietes endete am 10. Dezember 1991, als das Abgeordnetenhaus per Senatsbeschluss die Vorgaben für das folgende formale Planungsverfahren festlegte.

Nach einer Darstellung des Planungsverlaufes in diesem Zeitraum werden im Folgenden anhand ausgewählter Themenbereiche sowohl der politische Aushandlungsprozess weitgehend rekonstruiert, als auch die Genderkonstruktionen in den Vorstellungen und Argumentationen der beteiligten Akteure herausgearbeitet.

2.1 Darstellung des Planungsverlaufes von November 1989 bis Dezember 1991

„Und wieder einmal steht Berlin, jetzt als werdende Weltstadt, vor dem historischen Augenblick, sich eine Form zu geben, die Ausdruck seines Wesens und seiner Bestimmung ist“ (Behrend 1929: 98 zit.n. Pabsch 1998: 26).

Der weitgehend chronologische Überblick über den Planungsverlauf dient zur Orientierung der nachfolgenden analysierten Planungsthemen und stellt die Vorstellungen und Interessen der beteiligten Akteure dar. Gleichzeitig wird damit skizziert, in welchem gesellschaftspolitischen und städteplanerischen Kontext sich die Akteure bewegten.

Abb. 4: Potsdamer Platz 1989 (debis 1995: 2)

2.1.1 Gesellschaftspolitische Situation 1989/90

Der 9. November 1989, der Tag, an dem die Mauer fiel, markiert einen Wendepunkt nicht nur in der Geschichte Berlins, sowie der Bundesrepublik und der DDR. Er läutete das Ende des Kalten Krieges sowie den Zerfall der Sowjetunion ein und war der Beginn eines sich verändernden Europas. Doch in keiner anderen deutschen Stadt waren die Veränderungen drastischer als in Berlin. Seit dem Ende des Zweiten Weltkrieges und besonders seit dem Mauerbau 1961 hatte die Stadt zwei Gesichter und Identitäten: Einerseits Hauptstadt mit zahlreichen Vorzeigeprojekten der Deutschen Demokratischen Republik und andererseits *Frontstadt in Insellage* der Bundesrepublik, hochsubventioniert und Ausgangsort vieler alternativer Lebens- und Wohnformen. Buchstäblich über Nacht zerbröckelte das Konstrukt und die zwei Stadthälften und politischen Systeme fielen aufeinander zu.

Sich die Situation, die Ereignisse und die Auswirkungen dieses 9. November 1989 in Erinnerung zu rufen, ist eine wesentliche Voraussetzung, um zu verstehen und nach zu vollziehen, in welchem gesellschaftspolitischen Kontext und vor welchem zeitgeschichtlichen Hintergrund die städtebauliche Planung des Potsdamer/Leipziger Platzes erfolgte.

Während im Oktober 1989 noch der 40. Jahrestag der DDR gefeiert wurde, veränderte sich bereits seit dem Sommer des gleichen Jahres das gesellschaftspolitische System durch die Flucht und Ausreise zahlreicher DDR-BürgerInnen in *den Westen*. Staatliche Selbstverständlichkeiten zerfielen spätestens mit der Maueröffnung und mündeten nach den ersten und einzigen freien Wahlen zur Volkskammer der DDR am 18. März 1990 in die „Wieder-Vereinigung" beziehungsweise den Beitritt der DDR zur BRD am 3. Oktober 1990 in das neue Gebilde *Deutschland*.

Die sich überstürzenden Ereignisse und die Bewältigung der entstehenden Herausforderungen, die die Maueröffnung im Herbst und Winter 1989 mit sich brachte, führte zwar zuweilen zu chaotischen Zuständen im alltäglichen Leben der Stadt, beflügelte jedoch gleichzeitig Phantasien von der Metropole, Weltstadt und deutschen Hauptstadt sowie als Austragungsort der Olympischen Spiele 2000.

Euphorisch und einheitlich wurde 1990 prognostiziert, dass die Stadt samt Umland von rund vier Millionen auf etwa sechs Millionen EinwohnerInnen im Jahre 2010 angewachsen sein würde. Für die industriell-wirtschaftliche Entwicklung könne sich nun der alte Nachteil der Insellage West-Berlins in einen Vorteil umkehren, als „nunmehr attraktiver Industriestandort zur Erschließung osteuropäischer Märkte" (Einem 1990: 7). Der Dienstleistungssektor wurde als *der* eigentliche Motor der Wirtschafts- und Beschäftigungsentwicklung angesehen. Durch den erwarteten Umzug von Parlament und

Ministerien sowie die Ansiedlung ausländischer Botschaften, Parteien, Interessenverbände und Hauptsitze von Wirtschaftsunternehmen würden bis 2010 in Berlin 700.000 Arbeitsplätze entstehen (ebd.: 8). Entsprechend wurde ein Bedarf an neuen Büroflächen von circa 20 Millionen qm diagnostiziert (ebd.: 8).[61] Die vom damaligen Bausenator Wolfgang Nagel (SPD) verkündete „neue Gründerzeit“ werde Berlin zu einer der führenden europäischen Städte der Business-Community machen. Gefordert wurde eine „unternehmerische Stadtpolitik“ zur Lösung der damit verbundenen städtischen Probleme (Lenhart 2001: 77).

In dieser euphorischen Aufbruchstimmung bewegten sich SenatorInnen, ihre Verwaltungen und die Investoren, die sich mit der Planung des Potsdamer/Leipziger Platzes befassten.

[61] vgl. auch SenStadtUm 1991, 1991a.

2.1.2 Städtebauliche Situation bis November 1989

Nach dem Zweiten Weltkrieg war die Gegend um den Potsdamer und Leipziger Platz bis zum 9. November 1989 weitgehend städtisches Niemandsland zwischen Ost- und West-Berlin. Zuvor bestand die Doppelplatzanlage seit 1735 aus dem Oktagon des Leipziger Platzes und dem ‚Platze vor dem Potsdamer Thore', der im eigentlichen Sinne kein Platz, sondern eine Kreuzung von vier Straßen war. Während ersterer im Rahmen des barocken Städtebaus planmäßig erbaut wurde, entwickelte sich der Potsdamer Platz von vormals landwirtschaftlichen Ansiedlungen über Sommerwohnungen und Gartenhäusern, Villen und herrschaftlichen Wohnhäusern am Ende des 19. Jahrhunderts zu einem Platz, der aus Büro- und Verwaltungsgebäuden sowie gastronomischen Einrichtungen und Hotels bestand. In der Zeit zwischen den Weltkriegen schließlich wurde der Platz zu einem Vergnügungs- und Tourismusgebiet mit stattlichen Büro- und Dienstleistungsbauten, dessen öffentlicher und motorisierter Verkehr ab 1925 mit dem ersten elektrischen Verkehrsturm geregelt werden musste.[62]

---

[62] Für eine umfassende historische Darstellung vgl. Schmidt 1981, Müller 1990, Mauter 1993, Plewina u.a. 1995, Pabsch 1998.

Abb. 5: Potsdamer Platz um 1935 (SenStadtUm 1991: 107)

Am Ende des Zweiten Weltkrieges lagen die stark zerstörten Plätze im ‚Dreiländereck' des sowjetischen Sektors (Mitte), des britischen Sektors (Tiergarten) und des amerikanischen Sektors (Kreuzberg), deren Grenzen durch Kreidestriche gekennzeichnet wurden. Nach dem Aufstand der DDR-Arbeiter gegen das SED-Regime im Juni 1953 entstand ein Stacheldrahtzaun und seit dem 13. August 1961 trennte die Mauer Ost- und West-Berlin endgültig voneinander (Mauter 1993: 101).

Städtebaulich geriet das Gebiet zu einer Abstands- und Sperrzone, in der die noch vorhandenen Gebäude weitgehend abgerissen wurden. In der Zeit von 1948 bis 1957/58 gab es in West-Berlin verschiedene Pläne und einen Wettbewerb zur Neugestaltung des zerstörten Innenstadtgebietes, die sich aufgrund der Vorstellung einer Wiedervereinigung auch auf die Ost-Berliner Gebiete erstreckte. Auch nach dem Mauerbau wurde der in West-Berlin gelegene Potsdamer Platz wegen einer möglichen Wiedervereinigung weitgehend freigehalten.[63] Westlich des Platzes wurden ab den 1960er Jahren die solitären Bauten des Kulturforums errichtet.[64] Die Orientierung am historischen Stadtgrundriss wurde dabei aufgegeben, sodass die Alte Potsdamer Straße durch die Staatsbibliothek abgeriegelt und die Potsdamer Straße über das Grundstück des ehemaligen Volksgerichtshofes verlief.[65] Es entstand „eine städtische Einöde ersten architektonischen Ranges, die an ihrer eigenen monofunktionalen, unurbanen Sterilität" leide (Müller 1990: 62). Dem Leipziger Platz erging es nicht besser: Nach dem Abriss der Bauten war er nur noch aufgrund der Straßenbepflasterung und Bordsteine erkennbar und wurde zum *Niemandsplatz* zwischen der inneren und äußeren Mauer.

Erst Ende der 1970er Jahre kam Bewegung in die städtebauliche (Ideen-) Leere, bei der der Ost-Berliner Magistrat die Otto-Grotewohl-Straße[66] und die Leipziger Straße bis an die

---

[63] Eine Ausnahme bildet der als Studierenden- und Flüchtlingsheim genutzte Bellevuetower und die so genannte oberirdische M-Bahn durch das Planungsgebiet bis zum Kemper Platz.

[64] Philharmonie (1960-69), Neue Nationalgalerie (1965-68) und Staatsbibliothek (1967-78) (Müller 1990: 62).

[65] Diese Platzierung ist den städtebaulichen Plänen der damaligen Zeit geschuldet, die an der Ostseite der Staatsbibliothek den Verlauf der autobahnähnlichen „Westtangente" vorsah (Pabsch 1998: 57).

[66] Vormals und heutige Wilhelmstraße.

Ränder des Leipziger Platzes mit Wohnungsbauten beplante und größtenteils auch bebaute. Das West-Berliner Gebiet geriet ab 1979 als *Zentraler Bereich* im Zusammenhang mit der Internationalen Bauausstellung in Berlin 1984-87 in den Fokus der städtebaulichen Überlegungen. Während das Tiergartenviertel und die südliche Friedrichstadt bebaut wurden, galt es nach den Vorstellungen des damaligen Stadtentwicklungssenator Dr. Volker Hassemer (CDU), das Gelände zwischen Kulturforum und Mauer beziehungsweise der südlichen Friedrichstraße als *offene Mitte* freizuhalten. Diese Fläche war als Grünschneise mit erlebnisintensiven, wandelbaren öffentlichen Nutzungen vorgesehen. Das Konzept der *Grünen Mitte* entsprach den Vorstellungen der Fraktion der Alternativen Liste (AL) vom Mai 1985. Die SPD-Fraktion hingegen entwarf das Gebiet 1985 mit kernstädtischer Nutzung mit Hotels, Dienstleistungen und Verwaltungen sowie einem Stadtteilpark auf dem Gelände des ehemaligen Potsdamer Personenbahnhofs.

Die Planung der 1980er Jahre war zwar nicht mehr auf ein gemeinsames Zentrum ausgerichtet, aber „doch immer noch auf der Suche nach der verlorenen Einheit" (Müller 1990: 137). Diese Möglichkeit der Rückgewinnung der Einheit entstand durch die Öffnung der Mauer. Die am Rande der beiden Städte gelegene Doppelplatzanlage rückte nicht nur ins geographische Zentrum Berlins, sondern auch in den Mittelpunkt des öffentlichen Interesses. So eröffnete der Regierende Bürgermeister von West-Berlin, Walter Momper (SPD), den Grenzübergang Potsdamer/Leipziger Platz am 12. Dezember 1990[67] mit den Worten: „Der Potsdamer Platz war das alte Herz Berlins. Es wird wieder schlagen wie früher“ (Stegers 1993: 12.11.1989).

[67] Zur Bedeutsamkeit des Geländes mag auch beigetragen haben, dass an einem anderen städtischen Symbol, dem Brandenburger Tor, erst Tage später ein Grenzübergang eröffnet wurde (Stegers 1990: 12.11.1990).

2.1.3 Die Investoren

Mit den sich radikal verändernden gesellschaftspolitischen wie städtebaulichen Rahmenbedingungen schien für die Planung der etwa 500.000 qm großen Innenstadtfläche um den Potsdamer/Leipziger Platz alles möglich zu sein, zumal der West-Berliner Senat seit 1957 systematisch Grundstücke aufkaufte, sodass große Teile des Geländes am Potsdamer Platz dem Land Berlin gehörten (Müller 1990: 60). Was eigentlich ein Vorteil für die Planung und Neuordnung durch das politisch-administrative System hätte sein können, war gleichzeitig beeinträchtigt durch die Einschätzung von Bausenator Wolfgang Nagel: „Berlin-West war ökonomisch am Ende!“ (zit. n. Lenhart 2001: 147, Fußnote 189). Um jedoch nicht nur das Überleben der Stadt zu sichern, sondern diese zu einer Metropole und Weltstadt auszubauen, existierte bei den politisch Verantwortlichen die Vorstellung, das dies nur mittels großer und schnellstmöglicher Investitionen, vorzugsweise im Dienstleistungs- und High-Tech-Bereich, gelingen könne (Lenhart 2001: 118). Solvente Investoren, die in der Lage waren, große Grundstücke zu kaufen, Millionen in die Bebauung zu investieren und Arbeitsplätze zu schaffen, waren besonders attraktiv und galten als Garant für die wirtschaftliche Entwicklung der Stadt.

Für ein Grundstück am Potsdamer Platz interessierte sich zu allererst Daimler Benz bereits ab Frühjahr und Sommer 1989. Während in der Untersuchung der Senatsverwaltung für Bau-

und Wohnungswesen (SenBauWohn) über mögliche Grundstücke für ein Dienstleistungszentrum des Konzerns im Januar 1990 eher zurückhaltend formuliert war, dass das Ansiedlungsvorhaben begrüßens- und unterstützenswert sei (SenBauWohn 1990: o. S.), drückte Bausenator Nagel rückblickend die vermeintliche Notwendigkeit eines Investors drastischer aus: „Wir hätten ihnen das Grundstück geschenkt, wenn sie gesagt hätten, wir kommen nach Berlin (und machen hier neu den Unternehmenszweig debis)“ (zit. n. Lenhart 2001: 147, Fußnote 189). Die Vorstellung, ein solventer Investor könne die Entwicklung der Stadt vorantreiben, war zwar innerhalb des politisch-administrativen Systems umstritten, konnte sich aber durchsetzen: In der Folgezeit wurden Grundstücke an die Firmen Sony (1991), A+T (1992) sowie die Rückübertragung des Lenné-Dreiecks an den Hertie/Wertheim-Konzern (1990) vereinbart.[68] Dies engte den städtebaulichen Gestaltungsspielraum ein, denn den Investoren war an der möglichst ausschließlichen Schaffung von Dienstleistungs- und Handelseinrichtungen gelegen. Was die grundsätzliche Gestaltung des gesamten Gebietes um den Potsdamer/Leipziger Platz anbetraf, war damit nicht mehr *alles möglich.*

---

[68] Einzig das Gelände des ehemaligen Potsdamer Personenbahnhofs blieb in Besitz des Landes Berlin und war als Freifläche vorgesehen (vgl. Kapitel 2.6). Dieses Gebiet gehörte bis 1972 der DDR, aber weil der „lange, schmale Streifen [...] immer schon störend in West-Gebiet“ hinein geragt hatte, erwarb das Land Berlin das Grundstück für „stolze“ 31 Millionen DM. Allerdings meldeten sich nach dem Mauerfall Erben einiger Alteigentümer, die vom Senat finanziell entschädigt wurden (Schweitzer 1996: 108).

Gleichzeitig wurden die Investoren zu relevanten Hauptakteuren der Planung: Daimler Benz und Sony verpflichteten sich beispielsweise in ihren Kaufverträgen, die Ergebnisse des städtebaulichen Wettbewerbes zu akzeptieren (Senat 16.07.1990, 26.06.1991), sodass sie verständlicherweise großes Interesse an dessen Ausgestaltung und den Vorgaben hatten – und worauf sie im Planungsprozess auch maßgeblich Einfluss nahmen.

Grundstücksverkäufe

Wie groß der Wunsch oder die Hoffnung der politisch Verantwortlichen nach zügiger wirtschaftlicher Entwicklung der Stadt durch die Ansiedlung solventer Investoren war, zeigte sich bei den Grundstückverkäufen am Potsdamer Platz.

SenBauWohn ermittelte im Frühjahr 1990, ohne das bei Verkäufen übliche Ergebnis des Gutachterausschusses des Landes Berlin abzuwarten, für das etwa 61.000 qm große Daimler Benz-Grundstück einen Verkehrswert von 1.505 DM pro Quadratmeter, was einen Gesamtpreis von knapp 100 Millionen DM ausmachte. Hierbei orientierten sie sich an den Maßstäben der vergangenen Inselstadt-Ära, als der Potsdamer Platz noch Stadtrandgebiet war. Grundlage waren die zuletzt getätigten Verkäufe sowie der Verkehrswerteatlas vom *31.12.1988* (Stegers 1990: 14.05.1990, ebd.: 28.05.1990, Schweitzer 1996: 100). Während Makler bereits im Mai 1990 den Wert des Grundstücks auf etwa 10.000 DM pro Quadratmeter schätzen, rechtfertigte der Senat den Preis damit, dass die Landeshaushaltsordnung den Grundstücksverkauf zum Marktwert verbiete, um sich nicht an Bodenspekulationen zu beteiligen (Stegers 1990: 14.05.1990, ebd.: 25.06.1990). Auch Daimler Benz ließ verlauten, dass der Kaufpreis an der „obersten Grenze" liege, die der Konzern verkraften könne (Stegers 1990: 11.07.1990). Dessen ungeachtet schickte ein Mitarbeiter der Senatsverwaltung für Stadtentwicklung und Umweltschutz (SenStadtUm) Ende Juli 1990, ohne Wissen der Senatorin Michaele Schreyer, ein Fax an die EU-Kommission mit der Bitte, den Kaufvertrag auf eventuelle illegale Subventionen hin zu prüfen (Stegers 1990: 31.07.1990). Die Kommission verpflichtete daraufhin den Konzern zu einer Nachzahlung an den Senat in Höhe von 33,8 Millionen DM wegen „wettbewerbsverzerrender Subventionen" (Frank 2000: 58).

Da nicht alle gewünschten Flurstücke des Gebietes in Besitz des Landes Berlin waren, sicherte der Senat seine Hilfe beim Erwerb durch Daimler Benz zu (SenBauWohn 21.02.1990). Beim Erwerb des 507 qm großen Grundstücks der Potsdamer Straße 18 sah die Hilfe so aus, dass der Senat den Marktpreis von rund sieben Millionen DM zahlte und es „zum alten Quadratmeterpreis, der sich auf nur 763.000 DM belief" an Daimler Benz „weiterreichte" (Schweitzer 1996: 100).

Ohne die „Vermittlung“ des Senats musste der Konzern hingegen bei dem fast 5.000 qm großen Grundstück Eichhornstraße 5-6/Ecke Linkstraße 33-36 (Bellevuetower) schon 13.620 DM pro Quadratmeter zahlen, weil die Immobilie durch einen mehrmaligen raschen Eigentümerwechsel zum Spekulationsgrund geworden war (Stegers 1991: 27.11.1990).

Trotz der Kritik des Koalitionspartners AL und der Öffentlichkeit feierte der Senat – oder vielmehr Bürgermeister Walter Momper – den Verkauf an Daimler Benz als „bedeutendste Ansiedlung seit dem Krieg“ (zit. n. Stegers 1990: 03.07.1990). Zusammen mit dem Zusatz, dass damit „ein großes Stück Zukunft gesichert“ worden sei (ebd.), wurde die Überzeugung deutlich, dass *nur* durch solvente Investoren die Entwicklung der Stadt möglich sei. Denn dem Grundstückverkauf stand die Aussage von Daimler Benz gegenüber, 600 bis 700 Millionen DM zu investieren und 8.000 Arbeitsplätze zu schaffen (SenBauWohn 1990: o. S., SenBauWohn 21.02.1990).

Als weiterer Investor machte 1990 der Hertie/Wertheim Konzern seine Alteigentümer-Rechte am Lenné-Dreieck geltend. Dieses, der DDR gehörende Grundstück, kaufte der Senat 1987 für 76 Millionen DM, um es nach dem Mauerfall an

„die Erben von Hermann Tietz (Hertie) [...] weitergeben zu müssen" (Schweitzer 1996: 108).[69]

Im Winter 1990 bekundete der japanische Elektronikkonzern Sony Interesse an einer Niederlassung am Esplanade-Dreieck. Zu diesem Zeitpunkt war bereits der Architekturwettbewerb von 1985 für das Filmhaus Esplanade (FHE), das die Reste des ehemaligen Grand-Hotel Esplanade integrierte, zu Gunsten des Entwurfs von Inken Baller entschieden worden. Der Bauantrag war vom Bezirk Tiergarten und SenStadtUm befürwortet worden (Tiergarten 05.03.1990, SenStadtUm 08.10.1990). Die Suche nach Investoren, die das FHE in 99-jähriger Erbpacht betreiben wollten, war mittels eines Bauherren-Wettbewerbs ebenfalls soweit gediehen, dass neun solvente Firmen in der engeren Auswahl standen (SenBauWohn 11.10.1990). Doch nachdem Sony zunächst erwogen hatte, die Grundstücke um das FHE herum zu erwerben, einigten sich der Konzern, SenBauWohn und die Verantwortlichen des FHE auf den Verkauf des gesamten Grundstücks. Sony verpflichtete sich, das FHE – in geeigneter Form – in sein Vorhaben zu integrieren und der Senat *sparte* vier Millionen DM, die sonst an den Bauherrn als Baukostenzuschuss hätten gezahlt werden müssen (ebd.). Entsprechend brüstete

[69] Im Gegensatz dazu wurde das ehemalige Hertie/Wertheim-Grundstück am Leipziger Platz 1948 von den Sowjets nach der so genannten Liste 3 enteignet. Darauf waren so genannte Arisierer, also Gewinner aus Enteignungen jüdischer BürgerInnen sowie KriegsgewinnlerInnen verzeichnet. Solche Enteignungen wurden nicht mehr rückgängig gemacht (Schweitzer 1996: 108/109).

sich der Sony-Repräsentant mit dieser „Sponsorleistung für die Berliner Kultur“ (Sony 1992: 5).

Auch beim Sony-Grundstück wurde auf das Ergebnis des Gutachterausschusses verzichtet und ein Kaufpreis von 3.270 DM pro Quadratmeter für das 31.000 qm große Grundstück vereinbart (Senat 26.06.1991). Da das nachgereichte Gutachten den doppelten Wert errechnete, wurde wiederum eine Prüfung durch die EU-Kommission vorgenommen. Sony musste allerdings keine Nachzahlung leisten, weil der Konzern umfangreiche Nebenverpflichtungen eingegangen war: Integration des FHE, Nutzfläche für die Deutsche Mediathek, Mietflächen für die Deutsche Film- und Fernsehakademie Berlin mit der Stiftung Deutsche Kinemathek und Erhalt der denkmalgeschützten Esplanade (Schweitzer 1996: 101f.).

Als vierter und letzter Investor zahlte 1992 die Firma A+T, diesmal *nach* Wertermittlung durch den Gutachterausschuss, für das 12.330 qm große Gelände zwischen Köthener- und Stresemannstraße 4.120 DM pro Quadratmeter. Dies war möglich geworden, nachdem Roland Ernst 1992 die „Gesellschaft Haus Vaterland“ und damit deren Schlüsselgrundstück am Potsdamer Platz erworben hatte, sodass sich der Senat nach langen Verhandlungen gezwungen sah, das restliche Grundstück an A+T zu verkaufen (Schweitzer 1996: 107).
Der Senat hatte somit sein Ziel erreicht, multinationale Konzerne zur Niederlassung ihrer Hauptsitze nach Berlin an den

Potsdamer Platz zu locken. Daimler Benz hatte den Anfang gemacht und ein Zeichen gesetzt, sodass, wie vermutet oder erhofft, andere Firmen folgten (Abgeordnetenhaus 06.06.1990: 3). Dafür flossen aus den Verkäufen rund 280 Millionen DM in die Stadtkasse, was sich allerdings bei Gegenrechnung von Dekontaminations-, Abriss-, Anliegerbeiträgen etc.[70] höchstens als ein Null-Summen-Spiel erwies. Auf die Kritik an den relativ geringen Einnahmen aus den Grundstücksverkäufen und den schnellen Verkäufen an die Investoren, verteidigte sich Walter Momper (SPD), es träfe eben nicht zu, „daß diese Stadt der begehrteste Investitionsort auf der Welt ist, und daß die Konzerne hier Schlange stehen [...]. Die westdeutsche und internationale Wirtschaft hat dieser Stadt gegenüber eine sehr abwartende Haltung“ (Stegers 1990, 14.06.1990). Damit hatte Momper allerdings unrecht, denn bereits Anfang 1990 war Berlin ein attraktiver Standort zumindest für international agierende Immobilien-Unternehmen, die spekulative Bodenpreise bis zu 40.000 DM pro Quadratmeter zu akzeptieren schienen (Lenhart 2001: 80/81) und bei denen in der Friedrichstraße Kaufpreise von rund 16.000 DM pro Quadratmeter im Gespräch waren (ebd.: 138).

---

[70] Dazu zählten Altlasten- und Munitionsentsorgung, Abriss des Bellevue-towers, Errichtung provisorischer Straßen etc. (vgl. Schweitzer 1996).

2.1.4 Städtebauliche Planung bis Ende 1990

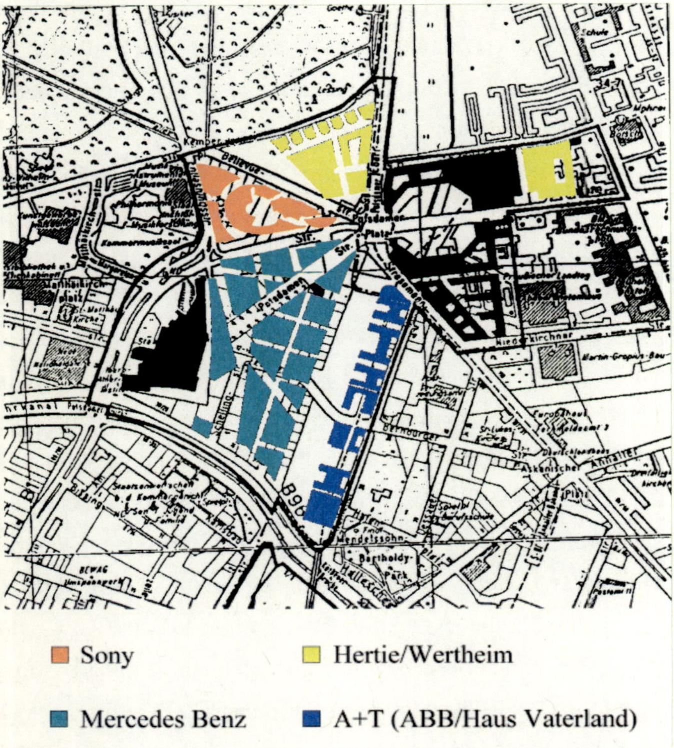

Abb. 6: Übersichtskarte 1: 10.000 (SenBauWohn 1994, eigene Colorierung)

Die städtebauliche Planung bis Dezember 1990 war geprägt durch eine Aufbruchstimmung, in der viele grundsätzliche Entscheidungen getroffen beziehungsweise diskutiert wurden, sowie durch einem enormen Zeitdruck, den in erster Linie Daimler Benz und SenBauWohn forcierten. Die grundlegenden Konflikte bestanden zwischen den Hauptakteuren der SPD-geführten Senatsverwaltung für Bau- und Wohnungswesen mit Senator Wolfgang Nagel und den Verantwortlichen von Daimler Benz auf der einen Seite und der Senatsverwaltung für Stadtentwicklung und Umweltschutz mit Senatorin Michaele Schreyer von der Alternativen Liste auf der anderen Seite. Sie kreisten um das Ansiedlungsvorhaben von Daimler Benz, das Verfahren des Grundstücksverkaufs und den städtebaulichen Wettbewerb. Die Vorstellungen und der Einfluss der Ost-Berliner Akteure, zum Beispiel des Magistrats und des Büros für Stadtentwicklung, spielten im Verhandlungsprozess eine untergeordnete Rolle und wurde mit der „Wieder-Vereinigung" am 3. Oktober 1990 ohnehin obsolet.

Ansiedlung Daimler Benz

Noch bevor die für Stadtentwicklung zuständige Senatsverwaltung Vorstellungen über die Neuordnung des Zentralen Bereiches erarbeitete und der Öffentlichkeit präsentierte (SenStadtUm 09.03.1990), fertigte SenBauWohn eine Studie zum Ansiedlungswunsch von Daimler Benz an (SenBauWohn 1990: o. S.). Darin wurde die Ansiedlung uneingeschränkt befürwortet, denn diese könne dazu beitragen, „daß der notwendige Wandlungsprozeß von der produzierenden zur Dienstleistungsgesellschaft rasch vollzogen" werde (ebd.). Dadurch könne die Funktion der Stadt als „überregional bedeutendes Wirtschaftszentrum ausgebaut werden" und die, bislang in West-Berlin vergleichsweise unterrepräsentierten,

Dienstleistungssparten der „produktionsorientierten, distributiven und konsumorientierten Art“ wachsen (ebd.). Erinnert wurde auch „an die geplante Öffnung des gemeinsamen europäischen Marktes 1992 und die speziellen Möglichkeiten Berlins im Ost-West-Handel“ (ebd.). SenStadtUm befürwortete zwar ebenfalls die Ansiedlung von Dienstleistungen im Zentralen Bereich (SenStadtUm 12.03.1990), befürchtete aber, der allzu schnelle Verkauf des, als „Juwel der Stadt“ (Stegers 1990: 06.04.1990) bezeichneten Grundstücks würde zum „Ausverkauf der Mitte“ führen (SenStadttUm 1991d: 3).[71] Außerdem enge dies „den Spielraum der Planung“ ein (ebd.) und Stadtentwicklungssenatorin Schreyer betonte, dass mit den „Schecks der Investoren“ nicht vorab städtebauliche Entscheidungen getroffen werden dürften (Tagesspiegel 10.03.1990).

Verfahren des Grundstückverkaufs

Während in der Öffentlichkeit kritisiert wurde, dass „das Glücksgefühl, einen potenten Kapitalpartner an der Angel zu haben“, den mittlerweile anachronistischen Bedingungen der West-Berliner Insellage entsprungen sei (Stegers 1990: 07.04.1990), betonte Bausenator Nagel, die Stadt müsse sich von ihrer „Isolations- und Subventionsmentalität befreien“ und endlich die „Konkurrenz mit anderen Metropolen lernen“ (Stegers 1990: 06.05.1990). Deshalb drängten SenBauWohn

---

[71] Die AL lehnte außerdem den Verkauf wegen der nicht aufgearbeiteten NS-Vergangenheit des Konzerns ab (Stegers 1990: 06.04.1990).

und Daimler Benz auf eine möglichst rasche Unterzeichnung des Optionsvertrages. Der Koalitionspartner AL hingegen wollte dem Optionsvertrag nicht vor Abschluss eines städtebaulichen Wettbewerbs und auch nicht in der gewünschten Größenordnung zustimmen (Stegers 1990: 07.06.1990), denn zur Ansiedlung der von Daimler Benz angegebenen Arbeitsplätze würde ein wesentlich kleineres Grundstück ausreichen (vgl. Kapitel 2.4). Am 3. Juli 1990 beschlossen SPD und CDU gegen die Stimmen der AL und bei drei Enthaltungen des Magistrats, den von der Senatsverwaltung für Finanzen (SenFin) erarbeiteten Kaufvertrag abzuschließen (Senat 05.07.1990). Dies war ein Affront gegen die AL, mit der lediglich ein Options- und kein Kaufvertrag vereinbart worden war, zumal der vorgelegte Vertrag eine Klausel enthielt, der die Überweisung der Kaufsumme noch vor der Behandlung des Vertrages im Abgeordnetenhaus verlangte (Frank 2000: 57).[72]

Die Auseinandersetzung um den Potsdamer Platz erreichte damit ihren ersten Höhepunkt (Frank 2000: 57/58). Senatorin Schreyer drohte mit Rücktritt, „sollte der Vertrag in der vorliegenden Form vom Senat akzeptiert werden“ (ebd.: 57). Am 13. September 1990 beschloss das Abgeordnetenhaus trotzdem, ohne parlamentarische Aussprache und ohne nennens-

72 Auch die, im Koalitionsvertrag vereinbarte, Bundesgartenschau im Zentralen Bereich wurde mit keiner Silbe mehr erwähnt (Frank 2000: 57, vgl. Kapitel 2.6).

wertes Medienecho, mit den Stimmen von CDU und SPD den Kaufvertrag (ebd.: 59).[73]

Städtebaulicher Wettbewerb

Nicht nur durch den Kaufvertrag, sondern auch im Umgang mit dem städtebaulichen Wettbewerb wurde deutlich, dass für SenBauWohn „das wirtschaftliche Signal wichtiger als das städtebauliche, Arbeitsplätze wichtiger als Stadtgestalt" war (Stegers 1990: 25.06.1990).

Daimler Benz hatte ein außerordentliches Interesse an einem zügigen Planungsverfahren, denn nach ihren Vorstellungen sollte bereits Anfang 1992 mit dem Bau begonnen werden (SenBauWohn 21.02.1990). SenBauWohn ging in der genannten Studie im Januar 1990 davon aus, dass „das Projekt in besonderem wirtschaftlichen Interesse nach Maßgabe des Wirtschaftssenators" liege, was möglicherweise zu „vereinfachten Planungsabläufen führen" könnte (SenBauWohn 1990: o. S.). Aber weil mit „einem besonderen Interesse der Öffentlichkeit in Ost und West" zu rechnen sei, könne vermutlich „ein städtebaulicher Wettbewerb nicht *vermieden* werden" (ebd., Hervorhebung gs).

[73] Der Vorwurf eines undemokratischen Verfahrens wiederholte sich 1991: Am 26. Juni 1991 verkündete Finanzsenator Pierroth den Verkauf des Esplanade-Dreiecks an die Firma Sony. Dies war möglich geworden, weil der Senator die Sony-Dienstleistungszentrale als Industrieansiedlung deklarierte, um eine Abstimmung im Parlament zu umgehen. Der Misstrauensantrag von Bündnis 90/Die Grünen gegen den Senator scheiterte zwar, aber es wurde trotzdem gegen die „dunklen Machenschaften" gewettert (Frank 2000: 64).

Dem Vorschlag, ein „möglichst zügiges 2-stufiges Verfahren“ (ebd.) durchzuführen, stimmten die beteiligten Senatsverwaltungen zu (Senat 10.04.1990). Dabei sollte in einem ersten Schritt, mit vorbereitenden öffentlichen Informationsveranstaltungen, ein städtebaulicher Ideenwettbewerb für das gesamte Gebiet von SenStadtUm ausgelobt werden (ebd.). In einem zweiten Schritt sollte die „Baukonzeption“ für das Daimler Benz-Grundstück erfolgen (SenBauWohn 1990: o. S.), die von SenBauWohn parallel zum städtebaulichen Wettbewerb vorbereitet werden sollte (SenStadtUm 28.02.1990).

In der Vorbereitung des städtebaulichen Wettbewerbs verliefen die Auseinandersetzungen zwischen SenStadtUm und den anderen Senatsverwaltungen sowie Daimler Benz immer vor dem Hintergrund des angeführten Zeitdrucks.
SenStadtUm hielt aufgrund der Bedeutung des Gebietes einen offenen städtebaulichen Wettbewerb mit internationaler Beteiligung für unabdingbar (SenStadtUm 12.03.1990). Vertreter von Daimler Benz befürchteten damit eine Verzögerung des Baubeginns (SenBauWohn 21.02.1990). SenBauWohn drängte auf einen berlinoffenen Wettbewerb, „um den Planungsprozeß intensiver und überschaubarer“ gestalten zu können, denn es könne davon ausgegangen werden, dass diese TeilnehmerInnen gute Vorkenntnisse besäßen, was eine „Verringerung von Aufwand und Vergrößerung von Flexibilität“ garantiere (SenBauWohn 12.03.1990).

Während SenBauWohn auf eine Auslobung im März 1990 drängte, vertrat SenStadtUm die Auffassung, dass der städtebauliche Wettbewerb nur gemeinsam mit dem Magistrat ausgelobt werden sollte (SenStadtUm 28.02.1990). Es müssten erst die DDR-Kommunalwahl im Mai stattgefunden haben, um anschließend „verbindliche Rahmenbedingungen" festzulegen, sodass eine Auslobung frühestens im Sommer möglich sei (Tagesspiegel 10.03.1990). Bausenator Nagel hielt dies für „unverantwortlich und völlig unakzeptabel", denn dies könnte „negative Folgen für die laufenden Verhandlungen mit der Daimler Benz AG" mit sich bringen (SenBauWohn 08.03.1990). Auch Arbeitssenator Wagner (SPD) forderte ein „schnelles Handeln", denn durch „überzogene Diskussionen könnten Ansiedlungspläne von Daimler Benz verzögert oder gar in Frage gestellt werden" (Tagesspiegel 10.03.1990). Senatorin Schreyer entgegnete darauf, dass „angesichts der Tatsache, daß dieses Gelände jetzt erst 45 Jahre nach der Zerstörung wieder in gemeinsamer Planung bebaut werden" könne, sei eine „Verzögerung um einige Wochen" nicht als glaubwürdiges Argument ins Feld zu führen (SenStadtUm 12.03.1990). Sie war sicher, dass „dieses zumindest dem Anliegen von Edzard Reuter nicht widerspricht" (ebd.). Und tatsächlich bestätigte ein Konzernvertreter, man werde das „Primat der Politik" anerkennen: „Da wir die Braut lieben, lassen wir ihr Zeit" (Stegers 1990: 06.05.1990).

Doch trotz des Zeitdrucks und obwohl der Wettbewerb „vollständig vorbereitet“ war, fand die Auslobung bis Ende 1990 nicht statt (Stegers 1990: 11.10.1990): Die Senatsverwaltungen konnten sich nicht auf ein Verkehrskonzept einigen. Senatorin Schreyer warf der SPD vor, den Wettbewerb zu verhindern (ebd.).

Die Wettbewerbsauschreibung blieb unveröffentlicht, weil die AL am 15. November 1990 den Ausstieg aus der rot-grünen Koalition beschloss (Stegers 1990: 15.11.1990). Der Grund für den Rücktritt aller drei AL-Senatorinnen war die eigenmächtige Räumung besetzter Häuser in der Mainzer Straße in Berlin-Friedrichshain durch die SPD (ebd.: 19.11.1990). Aber auch die Widrigkeiten bei der Planung des Potsdamer/Leipziger Platzes dürften für Michaele Schreyer Anlass zum Rücktritt gewesen sein.

2.1.5 Städtebauliche Planung bis Dezember 1991

Nach den ersten Gesamtberliner Wahlen am 2. Dezember 1990 bildeten CDU und SPD eine Große Koalition. Eberhard Diepgen (CDU) wurde Regierender Oberbürgermeister, und während Wolfgang Nagel (SPD) weiterhin Senator für Bau- und Wohnungswesen blieb, übernahm Dr. Volker Hassemer (CDU) das Ressort Stadtentwicklung und Umweltschutz. Das Jahr 1991 ist gekennzeichnet durch den städtebaulichen Wettbewerb zum Potsdamer/Leipziger Platz, der im Juni endlich ausgelobt und im Oktober entschieden wurde. Anders als noch im Jahr zuvor, herrschte zwischen SenBauWohn und SenStadtUm weitgehende Übereinstimmung, während sich die Konflikte mit den Investoren bis zum Dezember zuspitzten.

Nachdem am 24. Januar 1991 die gewählten VolksvertreterInnen auch formal ihre Ämter antraten, machte Volker Hassemer dem Potsdamer/Leipziger Platz seine Aufwartung und verkündete, dass das von der rot-grünen Koalition vorbereitete städtebauliche Wettbewerbsverfahren gestoppt werde (taz 21.02.1991).

Stadtforum

Hassemer gründete das Stadtforum als ein presseöffentlich tagendes Gremium, bestehend aus Senatsverwaltungen, ExpertInnen, LobbyistInnen, ArchitektInnen und PlanerInnen, die die städtebaulichen Planungen in Berlin beratend begleiten sollten.[74] Zur Eröffnung des Stadtforums am 12. April 1991 mahnte der eingeladene Edzard Reuter zur Eile in Bezug auf das Wettbewerbsverfahren am Potsdamer/Leipziger Platz. Auch Eberhard Diepgen erklärte, dass die Diskussionen „nicht in die Bewegungslosigkeit einer gordischen Verknotung münden" dürften (Frank 2000: 61). Und obwohl Hassemer mit der Einrichtung des Stadtforums mehr Öffentlichkeit und Transparenz versprach, war von einem konkreten Mitbestimmungsrecht nie die Rede (Frank 2000: 62).

Wettbewerbsverfahren

Bezüglich des Wettbewerbsverfahrens hatte Hassemer zunächst beschlossen, auch wegen des Termindrucks durch Daimler Benz, dass kein offener internationaler Wettbewerb stattfinden sollte (vgl. Stegers 1991, Frank 2000). Stattdessen wollte er sieben Architekturbüros zu städtebaulichen Vorschlägen auffordern und die Entwürfe dann selbst beurteilen (vgl. Stegers 1991). Auf Protest der Fachwelt und auf Drängen der SPD entschied er sich für ein beschränktes, kooperatives Verfahren mit einer Jury-Entscheidung. Am 28. März 1991 veröffentlichte SenStadtUm eine Anzeige in der Fachzeitschrift *Stadtbauwelt* mit der Aufforderung, sich am Wettbewerb zu beteiligen. Aus den rund 500 eingegangenen Bewerbungen wählte SenStadtUm zusammen mit der

[74] vgl. Leibl 1992, Kleger/Fiedler/Kuhle 1996, Fassbinder 1997.

Lenkungsgruppe des Stadtforums 17 Büros aus (Frank 2000: 61ff.).[75]

Der Bund Deutscher Architekten (BDA), der Architektur und Ingenieurverein (AIV) und die Architektenkammer forderten dennoch weiterhin einen offenen Wettbewerb mit der Begründung, für diese „Mammutaufgabe" müsse „der Kreis der zu befragenden Städtebauer und Architekten soweit wie möglich" gefasst sein (AIV 1992: 1). Während der AIV seinerseits zu einer eigenen Ideenkonkurrenz aufrief, an der sich zahlreiche ArchitektInnen beteiligten (AIV 1992, Pabsch 1998: 61),[76] ging die Architektenkammer soweit, dem Senatswettbewerb die Registrierungsnummer zu verweigern (Frank 2000: 63). Kritisiert wurde darüber hinaus, dass die Auswahl der Büros starke Parallelen zu der im Januar 1991 im Frankfurter Deutschen Architekturmuseum eröffneten Ausstellung „Berlin morgen. Idee für das Herz der Großstadt" aufwies, deren Arbeiten bereits am 5. Januar 1991 in der Wochenendbeilage der Frankfurter Allgemeinen Zeitung zu sehen waren (Frank 2000: 62). Am 25. Mai 1991 nahmen die

---

[75] Mahler Gumpp Schuster (Stuttgart), Karl Dudler, Max Dudler, Pete Welbergen (Frankfurt), Wolfgang Engel, Klaus Zillich (Berlin), Hilmer und Sattler (München), Otto Steidle (München), Hans Kollhoff (Berlin), Gregotti Associati Int. (Mailand), Ortner & Ortner (Wien), Oswald Matthias Ungers (Köln), Axel Schultes (Berlin), Ingeborg Kuhler, Peter Baumbach, Foster Associates Ltd. (London), Daniel Libeskind (Berlin), Wiliam Alsop & Jan Störmer (London/Hamburg), Josef Paul Kleihues (Berlin) (SenStadtUm 04.10.1990). Ein Büro hatte nach der Auslobung aus Termingründen seinen Teilnahmewunsch zurückgezogen (SenStadtUm 1991b: o. S.).

[76] Die Ergebnisse wurden von der Presse und Politik einhellig als dilettantisch abgelehnt (Pabsch 1998: 61, Frank 2000: 69).

ausgewählten Büros an der Sitzung des Stadtforums teil und am 28. Juni wurde der Wettbewerb offiziell ausgelobt.

Einflussnahme der Investoren

Die Investoren hatten, in Kenntnis der Senatsrichtlinie, nicht geruht bis der Wettbewerbsausschreibung eine Stellungnahme der Unternehmen beigefügt wurde, in der sie ihre Haltung zu dem Ideenwettbewerb beschrieben (Frank 2000: 67, SenStadtUm 1991b: 34f.). Parallel dazu hatte Daimler Benz in einem inoffiziellen Schreiben die TeilnehmerInnen darüber informiert, wie sie sich die Nutzung und Bebauungsdichte wünschten (Daimler 28.06.1991, Stegers 1993: 02.10.1991)

Darüber hinaus hatten die Investoren Ende April 1991 den britischen Stararchitekten Richard Rogers gegen ein Honorar von 1,8 Millionen DM mit einer städtebaulichen Studie zum Potsdamer/Leipziger Platz beauftragt (Frank 2000: 62).[77] Erste Ergebnisse präsentierte Rogers auf der Stadtforumssitzung am 25. Mai (Frank 2000: 62).

Wettbewerbsentscheidung und Architekturstreit

Der Ausschreibungstext des Wettbewerbs ließ deutlich erkennen, dass das politisch-administrative System eine Orientierung am historischen Stadtbild mit Blockrandbebauung und „Berliner Traufhöhe" favorisierte (SenStadtUm

[77] Der Sieger des städtebaulichen Wettbewerbs bekam hingegen *lediglich* 40.000 DM Preisgeld (SenStadtUm 1991c: 13).

1991b: o. S.). Dem gegenüber stand die, den Investoren vertraglich zugesicherte, hohe Nutzungsfläche (Senat 16.07.1990, 26.06.1991). Während der Sitzung der Wettbewerbsjury am 1. und 2. Oktober 1991 kam es zu teilweise heftigen und kontroversen Diskussionen.[78] Diese zeigten, dass die Thematik der Wettbewerbsaufgabe und ihre Bewältigung „nicht auf einen allgemeinen Konsens zu bringen" war, da die „Auffassung und die Interpretation von Stadtvision – auch übertragen auf diesen ‚Berliner Ort' – von grundsätzlich unterschiedlichen Vorstellungen und Thesen bestimmt" war (SenStadtUm 1991c: 7). Die verschiedenen Positionen spiegelten sich sowohl in den eingereichten Arbeiten wie bei den einzelnen Preisrichtern wider. Die im zweiten Bewertungsgang abgelehnten Arbeiten wurden erneut diskutiert, auch unter der „Überlegung eventueller Modifikation, dem Aspekt der Erweiter- oder Veränderbarkeit und der Entwicklungsfähigkeit der Grundidee" (SenStadtUm 1991b: o. S.). Die Entscheidung fiel schließlich auf den Entwurf von Hilmer und Sattler, der die Vorgaben des Senats weitgehend erfüllte.

---

[78] Zum Eklat avancierte das frühzeitige Verlassen des Architekten und Juroren Rem Koolhaas. Seinen Unmut hatte unter anderem die Tatsache erregt, dass bereits in der ersten Runde diejenigen Entwürfe ausgeschieden waren, die – ganz anders als Hilmer und Sattler – Neues gewagt hatten (vgl. Kapitel 2.3). Koolhaas veröffentliche seine „Massacre of Ideas" in einem offenen Brief in der Frankfurter Allgemeinen Zeitung, nachdem der Senat dessen Aufnahme in das Preisgerichtsprotokoll verweigerte (SenStadtUm 10.10.1991). Preisrichterkollege Sawade belegte ihn in der Folge mit einem Stadtverbot, da er das Verfahren „subversiv unterlaufen" sowie seine Schweigepflicht über den Auswahlprozess missachtet habe (Stegers 1993: 25.10.91).

Das Votum der Jury wurde nicht nur in der Stadtforumssitzung am 4. und 5. Oktober 1991 kritisch debattiert (Frank 2000: 73/74), sondern sowohl in der Fachwelt als auch in der Öffentlichkeit heftig kritisiert.[79] Dem Entwurf von Hilmer und Sattler wurde Mediokrität vorgeworfen, der nach Meinung des Daimler Benz-Generalbevollmächtigten, Matthias Kleinert, eher nach „Posemuckel als nach Berlin" passen würde (SenStadtUm 1991d: 4). Gleichzeitig gewann der Entwurf von Rogers an Bedeutung. Zahlreiche KritikerInnen waren von dem Entwurf überzeugt und er wurde in der Presse vorsichtig gelobt, während man Rogers gleichzeitig der Unkollegialität bezichtigte (Stegers 1993: 16.10.1991). Der Rogers-Entwurf wurde in der Öffentlichkeit nicht nur als Alternative akzeptiert, sondern kam als Konkurrenzmodell ernsthaft in Betracht (Frank 2000: 74). Doch statt einer konstruktiven Debatte mündete die Wettbewerbsentscheidung für den Entwurf für Hilmer und Sattler zu einem Meinungsstreit über „Blockrandboulette oder Turmhausspargel" (Stegers 1991: 12.07.1991).[80]

Auch auf der politischen Ebene folgte statt einer sachlichen Kontroverse der „Schulterschluß der Lokalpolitik", bei der

---

[79] Zur Architekturkritik am Entwurf vgl. u.a. Schröder 1995, Pabsch 1998, Lampugnani/Schneider 1994.

[80] Die führe zu dem lang anhaltenden Berliner Architekturstreit über die „Kritische Rekonstruktion" (vgl. Burg 1994, Klotz 1994, Bodenschatz 1995): Die Vorstellung der „europäischen" Stadt fungierte als eine Art „kultureller Kampfbegriff" (Bodenschatz 1995: 226) gegen amerikanische Malls und gegen Hochhäuser (Frank 2000: 70).

auch die Berufsverbände wie selbstverständlich den Preisträgerentwurf verteidigten (Stegers 1993: Einleitung des 3. Teils). Hinter dem bisher heftig kritisierten Senat stand plötzlich eine „Maxikoalition“ aus sämtlichen einstigen Kritiker-Fraktionen (ebd.). Hassemer kündigte an, persönliche Konsequenzen zu ziehen, wenn der Preisträgerentwurf im Senat und Abgeordnetenhaus keine Mehrheit finden sollte. Im November und Dezember folgten Verhandlungen mit den Investoren über eine Überarbeitung des Preisträgerentwurfes, die der öffentlichen Berichterstattung weitgehend entzogen waren (Frank 2000: 77). Am 10. Dezember beschloss der Senat eine Fassung des Modells von Hilmer und Sattler, der auch einen Kompromiss der Hauptkonfliktpunkte – der städtebaulichen Form (vgl. Kapitel 2.3) und des Wohnanteils (vgl. Kapitel 2.5) – enthielt. Auf dieser Grundlage erfolgte das weitere Planungsverfahren mit überwiegend formalen Planungsschritten, die in den städtebaulichen Festsetzungsbeschluss des Senates am 28. Juni 1994 mündete.

2.2 Nutzungsmischung: Rentabilitätsorientierte Dienstleistungsmischung und kommerzialisierte Öffentlichkeit

„Am Potsdamer Platz wird Berlins totes Herz wiederbelebt und entsteht als pulsierende, brodelnde Mitte des 21. Jahrhunderts neu. [...]: Eine gleichwertige Mischung aus Wohnen und Arbeiten, ein pulsierendes Miteinander von Kommerz und Kultur, von Politischem wie Privatem – eben all das, was ein gewachsenes, lebendiges Stadtviertel ausmacht"
Eberhard Diepgen (Infobox 1996: 13).

Nach dem Mauerfall war eine der Kernfragen, welche städtischen Funktionen am Potsdamer/Leipziger Platz untergebracht werden sollten, das heißt, *wie* das Gebiet genutzt und *wer* es nutzen sollte. Grundlage für eine Nutzungsmischung war der Flächennutzungsplan von 1984 in seiner Fassung von 1988. Darin ist das „Gebiet mit überwiegend kernstädtischer Nutzung ausgewiesen", was die Möglichkeit zur Errichtung von Hotels, Dienstleistungsbetrieben, Verwaltungen sowie „ergänzende Wohnnutzungen" und Grünflächen beziehungsweise Parkanlagen beinhaltet (SenStadtUm 1990: 32, SenStadtUm 1991a: 24). Das Ergebnis vorwegnehmend, einigten sich die beteiligten Akteure auf eine (vermeintlich) multifunktionale Nutzungsmischung im Gegensatz zum Leitbild der funktionsgetrennten Stadt. Die „Vielfalt der Nutzungen" (Senat 1994: 18) sollte das Gebiet als „lebendiges eigenständiges Stadtquartier" (ebd.: 19) sichern mit dem Ziel der „kompakten Innenstadt der kurzen Wege mit hoher Funktionsmischung" (ebd.: 24). Konkret bedeutete dies für alle

Grundstücke im gesamten Gebiet eine Mischung aus Büroflächen, Handel, gastronomischen Einrichtungen, Hotels, Kultur und Wohnen (SenBauWohn 1994: 1).

Bis dieses Ergebnis zustande kam, gab es während des Planungsprozesses divergierende Vorstellungen und Interessen der beteiligten Akteure. Für die Investoren sollten die Grundstücke einerseits möglichst rentabel und andererseits das gesamte Gebiet möglichst attraktiv sein. Das politisch-administrative System wollte sowohl die Investorenansiedlung sichern, als auch die Belange der Stadt berücksichtigen. Diese unterschiedlichen Interessen galt es im Planungsverlauf überein zu bringen.

2.2.1 Rentabilitätsorientierte Dienstleistungsmischung

Initialzündung der Planung war das Vorhaben von Daimler Benz, ihr „Engagement in Berlin wesentlich zu erweitern" (SenBauWohn 1990: o. S.) und am Potsdamer Platz einen „Dienstleistungskomplex" zu errichten (Senat 10.04.1990).

Bereits in der Untersuchung zum Ansiedlungsvorhaben von Daimler Benz vom Januar 1990 wies SenBauWohn darauf hin, dass „auch ein gewisses Angebot für externe Nutzungswünsche gemacht werden sollte, um eine übergroße Monofunktionalität im vorhandenen urbanen Kontext zu vermeiden" (SenStadtUm 1990: o. S.). Das städtebauliche Ziel des politisch-administrativen Systems bestand darin, dass der Potsdamer und Leipziger Platz „wieder zwei vitale, großstädtische und zusammenhängende Stadtplätze" werden sollten (Senat 10.04.1990). Durch die „Vielfältigkeit und Lebendigkeit zur Attraktivierung dieses Stadtraumes [...] unter Einordnung von zentralen und hauptstädtischen Funktionen" (Provisorischer Regionalausschuss 19.02.1990) sollte entsprechend des historischen Bildes der 1920er Jahre wieder „intensives und urbanes Leben" einkehren (SenStadtUm 12.03.1990). Eine möglichst hohe Nutzungsvielfalt sollte verhindern, dass das Gebiet „durch eine einseitige Grundstruktur verlangweilt und geschädigt" werde (Abgeordnetenhaus 20.06.1990: 2).

Daimler Benz sah es nicht als seine Aufgabe an, für diese Ziele des politisch-administrativen Systems die Verantwortung zu übernehmen. Die Aussage, das Grundstück mache „weniger als ein Viertel der gesamten zur freien Verfügung stehenden Fläche" aus (Abgeordnetenhaus 06.06.1990: 4), beinhaltete die Position, „einen großen Mischnutzungsanteil *in der unmittelbaren Nähe* des Potsdamer Platzes" vorzusehen (SenBauWohn 21.02.1990, Hervorhebung gs). Dennoch forderte das politisch-administrative System eine gemischte Nutzung für das Gebiet. SenBauWohn und SenStadtUm wollten einen Anteil an „Attraktivitätsflächen" für Fremdvermietung von 25 Prozent sichern (SenBauWohn 21.02.1990, SenStadtUm 29.03.1990) und sogar 40-55 Prozent waren im ersten Halbjahr 1990 im Gespräch (Gruppe Planwerk[81] 11.06.1990). Im Senatsbeschluss vom 10. April 1990 wurden jedoch nur zehn Prozent für „attraktive andere Nutzungen" beschlossen (Senat 10.04.1990). Mit dieser Reduktion waren allerdings nach Meinung der AL die städtebaulichen Gestaltungsmöglichkeiten „entscheidend limitiert", denn „eine Mischnutzung, die diesen Namen verdient, wird ausgeschlossen. Noch niemand hat behauptet, dass ein Dienstleistungszentrum dieser Größe zur Urbanität beiträgt, selbst wenn ein Zehntel der Fläche für andere Zwecke [...] reserviert wird" (Schramm 09.04.1990). Daimler Benz seinerseits forderte in einem Brief an den Finanzsenator, dass „über die Frage der

[81] Das Architektur- und Stadtentwicklungsbüro ‚Gruppe Planwerk' war von SenStadtUm 1990 beauftragt, den Prozess zu begleiten und zu unterstützen.

Nutzungsbindung eine für beide Seiten akzeptable Regelung gefunden" werden müsse (Daimler 01.06.1990). Dass sich der Konzern im Kaufvertrag schließlich doch auf einen Mischnutzungsanteil von 20-30 Prozent einließ (Senat 16.07.1990), hatte verschiedene Gründe.

Daimler Benz forderte für die Schaffung von 8.000 Arbeitsplätzen eine Bruttogeschossfläche von circa 230.000 qm (SenBauWohn 1990: o. S.).[82] Zur Unterbringung dieser Nutzungsmischung empfahl SenBauWohn eine „geringfügige Arrondierung [der Bruttogeschossfläche] nach oben" (ebd.). Der im Kaufvertrag festgelegte Anteil an Mischnutzung bedeutete also für den Konzern *zusätzliche* verkauf- oder vermietbare Fläche. Der Vorschlag von SenBauWohn, das Unternehmen solle sich „selbst ein hochwertiges Umfeld schaffen können und auch das Nutzungsmanagement für die fremdgenutzten Bereiche übernehmen" (Gruppe Planwerk 11.06.1990), dürfte auch zum Einverständnis des Unternehmens beigetragen haben.

Des Weiteren wurde im Laufe des Frühjahrs 1990 deutlich, dass Daimler Benz weniger Arbeitsplätze als zuvor angegeben schaffen würde. Dadurch würde das Unternehmen nicht die gesamte geforderte Nutzungsfläche für den Eigenbedarf brauchen, sondern diese könnte zum Teil fremdvermietet

---

[82] Zum Zusammenhang von Arbeitsplätzen mit Grundstücks- und Nutzungsfläche siehe Kapitel 2.4.

werden. Deshalb konnte der Repräsentant von Daimler Benz in der Ausschusssitzung für Stadtentwicklung und -planung am 6. Juni 1990 einer Mischnutzung zustimmen: „mittelfristig brauchen wir nicht mehr [Flächen], und wenn wir längerfristig mehr brauchen, dann müssen wir uns noch mal neu unterhalten“ (Abgeordnetenhaus 06.06.1990: 107). Er betonte, es sei „ein Dienstleistungszentrum in dem erweiterten Sinne“ geplant und nicht die Schaffung eines „toten Bürokoloß [...], der ab 17 Uhr überhaupt keinen Personenverkehr mehr zuläßt“ (ebd.: 4). Das Bauvorhaben sei auf „die Akzeptanz seiner Benutzer und Kunden im besonderen Maße angewiesen“, sodass „immer angestrebt war, ein lebendiges Zentrum im Herzen Berlins wieder zu schaffen, welches für die Bevölkerung aus allen Teilen Berlins eine hohe Attraktivität besitzt“ (ebd.: 4). Auf den Einwand eines Abgeordneten, Mischnutzung bedeute nicht nur Bürofläche, sondern auch andere Einrichtungen wie Theater, Gaststätten, Kinos, Hotels und ähnliches (ebd.: 21/22), erwog der Daimler Benz-Vertreter auch Geschäfte und Restaurants ein, die besonders die Alte Potsdamer Straße zu einer lebendigen Einkaufsgegend werden lassen könnte (ebd.: 27/28).

Das ursprüngliche Vorhaben des Konzerns, einen Büro-Dienstleistungskomplex zu errichten, veränderte sich offenbar durch die Forderung nach einer gemischten Nutzung seitens des politisch-administrativen Systems. Ausschlaggebender dürfte die Studie von Richard Rogers von 1991 gewesen sein, in der prognostiziert wurde, dass „täglich etwa 250.000 Menschen über den Platz gehen" würden (RRP 1991: o. S., vgl. auch Senat 1994: 2) Rogers hob in der Stadtforumssitzung im Mai 1991 hervor, dass „einander ergänzende Nutzungen" ein „Maximum sich überlagernder Aktivitäten" ermögliche, sodass „ein Leben über 24 Stunden" stattfinden könne (RRP 1991: o. S.). Entsprechend formulierten die Investoren in ihrer Stellungnahme zur Wettbewerbsausschreibung 1991 das Ziel, „ein koordiniertes Ensemble" zu schaffen, das durch eine „Überlappung von [...] Funktionen und Einrichtungen auf den Grundstücken" die Nutzung von „Synergieeffekten" ermögliche (SenStadtUm 1991: 35). Auf die erwähnten verschiedenen Nutzungen bezogen, wurde ein Angebot angestrebt, das es beispielsweise den Angestellten bei Daimler Benz ermöglichen würde, nach der Arbeit Restaurants zu besuchen, um anschließend im Kino oder Theater das Unterhaltungsprogramm zu genießen und vor dem Heimweg in einer Bar noch einen Cocktail zu trinken. Ein solches Konzept würde nicht nur den BetreiberInnen dieser einzelnen Nutzungen Einnahmen bringen, sondern auch den Investoren erlauben, entsprechend hohe Mieten zu fordern. Obwohl es unausgesprochen blieb, entsprach das den Interessen der Investoren nach Rentabilität und Gewinnmaximierung.

Konkrete Nutzungsvorstellungen

Im Planungsverlauf entwickelten die Akteure in weitgehender Übereinstimmung konkrete Vorstellungen, in welcher Art und in welchem Umfang die Nutzungsmischung realisiert werden sollte.[83]

Den Schwerpunkt bildete die Ansiedlung von Bürodienstleistungen. Kernstück war für die Investoren die Niederlassung ihrer Firmenzentralen, was für Daimler Benz den Hauptsitz der Unternehmenstochter debis Interservices, für Sony das Europa-Hauptquartier und für Hertie die Konzernzentrale bedeutete (SenStadtUm 1991a: 28). Die nicht selbstgenutzten Flächen sollten anderen Firmen zur Verfügung gestellt werden, wobei lediglich Daimler Benz diesen Anteil mit 50 Prozent angab (Daimler 28.06.1991). Obwohl alle Investoren Flächen fremd vermieten wollten, erwähnten nur Hertie und Daimler Benz Praxen und Anwaltskanzleien (Hertie o. D., Abgeordnetenhaus 06.06.1990). Daimler Benz wollte außerdem noch Flächen an Banken vermieten (Daimler 28.06.1991). Im Festsetzungsbeschluss wurde 1994 des Weiteren erwähnt, dass aus der Nähe zu den zukünftigen Regierungsstandorten ein „Teil der zugehörigen Dienstleistungsfunktionen (Hauptstadtfunktion) hier anzuordnen" sei (Senat 1994: 22). Letztlich waren von den geplanten rund 1,2 Millionen Quadratmeter Geschossfläche 50 Prozent für Büroflächen vorgesehen (SenBauWohn 1994: 1).

[83] vgl. AL 06.04.1990, Abgeordnetenhaus 02.05.1990, 16.05.1990, 06.06.1990, SenStadtUm 13.06.1990, Stellungnahme der Investoren in SenStadtUm 1991a, Daimler Benz u.a. o. D.

Auf allen Grundstücken wurden Einzelhandelsflächen eingeplant, sodass der Bereich *Handel* einen weiteren Schwerpunkt bildete. Von Seiten des Senats wurde, in Übereinstimmung mit Hertie/Wertheim, ein „überregional bedeutsames" Warenhaus am Leipziger Platz präferiert, da sich dort bereits vor dem Krieg ein großes Wertheim-Kaufhaus befunden hatte (SenStadtUm 1991a: 27, 30). Entlang der Leipziger Straße wurde ein „Versorgungsband mit Konkurrenz- und Komplementärangeboten" in Form von Shop-in-Shop-Centern, Passagen, Spezialwarenhäusern, Einkaufsgalerien und kleineren Fachgeschäften konzipiert (ebd.: 27, Gruppe Planwerk 11.06.1990, SenStadtUm 13.06.1990).[84] Einziger Streitpunkt zwischen Daimler Benz und dem Senat war der Wunsch des Konzerns nach einem weiteren Kaufhaus auf dem eigenen Gelände. So enthielt die Ausschreibung einerseits lediglich die Formulierung, dass „des weiteren [...] für ein zweites Warenhaus ein Standort vorzuschlagen" sei (SenStadtUm 1991a: 27), andererseits wurde darauf hingewiesen, die „Daimler-Benz AG [ist] der Auffassung, daß ein Kaufhausstandort am südlichen Ende der Potsdamer Straße ausgewiesen werden sollte" (SenStadtUm 1991a: 29).

Im Festsetzungsbeschluss wurden 1994 schließlich 20 Prozent der Nutzungsflächen für Handel bestimmt (SenBauWohn 1994: 1).

---

[84] Auf dem Sony-Grundstück waren darüber hinaus „artverwandte Geschäfte aus der Musik- und Videobranche" vorgesehen (SenStadtUm 1991a: 28).

Ein gleich großer Anteil wurde an Wohnflächen festgelegt. Diesem Beschluss gingen allerdings harte Auseinandersetzungen voraus, auf die in Kapitel 2.5 näher eingegangen wird.

Ergänzend sollte das Gebiet durch gastronomische Einrichtungen, Hotels und Kultureinrichtungen belebt werden (SenBauWohn 1994: 1). Cafés, Restaurants, Biergärten und Bars waren auf allen Grundstücken vorgesehen (SenStadtUm 13.06.1990, SenFin 13.06.1991, Daimler 28.06.1991, Kupsch 11.12.1991).

Sony und Daimler Benz wollten Hotels der gehobenen Klasse mit fünf Sternen errichten (SenFin 13.06.1991, Daimler 28.06.1991). Rogers Entwurf enthielt darüber hinaus auch ein Hotel auf dem Gelände von ABB/Haus Vaterland (RRP 1991: o. S.), während der Anwalt der Haus Vaterland-Immobilie ein solches Vorhaben für das Grundstück ausschloss (Kupsch 11.12.1991).[85] An kulturellen Einrichtungen wurde ein Kino am Leipziger Platz (SenBauWohn 02.04.1990), Galerien auf dem Sony-Gelände (SenFin 13.06.1991), Ausstellungsräume, Cabaret oder Musicaltheater auf dem Daimler Benz-Gelände (Daimler 28.06.1991) sowie nicht näherer erläuterte „Kultur- und Unterhaltungseinrichtungen" am Lenné-Dreieck (Hertie o. D.) erwähnt. Sony hatte sich im Kaufvertrag außerdem

[85] In einem Schreiben an Senator Hassemer heißt es, dass „sowohl im Tagesspiegel wie auch in der taz davon die Rede [ist], daß die Aktiengesellschaft Haus Vaterland wieder ein Hotel bauen möchte. Dazu gestatten wir uns anzumerken, daß das Haus Vaterland nie ein Hotel war und die Aktiengesellschaft auch nicht die Absicht hat, in dem Block ein Hotel zu realisieren" (Kupsch 11.12.1991, Hervorhebung im Original).

verpflichtet, Film- und Medieneinrichtungen unterzubringen. In den Unterlagen werden darüber hinaus Freizeit- und Fortbildungsmöglichkeiten (SenStadtUm 13.06.1990) sowie ein Sport- und Freizeitzentrum auf dem Grundstück von Daimler Benz (Daimler 28.06 1991) genannt.

Im Festsetzungsbeschluss von 1994 wurde erklärt, dass diese Vorstellung von Mischnutzung „den sektoralen Entwicklungskonzepten ‚Dienstleistungen' und ‚Zentrum/Einzelhandelsentwicklung'" (Senat 1994: 19) folge, das mit „spezialisierten Geschäfts- und Dienstleistungsangeboten" (ebd.: 19), ein „attraktives und breit gefächertes Nutzungsangebot auf hohem Niveau" schaffe (ebd.: 21).

Genderkonstruktionen

Die dargelegten Planungen einer gemischten Nutzung des Potsdamer/Leipziger Platzes lassen sich als rentabilitätsorientierte Dienstleistungsmischung bezeichnen.

Wie in Kapitel 1.2 dargelegt, ist Nutzungsmischung gekennzeichnet durch verbraucherInnen- beziehungsweise wohnungsnahe Versorgung mit Arbeitsplätzen, Einrichtungen der (sozialen) Infrastruktur, Geschäften sowie Grün- und Erholungsflächen. Im Planungsprozess hingegen ist feststellbar, dass wesentliche Bestandteile einer gemischten Nutzung, wie Freiflächen und (soziale) Infrastruktur, nicht als solche verhandelt und diskutiert wurden. Zwar wurden Freiflächen in

Form von Parks, Grünflächen und einer Wasserfläche (Senat 1994: 11, 79, vgl. Kapitel 2.6) sowie (soziale) Infrastruktureinrichtungen, wie Kindertagesstätten, Spielplätze, Schulen, Nachbarschafts- und kulturelle Einrichtungen, geplant und festgesetzt (Daimler 28.06.1991, Senat 12.12.1991). Aber in den Vorstellungen der Akteure von Nutzungsmischung blieben sie außen vor – darüber wurde separat verhandelt. Stattdessen konzentrierte man sich auf Büronutzungen und Einrichtungen des aktiven Konsums, wodurch einzig wirtschaftliche Interesse verfolgt wurden. Unter dieser Prämisse wurden alle Aspekte einer multifunktionalen Nutzung des Stadtquartiers, die nicht als rentabel angesehen wurden, in diesen Verhandlungen entweder ausgeschlossen (zum Beispiel die Freiflächen, vgl. Kapitel 2.6), führten zu heftigen Auseinandersetzungen zwischen Investoren und dem politisch-administrativem System (zum Beispiel der Wohnanteil, vgl. Kapitel 2.5) und/oder sollten zumindest nicht auf den Grundstücken der Investoren untergebracht werden (zum Beispiel Freiflächen und (soziale) Infrastruktureinrichtungen). Letzteres wird besonders in der Stellungnahme der Investoren zur Wettbewerbsausschreibung 1991 deutlich. Dort wird darauf hingewiesen, dass „*zusätzlich* zu den *wesentlichen* Erfordernissen an Verkaufs- und Büroflächen, Restaurants, Vergnügungsangeboten und Hotels, *auch* Wohnungen, öffentliche Einrichtungen und soziale Institutionen im *Gesamt*konzept enthalten“ sein sollten (SenStadtUm 1991: 35a, Hervorhebung gs). Die profitbringenden Nutzungen standen damit im Mittelpunkt, während weniger lukrative Nutzungen auf den Grundstücken des Landes Berlin untergebracht werden sollten. Die rentabilitätsorientierte Dienstleistungsmischung bedeutet somit eine Reduktion und Einengung bei gleichzeitigem Ausschluss oder Nicht-Beachtung einzelner Funktionen gemischter Nutzung.

Die rentabilitätsorientierte Dienstleistungsmischung auf den Grundstücken der Investoren kann als hegemonial männlich konnotiert angesehen werden, da sie weitgehend dem ökonomischen System entspricht (vgl. Kapitel 1.3). Die geplanten Angebote weisen den NutzerInnen die Aufgabe zu, ihre Freizeit ausschließlich durch Vergnügen, Amüsement und Konsum aktiv zu gestalten. Ziel war es, ein vergnügliches „Rund-um-die-Uhr"-Angebot zu schaffen, dessen Ausgangspunkt nicht die alltäglichen Bedürfnisse der NutzerInnen war, sondern die wirtschaftlichen Interessen der Unternehmen. Weiblich konnotierte reproduzierende wie versorgende Nutzungen des *privaten* Bereiches wurden ausgeschlossen und räumlich verbannt[86]. Die geplante Nutzungsmischung war nicht dazu gedacht, Alltag entstehen zu lassen. In diesem Zusammenhang fand eine Umdefinition von *Konsum* statt: Gemeint war damit nicht die Erledigung alltäglicher reproduktiver Einkäufe und Tätigkeiten, die dem weiblich konnotierten Bereich des Privaten zuzuordnen sind, sondern die aktive öffentliche Gestaltung der Freizeit. Pointiert formuliert, ähnelt die rentabilitätsorientierte Dienstleistungsmischung einem reproduktionsfreien Freizeitpark und hat mit einem üblichen (Berliner) Stadtviertel ungefähr soviel gemeinsam wie Disneyland mit der Realität.

[86] Der Aspekt des Wohnens bildet hier eine Ausnahme (vgl. Kapitel 2.5).

2.2.2 Kommerzialisierte Öffentlichkeit

Die Nutzungsmischung ist eng verknüpft mit Öffentlichkeit und dem öffentlichen Raum, die in der Planung des Potsdamer/Leipziger Platzes als kommerzialisierte Öffentlichkeit bezeichnet werden kann.

Im Festsetzungsbeschluss von 1994 ist ein „Netz öffentlicher Blockstraßen“ vorgesehen, das ein „differenziertes System von Öffentlichkeit“, vorrangig unter dem „Aspekt der Zugänglichkeit, Verfügbarkeit und Erlebbarkeit für die Allgemeinheit“, ermöglichen soll (Senat 1994: 24). In der Ausschreibung zum Wettbewerb 1991 war die „Instandsetzung, Wiederherstellung und Sicherung der öffentlichen Räume“ als „Straßen, Plätze, Parks“ eine wesentliche Aufgabe (SenStadtUm 1991a: 31), da sie „als Brennpunkte des großstädtischen Lebens die Stadt repräsentieren“ sollten (ebd.: 25). Dies entspricht zwar im Wesentlichen einer Öffentlichkeit, die prinzipiell allen Menschen zugänglich ist und nicht von bestimmten Gruppen vereinnahmt wird. Aber weder eine bürgerliche oder politische, noch eine diskursive Öffentlichkeit, die der Beförderung des Gemeinwohls dient oder ein gemeinsames Interesse vertritt (vgl. Kapitel 1.3), war damit gemeint. Stattdessen stand die „*Inszenierung* öffentlichen Lebens“ (SenStadtUm 1991a: 25, Hervorhebung gs) im Mittelpunkt, die nach Meinung der Akteure die „freizeit-, konsum- und unterhaltungsorientierte Gesellschaft heutiger Prägung“ brauche (ebd.: 25). Diese Form von Öffentlichkeit zeichne sich durch „die Erlebnisvielfalt und differenzierte Sinnesangebote“ aus (RRP 1991a: o. S.). Partizipation und potentielle Teilhabe beschränkt sich somit auf Produkte. Andere Formen von Öffentlichkeit waren undenkbar und auch unerwünscht. Dieser kommerzialisierten Öffentlichkeit, die eine Lebendigkeit des Gebietes sichern sollte, stand nicht die weiblich konnotierte Privatheit gegenüber, sondern sie galt als „Gegenteil einer Büromonokultur“ (Abgeordnetenhaus 06.11.1991: Anlage 2). Unternehmenszentralen sowie andere Büronutzungen als Elemente des ökonomischen Systems wurden als schützenswert vor einer – wie auch immer gearteten – Öffentlichkeit gesehen. Beispielsweise sollten aus „Sicherheitsgründen“ Teilbereiche der öffentlichen Parkflächen von den Unternehmen jeweils individuell genutzt werden können (SenStadtUm 1991a: 36).

Dem Verständnis von öffentlichen Räumen in der Planungswissenschaft, deren Lebendigkeit durch das komplexe Nebeneinander zufälliger und selbstbestimmter sowie zweckorientierter und zweckloser Nutzung die Begegnung einander fremder Menschen ermöglicht (vgl. Kapitel 1.3), wurde bei der Planung ebenfalls eine Absage erteilt. Unter öffentlichem Raum verstanden die Akteure „publikumsintensive Dienstleistungen“ (Gruppe Planwerk 11.06.1990, Sony o. D.) sowie Einkaufsbereiche, die so gestaltet werden sollten, dass sie den „natürlichen Bewegungsfluß der Fußgänger“ unterstützen (RRP 1991: o. S.).

Nach Meinung der Akteure hing die Qualität des öffentlichen Raumes wesentlich von der Nutzung der Erdgeschosszonen ab, die generell repräsentativ gestaltet und überwiegend dem Einzelhandel überlassen werden sollten (Gruppe Planwerk 11.06.1990). In den Vorstellungen der Investoren sollten durch überdachte Einkaufsstraßen „Anreize für die Menschen“ geschaffen werden, sich das „Innere der einzelnen Bereiche zu erschließen“, während sich in der Erdgeschosszone das Leben in „öffentlich *genutzten* Räumen“ entfalten sollte, die im Zentrum jedes einzelnen Grundstücks geplant waren (Daimler Benz u.a. o. D., Hervorhebung gs). Darüber hinaus waren auf den Grundstücken von Daimler Benz und Sony jeweils eine „überdachte Platzsituation“ vorgesehen (SenStadtUm 28.11.1991), beziehungsweise es sollte bei Sony ein großer Fußgängerplatz „in der Mitte des Geländes mit einer hochüberglasten Halle“ entstehen (Abgeordnetenhaus 06.11.1991: Anlage 2). Die ersten Obergeschosse waren „explizit für publikumsintensive private und öffentliche Dienstleistungen“ vorzusehen (Gruppe Planwerk 11.06.1990). Gemeint waren damit Hotels, Cafés, Restaurants, Kinos und Freizeiteinrichtungen (vgl. Sony 03.12.1991). Eine Erläuterung oder Definition von privaten und öffentlichen Dienstleistungen wurde allerdings nicht gegeben.

Ein zweckfreier Aufenthalt im öffentlichen Raum war also nicht vorgesehen, sondern er war einzig auf Konsum – einer kommerzialisierten Öffentlichkeit – ausgerichtet. Am ökonomischen System orientiert, das bestimmten Interessengruppen dient und dessen Zugang reglementiert ist, werden Merkmale hegemonialer Männlichkeit sichtbar. Diese beziehen sich vor allem auf die Zugangsvoraussetzungen, die explizit von der Verfügbarkeit über monetäre Mittel und zeitlichen Ressourcen abhängen. Ausgeschlossen werden damit all Jene, die ‚es sich nicht leisten können'.[87] Die hegemoniale Männlichkeit der kommerzialisierten Öffentlichkeit ist folglich über die Ausgrenzung anderer – einkommensschwacher, armer etc. – männlich konnotierter Merkmale konstruiert. Eine bipolare Konstruktion von Weiblichkeit ist nicht erkennbar, da der weiblich konnotierte private Bereich nicht thematisiert wurde.

Die kommerzialisierte Öffentlichkeit kann als Element des ökonomischen Systems angesehen werden, da die Grundstückseigentümer durch Haus- und Benutzungsvorschriften in der Lage sind, mittels Sicherheitskräften für Ruhe und Ordnung zu sorgen (vgl. Kroll 2002). In dieser Öffentlichkeit gilt es einzig, sich *zu verhalten*, statt im Gegensatz zur bürgerlichen oder diskursiven Öffentlichkeit im Arendtschen Sinne *zu handeln*.

[87] Insofern klingt es zynisch oder ist lediglich als Alibi zu verstehen, dass die Investoren in der Wettbewerbsausschreibung davon ausgingen, dass „die Nutzerstruktur eines Developments dieser Größe einen *ausgewogenen sozialen Querschnitt* repräsentieren" müsse (SenStadtUm 1991a: 35, Hervorhebung gs).

2.3 Städtebauliche Form: Materieller Ausdruck unterschiedlicher Vorstellungen

„Aber den Unterschied zwischen Politik und Ästhetik kann man jedem Kritiker zumuten"
Dieter Hoffmann-Axthelm
(Stegers 1991: 25.10.1991).

Die städtebauliche Form des Potsdamer/Leipziger Platzes war 1991 nach der Wettbewerbsentscheidung der Hauptkonflikt zwischen Investoren und dem politisch-administrativen System. Die Debatte wurde öffentlich polemisch als Alternative zwischen „Blockrandboulette oder Turmhausspargel" geführt (Stegers 1991: 12.07.1991). An dieser Stelle werden nicht die städtebaulichen oder architektonischen Aspekte dieser Debatte erörtert, sondern es ist zu zeigen, dass dieser Streit logische Konsequenz und Höhepunkt der unterschiedlichen Vorstellungen der Investoren und des politisch-administrativen Systems über die Funktion und Bedeutung des Potsdamer/Leipziger Platzes war. Die Verhandlungen über die städtebauliche Form kann als Ausdruck der unterschiedlichen Vorstellungen der Akteure angesehen werden.

2.3.1 Das politisch-administrative System

Wieder-Herstellung historischer Bezüge

Für das politisch-administrative System war die Wieder-Herstellung der historischen Form des Potsdamer/Leipziger Platzes eines der zentralen Anliegen während des gesamten Planungszeitraums (vgl. Frank 2000). So wurde in der Wettbewerbsausschreibung 1991 als Vorbemerkung auf die Besonderheit des Ortes hingewiesen: Der „Potsdamer und Leipziger Platz ist nicht irgendein Ort. Hier hat Aufbau, Zerstörung und Abriss stattgefunden. Hier ist Geschichte sichtbar, auch wenn, baugeschichtlich gesehen, nur noch wenig vorhanden ist. Stadtgeschichtlich ist das einzelne noch greifbar, die Grundstrukturen der historischen Stadt einerseits, einzelne historische Orte andererseits. Im Berlin der 20er Jahre hatten der Ort und seine Lebendigkeit eine symbolhafte Bedeutung. Auch wenn diese Epoche eher nüchtern betrachtet und jeglichem Mythos kein Vorschub geleistet werden sollte, ist es unbestreitbar, daß die Doppelplatzanlage von ihrer Nutzungsvielfalt und räumlichen Struktur lebte" (SenStadtUm 1991a: 2).

Bereits im Frühjahr 1990 hatten sich die Senatsverwaltungen darauf geeinigt, dass die beiden Plätze „*wieder* zwei vitale, großstädtische und zusammenhängende Stadtplätze" werden sollten, deren Funktion „aus der geschichtlichen Bedeutung des Ortes" zu bestimmen sei (Senat 10.04.1990, Hervorhebung gs). Die Wieder-Herstellung des Leipziger Platzes sollte nah an der historischen Bebauung erfolgen. Im Senatsbeschluss vom 10. April 1990 galt die „Beibehaltung des historischen Stadtgrundrisses“ als Voraussetzung, um die „ursprüngliche Form und Gestaltung des Oktagons“ wieder herzustellen (Senat 10.04.1990).[88] Eine „parzellenbezogene Architektur“ wurde darüber hinaus ebenso festgelegt wie eine Traufhöhe von „ca. 20 m“ (ebd.). Ein historischer Wiederaufbau wurde allerdings nicht gewünscht (SenStadtUm 28.02.1990, 20.03.1990).

Am Potsdamer Platz hingegen war die Frage des Stadtbildes zunächst „noch völlig offen“ (SenStadtUm 12.03.1990). Übereinstimmung bestand darin, dass „ein intensives und urbanes Leben [...] wieder einkehren“ möge, aber ob dies in „homogenisierter Form“ wie am Leipziger Platz oder heterogener „mit Maßstabssprüngen, unterschiedlichen Stilen, ggf. spektakulären Attraktionen“ geschehen sollte, blieb zunächst ungeklärt (ebd.). Im Gegensatz zum Leipziger Platz, der „als geschlossener, festumrissener, grundrißlich unveränderter Platz“ und damit als ‚Standbein“ angesehen wurde, galt der Potsdamer Platz als „Spielbein“, das den offenen, veränderlichen Teil des Gefüges symbolisierte (Gruppe Planwerk 11.06.1990). Historisch gesehen hatte der Leipziger Platz den Charakter eines geschlossenen „Staats-, Kultur- und Gesell-

---

88 Bei der Planung des Leipziger Platzes war dies der einzige Konfliktpunkt. Zuvor hatten die Senatsverwaltungen für Arbeit, Verkehr und Betrieb sowie für Bau- und Wohnungswesen zusammen mit dem Magistrat dafür plädiert, die Leipziger Straße aus Gründen der Verkehrsabwicklung zu verbreitern, wodurch sich eine Verschiebung des historischen Oktagons ergeben hätte (SenBauWohn 02.04.1990).

schaftsort[es]“, während der Potsdamer Platz als „offener volkstümlicher Vergnügungs-, Verkehrs- und Geschäftsplatz“ galt (Gruppe 9. Dezember 1990, o. D.).
Dem Leipziger Platz wurde eine „stadthistorisch entscheidende Bedeutung“ zugeschrieben, während der Potsdamer Platz als „Zufallsprodukt der Geschichte, als Verkehrsverteiler, eine eher untergeordnete Rolle“ spielte (SenStadtUm 1991: 13) – bei der Neuplanung allerdings war er der relevantere Ort.

Bei seiner Gestaltung wurde 1990 darauf verwiesen, dass bei der „Respektierung der historischen Spuren“ die „Architektur neue zukunftsweisende Interpretationen“ möglich machen müsse (SenStadtUm 20.03.1990), aber bei der Ausschreibung des Wettbewerbs 1991 wurde die städtebauliche Form erheblich eingeschränkt. Als Zielvorstellung wurden die „wesentlichen und charakteristischen Merkmale der Berliner Innenstadt“ genannt (SenStadtUm 1991a: 25), deren Erhalt beziehungsweise „kritische Rekonstruktion“ als Voraussetzung für die „Wiedergewinnung der Urbanität“ und „Ablesbarkeit der Stadtbaugeschichte“ angesehen wurde (ebd.: 30, SenStadtUm 26.06.1991). Als Kennzeichen galten das geometrische Straßenraster mit seinem gitterförmigen, kleinteiligen Straßennetz sowie geschlossene Blockränder (SenStadtUm 1991a: 25, 30). Es ging also nicht um eine Neuplanung der städtebaulichen Form, sondern um eine Wieder-Herstellung der historischen Form.

Wieder-Vereinigung

Die städtebauliche Planung des Potsdamer/Leipziger Platzes war für das politisch-administrative System auch ein Symbol der gesellschaftspolitischen Wieder-Vereinigung Berlins und der beiden deutschen Staaten. An dieser Stelle sollten sich die Stadt und das Land zusammenfügen und zusammenwachsen. Durch die Kriegseinwirkungen und die politische Entwicklung sei hier eine Bruchstelle entstanden, die seit dem Mauerbau 1961 „letztendlich zur völligen Verödung" geführt hatte und zu einem städtischen „Niemandsland" verkommen war (SenStadtUm 1991a: 25). Die Stadtentwicklung Ost- und West-Berlins waren über Jahrzehnte auf ihre „neuen Zentren ausgerichtet", und erst in den letzten Jahren sei das Gebiet Gegenstand planerischer Überlegungen gewesen: Der westliche Teil als Zentrum des sogenannten Zentralen Bereichs, der östliche Teil als Standort für Gebäude zentralstädtischer Funktionen und großräumiger Wohnanlagen (SenStadtUm 1991: 11).

Trotz 30-jähriger Trennung wurde im Flächennutzungsplan von 1984, den das Abgeordnetenhaus 1988 beschloss, formuliert, dass sich die Planungen im Zentralen Bereich „mit Blickrichtung auf ihren *verbindenden Charakter* für die sich räumlich sonst eher auseinander entwickelnden Zentrenpole in Ost- und West-Berlin" orientieren müssten (SenStadtUm 1990: 33, Hervorhebung gs). Mit dem Fall der Mauer sei die ehemalige Doppelplatzanlage „in das direkte Spannungsfeld" zwischen Ost- und West-Berlin geraten und erfülle alle Voraussetzungen, „sich zu einem zentralen Ort der künftigen Metropole Berlin zu entwickeln, die aus der *Verschmelzung* der beiden Teilstädte" hervorgehe (SenStadtUm 1990: 42, Hervorhebung gs). Die Planung für das Gesamtgebiet biete nun die Möglichkeit, „die beiden Innenstädte baulich und räumlich *zusammenzufügen*" (ebd.: 44, Hervorhebung gs).

In der Wortwahl wird deutlich, dass es nicht nur stadtplanerisch darum ging, „zwei Stadthälften" (SenStadtUm 06.03.1990, 12.03.1990, 1990: 42, 1991a: 25) miteinander zu verbinden, deren bisheriger Zustand Mangelhaftigkeit und Unvollständigkeit impliziert. Vorrangig war die gesellschaftspolitische Wieder-Vereinigung, bei der die bisher getrennten und isolierten „beiden Hauptzentren" (SenStadtUm 1991a: 25) zusammen ein Ganzes ergeben würden. Die Formulierungen waren überwiegend – wie bei den Geschlechterverhältnissen – auf eine Dualität beziehungsweise Bipolarität bezogen, ohne dass diese in Form von *Ost- und West-Berlin* genannt werden musste, denn es stand außer Zweifel, dass es sich nicht um *Nord- oder Süd-Berlin* oder um mehr als diese zwei Einheiten handelte.

Dem Gebiet wurde „eine alles überragende symbolische Bedeutung" zugewiesen, denn „an diesem Ort [wird] nicht nur über den materiellen Prozeß der gemeinsamen Stadtentwicklung, sondern auch über das Bild und die Zeichen des

Zusammenwachsens entschieden" (vgl. Stadtplaner/innen u.a. 07.05.1990). Der Potsdamer/Leipziger Platz sollte entsprechend als „Nahtstelle" (SenStadtUm 25.04.1990) eine „Scharnierfunktion" (Abgeordnetenhaus 16.05.1990, Anlage 3, SenStadtUm 1990: 44) übernehmen und städtebaulich als „verbindendes Element" (SenStadtUm 06.03.1990, 09.03.1990, 12.03.1990) den Prozess der gesellschaftspolitischen Wieder-Vereinigung symbolisieren.[89]

In den Vorstellungen von SenStadtUm 1990 sollte sich die „Bebauung von Ost und West an die beiden Plätze" heran schieben (SenStadtUm 09.03.1990), sodass es zur „baulichen und verkehrlichen Ost-West-*Verknüpfung*" komme (SenStadtUm 18.06.1990, Hervorhebung gs). Darüber hinaus sollten aus Norden und Süden keilförmig an den Potsdamer Platz herangeführte Grünflächen eine „stadtökologische und landschaftsarchitektorische Nord-Süd-*Verknüpfung*" zwischen Tiergarten und Gleisdreieck entstehen (SenStadtUm 09.03.1990, 18.06.1990, Hervorhebung gs).[90] Im kleinräumlichen Maßstab sollten die „benachbarten monostrukturellen Teilzentren" des Kulturforums und der Regierungsbauten in der Otto-Grotewohl-Straße" miteinander verbunden (SenStadtUm 13.06.1990), und die „solitär stehenden Gebäude des Kulturforums [...] in adäquater Weise in den Stadtraum

[89] Ein Abgeordneter bezeichnete den Potsdamer Platz etwas profaner als „eine ‚Steckdose' zwischen den beiden Stadthälften" (Abgeordnetenhaus 02.05.1990: 8).

[90] Zur Funktion der Freiflächen vgl. Kapitel 2.6.

eingebunden" werden (Senat 1994: 82). Ebenso sollte die „Rekonstruktion des historischen Stadtgrundrisses der Friedrichstadt [...] mit der gestalterischen Entwicklung des Bereiches um den Leipziger Platz verknüpft" werden (SenStadtUm 20.03.1990). Für das politisch-administrative System war es von entscheidender Bedeutung, dass durch die städtebauliche Form der „Ort und die Stadt nicht neu geschaffen" werden, sondern „vorhandene Ordnungs- und Bezugssysteme in diesem Sinne weiterzuentwickeln" seien (SenStadtUm 1991d: 3).

Alter Osten versus Neuer Westen

Die Vorstellung des politisch-administrativen Systems vom Potsdamer/Leipziger Platz als Symbol der Wieder-Herstellung und Wieder-Vereinigung, waren von dem Wunsch geprägt, das Trauma von Zerstörung und Teilung zu überwinden und an diesem Ort Deutschland und Berlin wieder miteinander zu verbinden und zusammenzufügen. Die ‚Goldenen Zwanziger' Jahre galten als Orientierungspunkt, um die Zeit der Teilung schnellstmöglich zu vergessen und, zumindest stadtplanerisch, ungeschehen zu machen. Doch ein bruchloses Anknüpfen an diese Zeit war unmöglich. Die Vorstellungen des politisch-administrativen Systems von 1990 und 1991 entwickelten sich in einer Zeit der gesellschaftspolitischen Veränderungen und neuen Möglichkeiten, fanden aber gleichzeitig vor dem Hintergrund der Teilung und des Kalten Krieges statt – samt seiner Werte und Bewertungen. Die ausschließliche *Westsicht* der Akteure ging mit Annahmen, (Vor-)Urteilen und Unkenntnis über *den Osten* einher.

Die impliziten Genderkonstruktionen werden sichtbar, wenn der *Alte Osten* in Beziehung zum *Neuen Westen* gesehen wird. Ziel des politisch-administrativen Systems war es, mittels des Potsdamer/Leipziger Platzes eine Verbindung zu schaffen zwischen der „Stadtmitte" (SenStadtUm 09.03.1990, 12.03.1990, SenBauWohn 02.04.1990, Senat 10.04.1990), der „alten Berliner City" (SenStadtUm 1990: 42) oder auch der „alten Mitte" und dem „Neuen Westen" (Gruppe Planwerk 29.05.1990, 11.06.1990). Die Formulierung O*st* wurde in diesem Zusammenhang weitgehend vermieden, während der *Westen* benannt wurde.

Dass es nicht nur um eine „Verbindung zwischen den grundlegend verschiedenen Gestaltungsmustern des bestehenden barocken Stadtgrundrisses der Friedrichstadt, der neu entstehenden modifizierten Blockstruktur in der ehemaligen Friedrich-Vorstadt und der ‚Stadtlandschaft' des Kulturforums" ging (Senat 1994: 81), ist evident. Historisch betrachtet ist die Ost-Berliner Innenstadt baulich älter als große Teile der West-Berliner Bebauung. Doch *alt* im baulichen Sinne waren nur die Gebiete vom Brandenburger Tor bis zur Museumsinsel sowie am Scheunenviertel und an der Klosterstraße. Vieles war hingegen *neu*, wie zum Beispiel die Bebauung am

Alexanderplatz, in der Wilhelmstraße sowie Teile der Friedrichstraße und am Leipziger Platz. Die Nicht-Thematisierung dieser Tatsache weist implizite hierarchisierende Momente auf: Ost-Berlin wurde reduziert auf die Bebauung und Bedeutung vor dem Zweiten Weltkrieg. Die Zeit als Hauptstadt der DDR wurde ignoriert und negiert, wofür auch der Abriss der im Bau befindlichen Friedrichstadt-Passagen oder der Wohnungsbauten am Leipziger Platz materielle Beispiele sind.

Das Attribut *alt* impliziert widersprüchliche Genderkonstruktionen: Einerseits wird damit Tradition, Geschichte, ruhmreiche Vergangenheit assoziiert und andererseits Siechtum, Gebrechlichkeit, Unbeweglichkeit, Verwahrlosung und Vernachlässigung. Der *Neue Westen* hingegen impliziert Fortschritt, Modernität, Wandel, Bewegung sowie Entdeckertum, Pioniergeist, Eroberung, Abenteuer etc., die unter anderem den Vorstellungen vom *Wilden Westen* entlehnt sind. Beide Attribute sind männlich konnotiert, wobei jedoch der *Neue Westen* der hegemonialen Männlichkeit und die *alte Stadtmitte* einer marginalisierten Männlichkeit zugeordnet werden können – vergleichbar mit alten Männern, die in früheren Jahren erfolgreich und machtvoll waren und auf die jüngere Männer ehrfürchtig blicken. Deren Zenit jedoch ist überschritten, sie sind jetzt Rentner, um die man sich nun kümmern muss und die gepflegt werden müssen. Bezogen auf Ost-Berlin sollte an die ruhmreiche Vergangenheit angeknüpft werden, deren heruntergekommener und vernachlässigter – baulicher wie gesellschaftspolitischer – Zustand aufgepäppelt werden muss und der Pflege bedarf. Die Gestaltung und Gestaltbarkeit des Fortschritts und des Neuen, die die Stimmung 1990 und 1991 kennzeichnete, lag entweder im Westen oder sollte aus dem Westen kommen.[91] Gleichzeitig handelte es sich – wie im gesamten Vereinigungsprozess – nicht um das Zusammenwachsen zweier gleichberechtigter Teile, denn es sollte der „Osten mit dem Westen zusammengefügt" (RRP 1991: o. S.) und durch das „Heranrücken von wichtigen Bauten und Nutzungen [...] an den Bezirk Mitte [sollten] die noch vorhandenen Stadtbrachen aufgehoben" werden (SenStadtUm 1990: 33).

Bei der Standortdiskussion von Daimler Benz spielte *der Osten* ebenfalls eine Rolle. In den Ausschusssitzungen für Stadtplanung und -entwicklung wurde im Mai und Juni 1990 von den Abgeordneten gefordert, dass die Ansiedlungsmöglichkeiten des Konzerns in Ost-Berlin geprüft werden sollten (Abgeordnetenhaus 02.05.1990: 6, vgl. dass. 16.05.1990). Als Beispiel wurde das Umfeld des „inzwischen wieder aufgemöbelten Ostbahnhofs und des Strahlauer Ufers" genannt, nämlich dort, „wo anzunehmen ist, daß der größte Teil der Arbeitslosigkeit dieser Stadt wohl in absehbarer Zeit" zu erwarten sei (ebd. 16.05.1990: 60). An anderer Stelle wurde dies damit begründet, dass es „vordringlichste Aufgabe der

---

91 Diese Konstruktionen sind vergleichbar mit der Abwertung von Altbausubstanz im Vergleich zum Neubau (vgl. Kapitel 2.5).

Planungspolitik [sein] muß [...], einen Ausgleich zu schaffen, d. h., die besten Firmen gehören dahin, wo es am *schäbigsten* ist" (SenStadtUm 1991: 5, Hervorhebung gs) – mit der Schlussfolgerung, Daimler Benz gehöre nach *Ost*-Berlin. Allerdings seien dies wiederum „Gebiete, bei denen wir auch aus West-Berliner Traumata vielleicht enorme Vorbehalte haben" (Abgeordnetenhaus 16.05.1990: 60). Aus der Sicht der *West-Berlin*er AkteurInnen war Ost-Berlin jenseits der *alten Stadtmitte* eine *Terra Incognita*, die eher einem Sumpf als einer blühenden Landschaft entsprach.

In diesem Zusammenhang ist auch das Verhältnis von Potsdamer zu Leipziger Platz von Bedeutung, denn letzterer war im Planungsprozess immer das *Stiefkind.* Die Eigentumsverhältnisse waren Anfang 1990 sowohl ungeklärt als auch entsprechend der Anzahl der Parzellen vielfältig, sodass es anfangs keine Planungssicherheit gab und später kaum Interesse oder Möglichkeiten, große Flächen an solvente Investoren zu verkaufen. Durch den Rekurs auf die Geschichte wurde er der *alten Stadtmitte* zugeordnet, dessen Stadtgrundriss es zu rekonstruieren galt. Und er lag im Osten. Der Potsdamer Platz hingegen stand für das Neue, Aufregende, Erlebnisreiche und das Vergnügen. Die Mehrzahl der Flurgrundstücke befanden sich in Besitz des Landes Berlin und konnten als große Grundstücke zusammengefasst an solvente Investoren verkauft beziehungsweise rückübertragen werden. Und er lag im Westen.

Im Planungsprozess bezogen sich die Investoren demnach auch ausschließlich auf den Potsdamer Platz. Vom politisch-administrativen System wurden beide Plätze zwar immer als Doppelplatzanlage genannt, aber man konzentrierte sich ebenfalls auf den Potsdamer Platz, während der Leipziger Platz schmückendes historisches Beiwerk blieb. Eine Genderhiearchisierung wird sichtbar, indem der Potsdamer Platz hegemonial männlich konnotiert ist – groß, neu, aktiv, experimentell. In Abgrenzung ist der Leipziger Platz mal untergeordnet männlich – alt, traditionell, langsam – und mal weiblich – passiv, bewahrend, unflexibel – konstruiert.

2.3.2 Die städtebauliche Entsprechung: Der Entwurf von Hilmer und Sattler

Abb. 7: Entwurf von Heinz Hilmer und Christoph Sattler, München (debis 1995: 16)

Vor dem Hintergrund der Vorstellungen und Ziele des politisch-administrativen Systems ist die Wettbewerbsentscheidung für den Entwurf von Hilmer und Sattler zu sehen. Die Preisträger hatten, ausgehend von der „Vorstellung von der kompakten, räumlich komplexen europäischen Stadt“ den Leipziger Platz oktagonal rekonstruiert und die vorgegebene Blockstruktur um den rechteckig gestalteten Potsdamer Platz aufgenommen (SenStadtUm 1991c: Anlage 1). Durch Blockkörper von 50 x 50 m Grundfläche sollte sich ein „zusammenhängendes Straßennetz“ entwickeln, bei dem das Raumprofil der Straßen in einer Proportion von 1:2 zu den Gebäuden stand, was „wechselnde Lichtverhältnisse in den Straßen und natürliche Belichtung der Gebäude sowie gute, natürliche Durchlüftung“ gewährleiste (Hilmer & Sattler

1991: o. S.). Die vorgeschlagene Parzellengliederung stehe in einem „Spannungsverhältnis zu den Großstrukturen des Kulturforums und den [...] großräumlichen Elementen des Planes“ (ebd.). Die vorgeschlagenen Baukörper erschienen, „um Überschaubarkeit und Orientierung zu erreichen, als Einheit groß genug“, aber es könnten auch durch „Überbauung oder Brückenverbindungen größere Einheiten geschaffen werden“ (ebd.).

Bei der schriftlichen Beurteilung der Wettbewerbsjury wurde hervorgehoben, dass das Projekt „zunächst durch ein einfaches, traditionelles Bebauungsmuster“ besteche, das zum Teil die eigentliche Nutzung maskiere (SenStadtUm 1991c: 8). Die Verdichtung „innerhalb des Gebäudevolumens“ nehme nach oben hin ab, während die Qualität des Tageslichtes zunehme, was der Anordnung der Nutzungen entspreche: „in den Sockelgeschossen Geschäftsbereiche, in den Mittelzonen Verwaltung und in den beiden oberen Geschossen überwiegend Wohnen“ (Hilmer & Sattler 1991: o. S.). Die Wahl der Blockvolumen übertrage eine „Wohnhaustypologie auf das Bürogebäude“, woraus sich eine „*Kontinuität mit dem traditionellen Stadtbild*“ ergebe (SenStadtUm 1991c: 8, Hervorhebung gs). Durch das prinzipiell funktionsfähige System von Kleinblöcken als städtebaulichen Baustein gelinge eine „kleinteilige Nutzungsmischung, die nicht nur im Quartier, sondern auch im Einzelblock möglich“ werde, was „ausdrücklich erwünscht“ sei (ebd.).

Der Entwurf von Hilmer und Sattler entsprach in besonderem Maße dem Wunsch des politisch-administrativen Systems nach *Wieder-Herstellung* der historischen Bezüge: Die Wettbewerbssieger würden an die „Tradition Berliner Bauformen" anknüpfen und sie „zu einer neuen, repräsentativen Größenordnung" weiterentwickeln, sodass mit dem „Berliner Block" eine „selbständige Form innerstädtischen Raums" hergestellt werde (SenStadtUm 16.10.1991). Dies bedeute „die Wiederaufnahme der großen Tradition dieses Ortes in der Sprache neuen innerstädtischen, ‚europäischen' Städtebaus" (ebd.). Die Funktion der *Wieder-Vereinigung* erfüllte der Entwurf, indem die „Möglichkeit einer neuen großstädtischen Dichte inmitten Berlins" geschaffen werde (ebd.). Durch die „klare Ordnung" und „größte Übersichtlichkeit" werde der „Hauptauftrag der Ausschreibung, an dieser entscheidenden Stelle die beiden Innenstadtzentren wieder miteinander zu verknüpfen, glänzend erfüllt" (SenStadtUm 07.10.1991).

Allerdings wies der Entwurf von Hilmer und Sattler eklatante Mängel auf. Während das politisch-administrative System die Anlage der Blockbebauung in der Größe von 50 x 50 m positiv hervorhob, wurde diese im Ergebnisprotokoll des Preisgerichts bereits kritisiert. Die Blöcke seien „im Hinblick auf die Belichtung der Innenhöfe" problematisch und der damit verbundene „hohe Anteil an innenliegenden, unbelichteten Nutzflächen" mache einen Abschlag an Nutzfläche in einzelnen Fällen notwendig (SenStadtUm 1991c: 8). In einem

Schreiben an SenStadtUm konkretisierten die Vertreter von Sony diese Problematik: Die „richtige Tiefe" für Bürogebäude betrage 15 m, während die Gebäudetiefe bei Hilmer und Sattler zum großen Teil 22 m vorsehe (Sony 03.12.1991). Dadurch würde eine „sogenannte dreizügige Konzeption" entstehen, bei der in der Mittelgruppe eine etwa sieben Meter breite Fläche verbleibe, in der nur künstliches Licht herrsche. Für eine Bibliothek oder Aktenräume sei es in Einzelfällen zwar sinnvoll, aber für Sony sei dies „als Bauprinzip nicht akzeptabel" (ebd.). Denn damit würde die Qualität der Arbeitsplätze sinken, was diese Flächen nur schwerlich vermietbar mache (ebd.). Noch weniger akzeptabel sei diese Gebäudetiefe für Wohnungen, die maximal 13 m Tiefe betragen sollten. Sonst würden unvermietbare Flächen entstehen, „in der die Leute im Dunkeln sitzen" oder es gebe „Wohnungen mit ausschließlich 90 qm großen Zimmern oder mit buchstäblich fensterlosen Räumen" (ebd.). Die zustimmenden handschriftlichen Anmerkungen zu diesem Schreiben verdeutlichen, dass SenStadtUm diese Kritik akzeptierte.

Ein weiterer kritisierter Punkt betraf die Straßenführung. In der Wettbewerbsausschreibung schrieb das politisch-administrative System eine Orientierung am historischen Straßenmuster vor. Hilmer und Sattler schufen zwar mit der Blockbebauung ein historisch-orientiertes Straßenraster, veränderten jedoch die historische Straßenbreite. Dabei hatten sie, ebenso wie das Preisgericht, übersehen, dass mit der gleichbleibend breiten Weiterführung der Leipziger Straße über den Leipziger und Potsdamer Platz in die Potsdamer Straße Teile des denkmalgeschützten ehemaligen Grand-Hotel Esplanade auf die Straße ragten (Senat 1994: 34).[92] Obwohl SenStadtUm bereits 1990 bei der Konzeption der Verkehrsführung auf ein solches Problem hingewiesen hatte (SenStadtUm 11.11.1990), wurde auch im Festsetzungsbeschluss von 1994 an dieser Planung festgehalten. Darin heißt es, dass das Grand-Hotel Esplanade im Juni 1990 unter Schutz gestellt wurde, obwohl es sich auf einer festgesetzten Straßenverkehrsfläche befände (Senat 1994: 34). In der Wettbewerbsausschreibung blieb die angeblich festgesetzte Straßenfläche jedoch unerwähnt, während auf den Erhalt des Baudenkmals hingewiesen wurde (SenStadtUm 1991a: 40). Gleichzeitig wurde in der Ausschreibung in Bezug auf die Verkehrsplanung darauf hingewiesen, dass das historische Straßenraster wieder herzustellen sei (ebd.: 30). Allerdings stand das Hotel damals mit Sicherheit nicht *auf* der Straße! Obwohl die Wieder-Herstellung der historischen Bezüge für das politisch-administrative System stets zum Ziel erklärt wurde, wurde die Straßenführung der neuen Potsdamer Straße nur geringfügig überarbeitet. Trotz der Reduktion der Straßenbreite von ursprünglichen 60 m auf 51,50 m, wurde der ehemalige Kaisersaal des Hotels zum Abriss freigegeben

[92] Mit der Straßenführung veränderten sich auch die Grundstücksgrenzen. Daimler Benz erhielt zusätzlich 4.000 qm, während das Sony-Grundstück um 1.800 qm reduziert wurde und der Senat dafür ein Ausgleichsgrundstück suchen musste (Kupsch 01.11.1991, SenStadtUm 10.12.1991).

(Senat 1994: 34, 35). Bemerkenswert ist, dass das politisch-administrative System im Planungsprozess bis Ende 1991 zunächst konsequent seine Priorität der historischen Orientierung auch gegen die Widerstände der Investoren vertrat, dann jedoch zugunsten des motorisierten Individualverkehrs ein Baudenkmal abreißen lassen zu wollte.[93]

[93] Der Kaisersaal wurde jedoch nicht abgerissen, sondern technisch aufwändig auf das Innere des Sony-Grundstücks verschoben.

2.3.3 Das Zentrum: Unterschiedliche Gemeinsamkeit

Den Potsdamer/Leipziger Platz als Zentrum festzulegen war ein gemeinsames Anliegen des politisch-administrativen Systems und der Investoren. Allerdings waren die Definitionen beziehungsweise Funktionen eines Zentrums unterschiedlich, was sich wiederum mit den differierenden Vorstellungen der städtebaulichen Form verband.

Der Potsdamer/Leipziger Platz wurde im untersuchten Planungszeitraum als Zentrum definiert, weil er das geographische Zentrum Berlins darstelle. Darauf hatten die von SenStadtUm beauftragten Verantwortlichen der Werkstattausstellung „Potsdamer Platz“ bereits Ende 1988/Anfang 1989 hingewiesen (SenStadtUm 1990: 5). Zur Eröffnung der überarbeiteten Ausstellung im April 1990 wurde betont, dass das Gebiet nicht am Stadtrand, sondern im Zentrum der Stadt liege (SenStadtUm 25.04.1990) und zwar „als geographischen Mitte der durch den S-Bahn-Ring gebildeten Innenstadt“ (SenStadtUm 1991: 11) zwischen der Stadtmitte und dem Neuen Westen (SenBauWohn 02.04.90, SenStadtUm 09.04.90, Senat 10.04.90). Darüber hinaus wurde befunden, dass der Potsdamer/Leipziger Platz „im Schnittpunkt aller ÖPNV-Systeme“ liege , sodass durch den gezielten Verbund und die Reaktivierung vorhandener U- und S-Bahnlinien hier „wieder ein zentraler Knotenpunkt des ÖPNV entstehen“ solle (Abgeordnetenhaus 16.05.1990, Anlage 3, Provisorischer Regionalausschuß 19.02.1990, RRP 1991: o. S.). Das Gebiet lag aber nicht nur im geographischen Zentrum der zukünftigen Metropole: Der Daimler Benz-Repräsentant lokalisierte dieses bereits mehrere Monate vor der Wieder-Vereinigung im Sommer 1990 in der „Mitte Deutschlands" (Abgeordnetenhaus 06.06.1990: 61) und ein Jahr später wurde betont, dass es sich auch im Mittelpunkt des „wiedervereinigten Deutschland und dem zu einigenden Europa" befände (SenStadtUm 1991a: 34).

Die Zentrumsdefinition wurde vom politisch-administrativen System vor allem im ersten Halbjahr 1990 in Zusammenhang mit der Ansiedlung eines Dienstleistungszentrums von Daimler Benz kontrovers diskutiert. Für „völlig neu zu erschließende Bürostädte" sei eine Lage „vermutlich am Stadtrand, eingebettet in Grüngürtel, die beste Antwort", weil dadurch „die City Berlins vom Entwicklungsdruck" entlastet werde (Einem 1990: 8). Ausgehend von der Feststellung, dass die Stadt Berlin aus mehreren Städten und Dörfern entstanden war, sollte dabei der polyzentrische Aufbau Berlins berücksichtigt werden (SenStadtUm 20.03.1990). In der Ausschusssitzung für Stadtplanung und -entwicklung am 16. Mai 1990 bekräftigten die eingeladenen Stadtplanungsexperten diese Sichtweise. Nach Meinung des Bundes Deutscher Architekten (BDA) würden sich für das Vorhaben von Daimler Benz sowie „analoge wünschenswerte Investitionen" Standorte am Stadtbahnring und den Radialen anbieten, „wo der gezielte

Ausbau von Dienstleistungsschwerpunkten wesentlich zum Abbau des Investitions- und Funktionsdruckes auf die Innenstadt beitragen“ könne (Abgeordnetenhaus 16.05.1990: 83). Professor Ernst schlug vor, den „S-Bahnring [zu] vitalisieren und an diesen Kreuzen entsprechende Dienstleistungszentren auszubauen“ (ebd.: 5). Der Architekt Eichstädt verkündete in Bezug auf das Ansiedlungsvorhaben von Daimler Benz, „daß aber nun der ganze Batzen gleich an der Stelle sein muß, sehe ich nicht ein, weil Siemens auch an verschiedenen Stellen seine Zentren und Signalbauten“ habe (ebd.: 26). Wenn die „Vielzentrigkeit Berlins eine neue und der Zeit angemessene Struktur“ erhalten würde, so Pfarrer Duntze, könne vermieden werden, dass am Potsdamer Platz „eine City wie Frankfurt oder ein Hauch von Manhattan“ entstehe (ebd.: 44). Bereits zwei Wochen zuvor wurde im gleichen Ausschuss befunden, dass Dienstleistungsflächen dezentral angesiedelt werden müssten: „Es wäre völlig falsch, im Innenstadtbereich einen Schwerpunkt für Dienstleistungen zu setzen. Dies könne nur im Gleichgewicht mit Entwicklungen in anderen Bereichen Berlins geschehen“ (Abgeordnetenhaus 02.05.1990: 8). Auch Stadtentwicklungssenatorin Schreyer hielt es für „stadtplanerisch notwendig, am Gedanken der Dezentralisierung festzuhalten. Die anderen Stadtzentren Berlins dürften durch die Gestaltung des Zentralen Bereichs nicht zur Bedeutungslosigkeit degradiert werden“ (ebd.: 7) und die Polyzentralität Berlins als städtebauliche Charakteristika müsse erhalten bleiben (SenStadtUm 1991: 4). Auch die Gruppe 9. Dezember lehnte in ihrer „Charta für die Mitte von Berlin“ die Entstehung „einer neuen City oder eines dritten Stadtzentrums zwischen den beiden Stadthälften“ ab (Gruppe 9. Dezember o. D.). Einigkeit bestand darin, dass „offene Auseinandersetzungen notwendig“ seien (Abgeordnetenhaus 16.05.1990: 7), um mit Daimler Benz „alternative und geeignete Standorte“ zu finden, die „stadtverträglich“ seien (ebd.: 26). Diese Auseinandersetzungen fanden jedoch nicht statt, und entgegen der Auffassung der Abgeordneten der AL und der geladenen ExpertInnen forderte ein SPD-Abgeordneter, dass ein „neues Zentrum“ geschaffen werden müsse, um „Einbußen in bezug auf Quantität und Qualität im übrigen Stadtgebiet“ zu verhindern (Abgeordnetenhaus 02.05.1990: 3/4). SPD-Bausenator Nagel betonte, dass Dienstleistungszentren „in dieses Zentrum“ gehörten, und wertete die Diskussion um Dezentralität als „akademisch“ ab, „angesichts der Tatsache, daß der Bereich Potsdamer/Leipziger Platz Zentrum war und ist“ (SenStadtUm 1991: 7). Dies sei im Zusammenhang mit „der Intensität von Stadt im kernbereichsgeprägten Sinne“ zu sehen, die im „Mittelpunkt der städtepolitischen Zielbestimmung dieses Ortes“ stehen müsse (ebd.).

Vor diesem Hintergrund wurden 1990 Szenarien entwickelt, „nach welchen Leitvorstellungen sich die künftige Zentrumsentwicklung vollziehen [...] und welche funktionale und räumliche Bedeutung der Bereich Potsdamer/Leipziger Platz“ dabei einnehmen sollte (Gruppe Planwerk 29.05.1990: 14).

Mit berücksichtigt werden müssten „die Auswirkungen auf die Zweckbestimmung und die funktionale Gliederung des Gebietes als mögliche künftige Hauptstadt Berlin“ ebenso wie die „Ansprüche aus der möglichen zukünftigen europäischen Metropolenfunktion“ (ebd.). Im Ergebnis sollte die, während der Teilung der Stadt „herausgebildete Bipolarität“ der Ost- und West-Berliner Zentren erhalten bleiben und der Bereich Potsdamer/Leipziger Platz eine verbindende Funktion übernehmen, ohne selbst „Ober-City“ zu werden (Gruppe Planwerk 11.06.1990). In der Wettbewerbsausschreibung von 1991 hieß es dazu: „Es geht also nicht darum, diesen Ort als alleinigen funktionalen Mittelpunkt darzustellen, sondern ihn in das polyzentrische Gefüge der Stadt einzubinden und ihm eine zukunftsweisende Urbanität zu verleihen“ (SenStadtUm 1991a: 3). Ziel sei „weder die Entwicklung dieses Ortes zu der Mitte Berlins, zum Oberzentrum der Stadt, noch die Reaktivierung der früheren Leitvorstellungen eines Citybandes“ (ebd.: 25, vgl. Gruppe Planwerk 11.06.1990). Damit wurden Vorstellungen von einem „Superzentrum“ (Abgeordnetenhaus 16.05.1990: 82) oder „Hyperzentrum“ (SenStadtUm 18.06.1991) eine Absage erteilt. Im Festsetzungsbeschluss von 1994 war hingegen von De- oder Polyzentralität keine Rede mehr. Hervorgehoben wurden die „Lage des Areals im Zentrum des gesamten Stadtkörpers“ (Senat 1994: 21) sowie als „zentrale[r] Ort für die gesamte Region“ (ebd.: 19). Entstehen sollte ein „innerstädtischer Zentrumskern“ (ebd.: 19), der zur „Wiederbelebung [des] zentralen innerstädtischen Standortes“ (ebd.: 147) beitragen solle. Damit entstand das „Leitbild für die City der attraktiven, sich nach innen und außen anspruchsvoll repräsentierenden Stadtmitte von Berlin“ (ebd.: 16). Der Potsdamer Platz war damit (wieder) Zentrum!

Dies entsprach exakt den Vorstellungen der Investoren, für die außer Zweifel stand, dass der Potsdamer Platz *das* Zentrum ist. Dies sei in der Vergangenheit so gewesen und so solle es selbstverständlich auch in Zukunft werden (SenStadtUm 1991a: 34).

Besonders für Rogers war dieses „Epizentrum“ das „logische Zentrum des Entwicklungsgebietes“, das nach den Prinzipien des Städtebaus „als Motor“ fungieren müsse (ebd.). Der Potsdamer Platz sei darin „im Herzen Berlins“ der „Brennpunkt der Gesamtentwicklung“, um ein „neues großstädtisches Zentrum“ zu schaffen (RRP 1991: o. S.).[94] Folglich müsse das Gebiet ein „dichter urbaner Ort“ mit entsprechend qualitativ hochwertiger Architektur werden (ebd.).

[94] Die Metapher des Herzens verwendeten auch 1990 der Regierende Bürgermeister Walter Momper (SPD) (Frank 2000: 39) sowie sein Nachfolger Eberhard Diepgen (CDU) (Infobox 1996: 13).

Zentrum versus Peripherie

Im dualistischen Denken stand dem Zentrum am West-Berliner Potsdamer Platz eine Peripherie gegenüber, die nicht erst außerhalb des Stadtgebietes in Staaken oder Erkner, sondern bereits innerhalb des seinerzeit stillgelegten S-Bahnrings begann. Die Entgegensetzung von westlichem Zentrum und östlicher Peripherie weist dabei eindeutig hierarchisierende Momente auf (vgl. Kapitel 1.3). Wie bei der Diskussion um die Erwerbsarbeitsplätze (Kapitel 2.4) sollte im Zentrum am Potsdamer Platz eine als kerngebietstypisch definierte Dienstleistungskonzentration erfolgen, die als *sauberes* und *nichtstörendes* Gewerbe angesehen wurde (Abgeordnetenhaus 16.05.1990: 6). Die Ansiedlung von *störendem* Gewerbe und *schmutziger* Produktion (Abgeordnetenhaus 16.05.1990: 6, 06.06.1990: 61) sollte am „S-Bahnring oder außerhalb des S-Bahnrings“ (Abgeordnetenhaus 16.05.1990: 6) erfolgen, vor allem an „Brachstellen, die unmittelbar neben den Gleisen liegen“ (ebd.: 20). Assoziativ sollte das Zentrum sauber, schmuck, schick und leise sein, während die Peripherie entgegengesetzt dreckig, laut, schäbig und heruntergekommen sein würde. Erwartet wurde, dass diese außerdem sozial schwach und migrationsgeprägt sein würde, denn es sei ein „Zuzugsdruck“ von „Einwanderer[n] aus Osteuropa“ zu erwarten, was die Gefahr beinhalte, dass „insbesondere an den *Ost*-Rändern Slums, Armenviertel entstehen“ würden (Abgeordnetenhaus 16.05.1990: 43, Hervorhebung gs).

Für den Auf- und Ausbau des neuen Zentrums sei ein „potenter Investor“ notwendig, der einen Anfang mache und Zeichen setzen könne (Abgeordnetenhaus 16.05.1990: 101, 06.06.1990: 26). Nur so könne die „vernachlässigte Hinterhofsituation“ zu beiden Seiten der Mauer zu einem „Ort außerordentlicher städtischer und architektonischer Qualität“ werden und die Attribute der Peripherie aus dem Zentrum verschwinden (SenStadtUm 1991a: 34).
Gleichzeitig sollte aber auch verhindert werden, dass das West-Berliner Umland an Qualität oder Reiz gewinne. Während das „Wohnen im Grünen“ (Abgeordnetenhaus 06.06.1990: 104, vgl. Kapitel 2.5) nicht als Gefahr für das Zentrum angesehen wurde, würden „die Berliner demnächst durch das Umland Konkurrenz bekommen“, indem die Investoren „dann einfach auf die grüne Wiese gehen, die dann sicherlich preiswerter ist als dieses Gebiet an dieser Stelle“ am Potsdamer Platz, sodass ein „*Absaugen* von Investoren“ zu befürchten sei (Abgeordnetenhaus 16.05.1990: 101, Hervorhebung gs). Das Umland galt also nicht nur als schäbiges Armenhaus und attraktives Wohnfeld, sondern wurde durchaus als feindliche *östliche* Konkurrenz angesehen, die, aktiv handelnd, dem Zentrum die Investoren *absaugen* würde.

Dass diese Gefahr zumindest im Sommer 1990 nicht bestand, machte der Daimler Benz-Vertreter deutlich: „wenn wir mal irgend eine andere Firma hier unterbringen würden mit ihrem Hauptsitz, dann müssen wir wahrscheinlich den Weg […] in die Randgebiete“ gehen (Abgeordnetenhaus 06.06.1990: 26). Bemerkenswerterweise lokalisierte er die Peripherie noch nicht einmal im östlichen Umland, sondern bereits auf West-Berliner Gebiet innerhalb des S-Bahnringes: Seiner Meinung nach komme für den Hauptsitz der debis nur eine erste Adresse in Frage, die „nicht irgendwo in Reinickendorf sein“ könne (ebd.). Diese Gegenüberstellung von Zentrum und *irgendwo* in der West-Berliner Peripherie führte in der Ausschusssitzung zu Unruhe, weil eine Reihe von Abgeordneten aus Reinickendorf stammten. Der Konzern-Repräsentant lenkte zwar ein, dass er „keine Animositäten aufkommen lassen [wollte]; ich finde Reinickendorf einen sehr schönen Standort – das ist keine Frage“, aber dennoch komme nur eine weitere Ansiedlung in Zentrumsnähe in Betracht und das könne „dann nicht unbedingt in Steinstücken sein, das muß man mal so sagen“ (ebd.: 26).[95]

In den Aussagen von 1990 wurde ein Bild gezeichnet, bei dem der Potsdamer Platz sauberes, schickes Zentrum ist und andere Firmenhauptsitze von Daimler Benz nur in unmittelbarer Nähe denkbar waren, denn „irgendwo in Reinickendorf“ war schon Peripherie und der Stadtrand (Steinstücken) bereits völlig indiskutabel. Für die Abgeordneten und Experten hingegen fing die Peripherie jenseits des S-Bahnringes an, die als schmutzig und schäbig angesehen wurde, die man durch-

[95] Steinstücken im Süd-Westen Berlins war eine West-Berliner Enklave auf DDR-Gebiet, die nur durch eine Straße mit West-Berlin verbunden war.

queren musste, um ins Umland, ins positiv besetzte *Grüne* zu gelangen. Diese Sichtweise bezog sich allerdings nur auf West-Berlin, da, mit Ausnahme der historischen Stadtmitte, Ost-Berlin als Ganzes als Peripherie konstruiert wurde. So wurde auch überwiegend an den *Ost-Rändern* der Stadt die Entstehung von Slums und Armenvierteln vermutet, in denen Menschen aus *Ost*-Europa leben würden. Dass sich EinwanderInnen auch am Südwest- oder Nordwest-*Rand* niederlassen könnten, wurde nicht thematisiert, weil in diesem Fall nicht der *Rand* die Peripherie bedeutete, sondern der *Osten*. Völlig ausgeblendet wurde, dass West-Berlin geographisch eine östliche Enklave der alten Bundesrepublik war und damit sowohl geographisch wie gesellschaftspolitisch auch die westlichen Ränder Berlins an *den Osten* grenzten.

Die Genderkonstruktionen in den dargelegten Aussagen zu Zentrum und Peripherie sind, entgegen der Literatur (vgl. Kapitel 1.3), nicht entlang der Kategorien Weiblichkeit und Männlichkeit konstruiert. In den Diskussionen wird keine Bipolarität zwischen männlich konnotierten öffentlichen produktiven Tätigkeiten im Zentrum im Gegensatz zu weiblich konnotierten privaten reproduktiven Tätigkeiten in der Peripherie hergestellt. Eine Hierarchisierung erfolgt vielmehr in der Konstruktion von Männlichkeiten, da sich die Aussagen alle auf den männlich konnotierten öffentlichen und produktiven Bereich beziehen. Das Zentrum ist hegemonial männlich konstruiert als sauber, wohlhabend und als wirtschaftliche Macht durch Firmenhauptsitze.[96] Die Peripherie entspricht einer untergeordneten Männlichkeit, die als schmutzig, laut, störend beschrieben und in der darüber hinaus Armut mit Migration verknüpft wird. Unterhalb der hegemonialen Zentrums-Männlichkeit ist die Industrie-Männlichkeit entlang des S-Bahnrings angeordnet, und am unteren Ende der Hierarchie steht die Migrations-Männlichkeit am Rand der Stadt, die darüber hinaus mit Assoziationen *des Ostens* korreliert. Das Umland wiederum wird nicht in der Hierarchie von Zentrum und Peripherie konstruiert, sondern mit vergleichbaren Attributen wie das Zentrum belegt, nämlich mit Investoren, Dienstleistungen und Wohnqualitäten, sodass es ebenfalls hegemonial männlich in Konkurrenz zum Zentrum steht, wobei der Aspekt *des Ostens* allerdings ausgeblendet bleibt.[97] Die Aspekte von Peripherie als Orte der Reproduktion und des Rückzugs werden nicht thematisiert – Weiblichkeit und Privatheit bilden eine Leerstelle.

[96] Zu Genderkonstruktionen in der Konzentration und Ausschließlichkeit von Dienstleistungen vgl. Kapitel 2.4.

[97] Damit wird auch verständlich, warum in der Diskussion über die künftige Zentrumsentwicklung das Szenario, dass die in *Ost-Berlin* gelegene *alte* Mitte „zentrale oder oberzentrale Funktionen für die Gesamtstadt und Region“ übernehmen solle, verworfen wurde (Gruppe Planwerk 29.05.1990, 11.06.1990).

2.3.4 Die Investoren

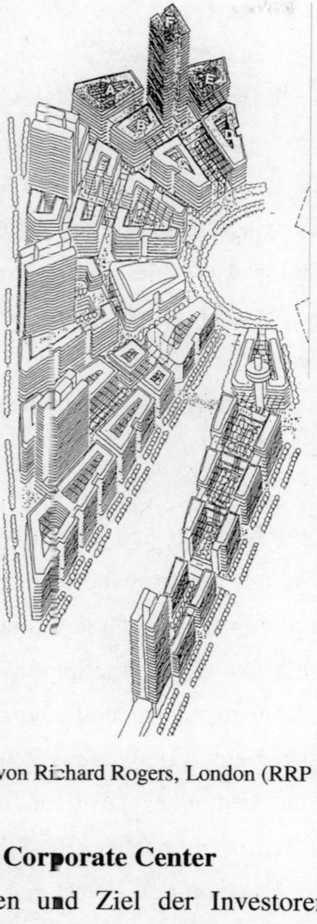

Abb. 8: Der Entwurf von Richard Rogers, London (RRP 1991: o. S.)

Präsentation als Corporate Center

Oberstes Anliegen und Ziel der Investoren war die Präsentation der Unternehmen als *Corporate Center*. Die Wieder-Vereinigung war für die Investoren ausschließlich unter wirtschaftlichen Gesichtspunkten von Interesse. Besonders für Daimler Benz war das „ja auch der besondere Reiz des Standortes" (Abgeordnetenhaus 06.06.1990: 61), weil von hier aus „insbesondere das Geschäft mit dem Osten verstärkt" betrieben werden könne (ebd.: 24). Dies entsprach 1990 in „hervorragendem Maße" den Vorstellungen von SenBauWohn, die das Ziel „eines Ausbaus Berlins zu einem bedeutenden dienstleistungsorientierten Wirtschaftsstandort in Mittel- und Osteuropa" verfolgten (SenBauWohn 12.03.1990). In der Stellungnahme der Investoren zur Wettbewerbsausschreibung 1991 hieß es zusammenfasend: „Die Entwicklung des Potsdamer/Leipziger Platzes [stellt] eine nicht wiederkehrende Gelegenheit dar, ein neues weltstädtisches nationales und internationales Zentrum zu schaffen" (SenStadtUm 1991a: 34).

Auch die Investoren bezogen sich auf die Vergangenheit des Gebietes, allerdings mit gänzlich anderen Schlussfolgerungen als das politisch-administrative System. Für sie waren die Geschichte des Platzes und die „Spuren seiner baulichen Vergangenheit" Ausgangspunkt und „einzigartige Chance, [um] den Potsdamer/Leipziger Platz als Zeugnis der Vergangenheit zum Bestandteil einer positiven und dynamischen *Zukunft* der Stadt Berlin" zu machen (SenStadtUm 1991b: 34, Hervorhebung gs). Der von den Investoren in Auftrag gegebene Entwurf von Rogers sah den Leipziger Platz – ähnlich wie das politisch-administrative System – „in seiner ursprünglichen Form in Anlehnung an die historischen Gebäudehöhen" bei Beibehaltung des historischen Straßennetzes vor, das sich an den existierenden Grundstücksgrenzen orientierte und die historischen Achsen betonte (RRP 1991: o. S.). Für den Potsdamer Platz hingegen empfanden die Investoren „das Festhalten an der Historie", wie es in der Wettbewerbsausschreibung 1991 von Senatsseite formuliert wurde, als Restriktion, die „nicht der einzigartigen Chance und Herausforderung an die Planer gerecht" werde, denn dadurch würde „den Planern der Weg zu einer hervorragenden Lösung" verstellt (SenStadtUm 1991a: 35). Besonders Sony hielt es für unangebracht, „in einen ‚Historizismus' zu verfallen und die Wiedergeburt von Bauhöhe und Baukörper-Formen des 19. Jahrhunderts zu fördern", denn ihrer Meinung nach führe das zur ‚Wiedererfindung des Berliner Hinterhofs" (Sony o. D., Abgeordnetenhaus 06.11.1991, Anlage 3).

Für die Investoren waren die historischen Bezüge lediglich wegen der Bedeutsamkeit des Ortes – gewissermaßen als Image-Pflege – relevant, während die Wieder-Vereinigung für die Erschließung neuer wirtschaftlicher Märkte von Interesse war. Beides bildete für die Investoren den Hintergrund und nicht – wie für das politisch-administrative System – das Ziel der Planung.

Standort und Adresse

Das Präsentationsanliegen der Unternehmen am Potsdamer Platz ging einher mit ihrem Selbstbild als „in der Welt führende Industrie- und Technologieunternehmen" beziehungsweise „bedeutende nationale und internationale Unternehmen“ (SenStadtUm 1991a: 34), die am Potsdamer Platz nicht irgendwelche Büros, sondern „in repräsentativer Art Headquarter-Funktionen“ unterbringen wollten (Sony o. D.). Für Sony war dies das Europa-Hauptquartier und die Deutschland-Zentrale (ebd.), für Daimler Benz der Hauptsitz der debis mit „weiteren Kernfunktionen des Unternehmens“ (Abgeordnetenhaus 06.06.1990: 26) und für Hertie die Konzernzentrale (Hertie o. D.). Bereits im Frühjahr 1990 wurde auf einer öffentlichen Veranstaltung festgestellt, dass die „Fixierung von Daimler-Benz auf dem Potsdamer/Leipziger Platz [...] die zentrale Bedeutung des Platzes [...] als repräsentativer, Identität verleihender Ort“ widerspiegelt (SenStadtUm 1991: 5). Entsprechend trafen die Unternehmen ihre Standortentscheidungen. So erklärte der Daimler Benz-Vertreter, dass ein Angebot des Senats am Busbahnhof in Charlottenburg, gegenüber dem Internationalen Congress Centrum (ICC), als „Standort für das Haus nicht attraktiv genug“ sei, um dort ein Dienstleistungszentrum zu bauen (Abgeordnetenhaus 06.06.1990: 27). Denn dafür könne sich der Vorstand von Daimler Benz „eben nur eine erste Adresse“ vorstellen (ebd.: 26). Und „als das Angebot vom Potsdamer Platz auf dem Tisch des Vorstands kam, war für den Herrn Reuter überhaupt keine Frage mehr als ja zu sagen [...]. Wir wären also mit dem Klammerbeutel gepudert, wenn wir das nicht zunächst mal angenommen hätten“ (ebd.: 27).

Die Relevanz der *ersten Adresse* wurde im Entwurf von Rogers betont: Weil für jeden Investor „der größtmögliche Nutzen“ bestehen solle, komme „jedem der Einzelgrundstücke ein etwa gleicher Anteil an Fassadenabwicklung am Potsdamer Platz“ zu, wodurch „die Firmenadressen der Investoren eine stärkere Identität“ erhalten würden (RRP 1991: o. S.). Auch für die Grundstücke entlang des vorgesehen Parks auf dem Gelände des ehemaligen Potsdamer Personenbahnhofs sah er „zusätzlich ein Höchstmaß an qualitätvollen Adressen [vor], die einfach zu erschließen sind und ihren Benutzern ein hochwertiges Arbeitsumfeld bieten“ (ebd.). Die Vernachlässigung dieses Aspektes im Entwurf von Hilmer und Sattler führte im Dezember 1991 dazu, dass die Vertreter von ABB und Haus Vaterland dem überarbeiteten Entwurf von Hilmer und Sattler nur zustimmten, wenn von Senatsseite zugesichert werde, dass sie *direkt* am Potsdamer Platz mehr als „schmalbrüstig“ bauen könnten (SenStadtUm 16.12.1991).[98]

Städtebauliche Form

Das Ziel der Investoren, am Potsdamer Platz ein *Corporate Center* für Firmenstandorte zu schaffen (SenStadtUm 1991a: 34), war für sie gebunden an „eine unverwechselbare Stadtarchitektur internationalen Anspruchs“ (Abgeordnetenhaus 06.11.1991, Anlage 3). Die bauliche Präsentation galt als „Visitenkarte“ der Unternehmen (Daimler 28.06.1991). In der

[98] Laut Senatsbeschluss vom 10. Dezember 1991 dürfe, „am Kopf ihres Geländestreifens am Potsdamer Platz“ gebaut werden (Senat 12.12.1991).

Stellungnahme der Investoren zur Ausschreibung des Wettbewerbes 1991 wurde darauf hingewiesen, dass eine „identitätsfördernde Architektur prägnanter Gestaltung, die im Einklang mit den Erfordernissen einer modernen Gesellschaft stehen muß, [...] von entscheidender Bedeutung" sei (SenStadtUm 1991a: 35). Die Gebäude müssten Merkzeichen sein, die eine „signifikante, firmenspezifische Eigenständigkeit" ausdrücke (ebd.). Darüber hinaus ermögliche eine „klare architektonische Definition" die Schaffung eines Ortes von „außerordentlicher städtischer und architektonischer Qualität", der dann als „neues weltstädtisches nationales und internationales Zentrum" gelten würde (ebd.: 34). Als Kontrast wurde betont, dass sonst in „nahezu allen Städten [...] die Gewerbegebiete und Bürohausviertel von der Gesichtslosigkeit ungestalteter, beziehungslos zusammengewürfelter Zweckbauten" zeuge (ebd.: 34). Gefordert wurde eine klare Gliederung der Baukörper, vor allem auch in die Höhe, als „logische Alternative zur Monotonie unspezifischer großflächiger Strukturen" (SenStadtUm 1991a: 35). Dazu gehörte für Daimler Benz eine „deutlich höhere Bebauung" am Landwehrkanal (Daimler 26.11.1991), für Sony eine „(mäßige) Höhenentwicklung" am Potsdamer Platz und „in den Ecken des Dreiecks zur Entlastungsstraße hin" (Abgeordnetenhaus 06.11.1991, Anlage 3), und für Hertie „eine Art Punktbau" für ihre Konzernzentrale (Hertie 13.09.1990), der als turmförmiger Solitär mit 22 Geschossen und einer Höhe von circa 100 m „möglichst weit vom Potsdamer Platz entfernt anzuordnen" sei (Hertie o. D.). Entsprechend wurde von den Investoren der Entwurf von Hilmer und Sattler aufgrund der fehlenden „Akzentuierungsmöglichkeiten" als „langweilig" empfunden (SenBauWohn 14.10.1991).

Der Entwurf von Rogers hingegen sah die „alte Traufhöhe von 22 m" direkt am Potsdamer Platz vor, mit einer terrassenförmigen Höhenentwicklung, „um auch den Gebäuden in den Randbereichen eine vergleichbare Präsenz" zu geben (RRP 1991: o. S.). Dadurch würde die „Qualität der Adressen am Potsdamer Platz" weit in die Einzelgrundstücke hinein reichen und somit ein „ausgeprägtes Identitätsgefühl" vermitteln (ebd.). Rogers ging davon aus, dass diese Gliederung der einzelnen Grundstücke und die entstehende Silhouette „entscheidend für die Akzeptanz von höherer Bebauung" seien und er entwarf Gebäude mit 28 Geschossen (ebd.), was für die Investoren noch unterhalb der „Wolkenkratzerhöhe" lag (Daimler Benz u.a. o. D.).

Ein weiterer relevanter Aspekt waren für die Investoren „positiv erlebbare Innen- und Außenräume" und die Möglichkeit der Schaffung von Fußgängerzonen (SenStadtUm 1991a: 35), die ihrer Meinung nach mit Blockformen, Innenhöfen und Sockelgeschossen der traditionellen Berliner Bauweisen, die der Entwurf von Hilmer und Sattler aufnahm, nicht vereinbar sei (SenStadtUm 6.12.1991, Abgeordnetenhaus 06.11.1991, Anlage 3). Besonders Sony vertrat die

Ansicht, dass sich eine „Lockerung und Durchlässigkeit“ nur erzeugen lasse, wenn die von Hilmer und Sattler entworfenen einzelnen Komplexe ihres Grundstücks „etwas beiseite geschoben“ würden (Abgeordnetenhaus 06.11.1991, Anlage 3), damit ein „großer Fußgängerplatz in der Mitte des Geländes“ entstehen könne (Sony o. D., SenBauWohn 08.11.1991). Sony hielt eine hochüberglaste Halle für denkbar, „von der nach oben offene Passagen [...] zu den Nachbargrundstücken führen“ könnten, sodass eine „Mall-Konstruktion“ in Form eines Passagenringes rund um den Potsdamer Platz verlaufen könnte (Sony o. D.).[99]

[99] In der Überarbeitungsphase des städtebaulichen Entwurfs von Hilmer und Sattler befanden die Preisträger einerseits, dass die Passagen nicht im Widerspruch zum städtebaulichen Konzept stehen würden, weil „es sich überwiegend um gestalterische Aspekte handele, die im Rahmen eines Bauwettbewerbs zu klären seien“ (SenBauWohn 08.11.1991). Andererseits aber widerspreche das Auseinanderrücken der Gebäude dem Stadtkonzept, da der „Charakter der Kompaktheit“ erhalten bleiben solle (SenStadtUm 10.12.1991). Der Widerspruch, dass „großzügige öffentliche Aufenthaltszonen“ (ebd.), ob nun mit oder ohne Passagenring, nur durch die Veränderung der Blockstruktur entstehen können, wurde nicht thematisiert.

2.3.5 Hochhaus und Traufhöhe: Die städtebauliche Quadratur des Kreises

In der Sitzung der Wettbewerbsjury am 1. Oktober 1991 formulierte das Preisgericht, nach Vorstellung und Erläuterung der eingereichten Arbeiten und in Anlehnung an die in der Ausschreibung zum Wettbewerb genannten Prämissen des politisch-administrativen Systems, die „übergeordnete städtebauliche Kriterien" (SenStadtUm 04.10.1991). Diese waren unter anderem die städtebauliche Einbindung unter Respekt vor der Umgebung, die Rücksichtnahme auf die historischen Bezüge und des barocken Stadtgrundrisses sowie eine angemessene Höhenentwicklung (SenStadtUm 04.10.1991). Entsprechend konnte SenStadtUm nach der Wettbewerbsentscheidung anmerken, man habe „nach der Überlegenheit und städtebaulichen Einbindung höherer Häuser" gefragt, aber „keine der Lösungen war schließlich so überzeugend, dass sie auf den allerersten Platz kam" (SenStadtUm 07.10.1991).[100] Denn die formulierten Kriterien erfüllte im Wesentlichen einzig der Entwurf von Hilmer und Sattler, die besonders betonten, dass „nicht das weltweit verwendete amerikanische Stadtmodell der kompakten Hochhaus Agglomeration" ihr Ziel sei, sondern der „europäischen Stadt" der Vorrang gegeben wurde (SenStadtUm 1991c: Anlage 1). Damit erhielten nicht nur die Vorstellungen des politisch-administrativen Systems einen Namen – die europäische Stadt –, zugleich erfuhren die Vorstellungen der Investoren – die Hochhaus Agglomeration – durch die Gegenüberstellung eine Abwertung. In Anlehnung an die Prämissen des politisch-administrativen Systems konnte ein *weltweit verwendetes* Modell niemals die historische und gesellschaftspolitische Besonderheit eines bestimmten Ortes präsentieren, noch wäre eine *Hochhaus Agglomeration* am Potsdamer Platz dazu geeignet, eine Bindegliedfunktion zu übernehmen, die sich in die vorhandene Stadtstruktur zwischen Ost- und West-Berlin einfügt.

Mit der Entscheidung für Hilmer und Sattler schien sich das politisch-administrative System mit seinen Argumenten gegenüber den Investoren durchgesetzt und gleichzeitig bewiesen zu haben, dass ihre Vorstellungen tatsächlich städtebaulich umsetz- und realisierbar waren. Gegenüber den Investoren unterstrich Baudirektor Stimann zwar, dass das Wettbewerbsergebnis den „Anfang einer Diskussion zwischen Stadt und Investoren" darstelle und der Entwurf Flexibilität in der architektonischen Konkretisierung zulasse, jedoch dürfe auf keinen Fall der „Geist des preisgekrönten Entwurfs" zerstört werden (SenBauWohn 14.10.1991). Übersehen wurde dabei, dass der Entwurf gravierende Mängel aufwies, die Bebauungsdichte eher den Vorstellungen der Investoren entsprach und die Höhenentwicklung keineswegs

---

[100] Eine Übersicht über die Entwürfe der TeilnehmerInnen findet sich im Ergebnisprotokoll des Wettbewerbs (SenStadtUm 1991c: Anlage 1).

der *traditionellen Berliner Traufhöhe* entsprach. Die Überarbeitung des Entwurfes von Oktober bis Dezember 1991, bei der sowohl die Fokussierung des politisch-administrativen Systems auf die Aspekte der *europäischen Stadt* mit den Vorstellungen der Investoren in Einklang gebracht werden sollten, lässt sich als Versuch der städtebaulichen Quadratur des Kreises bezeichnen.

Bereits 1990 stellte sich die Frage, wie die von Daimler Benz für die Schaffung von 8.000 Arbeitsplätzen benötigte Bruttogeschossfläche (BGF) von 240.000 qm auf dem Grundstück untergebracht werden sollte.[101] In der Untersuchung zum Ansiedlungsvorhaben von Daimler Benz wies SenBauWohn im Januar 1990 darauf hin, dass das Gebiet als Kerngebiet im Normalfall eine Geschossflächenzahl (GFZ) von 2,4 vorsehen würde. Aus den bestehenden Bebauungsplänen sei jedoch eine GFZ von bis zu 4,0 ableitbar, die aus „allgemeinen Überlegungen einer ökonomischen Nutzung Berliner Flächenpotentiale" vertretbar sei (SenBauWohn 1990: o. S.). SenStadtUm hingegen hielt diese Bebauungsdichte für „kaum verträglich", zumal noch zusätzlich 25 Prozent „Attraktivitätsfläche" diskutiert wurden (SenStadtUm 29.03.1990). In der Dokumentation einer Informationsveranstaltung im Juli 1990 ist festgehalten, dass das Auditorium zu dem Schluss kam, die Sorge einer zu dichten Bebauung der Berliner Mitte

---

[101] Zum Zusammenhang von Grundstücksgröße und Bruttogeschossfläche zur Anzahl der Arbeitsplätze vgl. Kapitel 2.4.

sei unbegründet angesichts einer GFZ von 3,0 in der gesamten Münchner City beziehungsweise von 4,0 in Paris und London (SenStadtUm 1991: 9). Obwohl keine Baumassenstudie angefertigt wurde (Abgeordnetenhaus 16.05.1990: 41), wurden in verschiedenen Zusammenhängen Vergleiche angestellt, um das Ausmaß des Daimler Benz-Vorhabens zu verdeutlichen: das „Doppelte des Steglitzer Kreisels" (AL 06.04.1990), das „dreieinhalbfache des Reichstagsvolumens", das „Vierfache des Europacenters" (Abgeordnetenhaus 16.05.1990: 41) beziehungsweise das „fünffache des Springer-Konzerns an der Kochstraße" (Stadtplaner/innen u.a. 12.05.1990). Die Tragfähigkeit der Baumasse sollte letztlich im städtebaulichen Wettbewerb nachgewiesen werden, und wenn der Anspruch des Konzerns nicht realisierbar sei, so die Meinung der AL, dann müsse „eben etwas kleiner" gebaut werden (Schramm 09.04.1990, SenStadtUm 29.03.1990). Das Unternehmen war dazu allerdings keineswegs bereit. In einem Brief an SenStadtUm in Vorbereitung der Wettbewerbsausschreibung wies Daimler Benz darauf hin, dass im Kaufvertrag „ausdrücklich die Möglichkeit auch einer höheren BGF" als ursprünglich geplant vorgesehen sei (Daimler 18.01.1991).

Der Senat beschloss in seiner Sitzung am 10. April 1990, dass eine Bebauungsdichte von 4,4 bis 5,1 zulässig sei, wobei allerdings ein „Höchstmaß an baulicher Dichte für Berliner Verhältnisse" erreicht sei (Senat 10.04.1990). In der Ausschreibung zum städtebaulichen Wettbewerb 1991 sollte nach Meinung des politisch-administrativen Systems die GFZ bei 3,5 bis 5,5 liegen (SenStadtUm 1991a: 25), während die Investoren hingegen eine GFZ von 5,0 bis 6,0 forderten (ebd.: 37).[102] Der preisgekrönte Entwurf von Hilmer und Sattler enthielt eine Bebauungsdichte von durchschnittlich 5,2 GFZ, wobei die Wettbewerbsjury allerdings eine „Verringerung der Baumassen" empfahl (SenStadtUm 04.10.1991). Trotzdem verkündete Daimler Benz, die sich aus dem Preisträgerentwurf ergebende höhere Nutzungsfläche sei für sie die „Grundlage für die weitere Planung" (Daimler 26.11.1991). Da von der Baudichte beziehungsweise der Nutzungsfläche aus Sicht der Investoren die Rentabilität ihrer Projekte abhing, bezog sich besonders Daimler Benz in dem Streit um einen erhöhten Wohnanteil im Dezember 1991 auf den prämierten Entwurf, um eine höhere Baudichte zu erreichen (vgl. Kapitel 2.5). Der Kompromiss im Senatsbeschluss vom 10. Dezember 1991 bestand in einer Geschossflächenzahl von durchschnittlich 5,0 (Senat 12.12.1991).

Die Frage der Bebauungsdichte hing notwendigerweise mit der Bebauungsform zusammen, das heißt zum Beispiel, wie hoch gebaut wird oder werden muss, um die gewünschte Nutzungsfläche unterzubringen. Bereits im Januar 1990 wies SenBauWohn darauf hin, dass sich aus der „relativ großen

---

[102] Auf den historischen Zustand bezugnehmend, lag die GFZ auf dem Grundstück Haus Vaterland sogar bei über 7,0 (Kupsch 01.11.1991).

Baumasse Probleme ergeben" könnten und die „Einführung von erheblichen unnötigen städtebaulichen Maßstabsbrüchen" vermieden werden müsse, denn dies würde „nicht nur in Berlin-West auf Widerstand stoßen" (SenBauWohn 1990: o. S.). Und tatsächlich wurden bereits 1990 Hochhausentwicklungen von verschiedenen Akteuren abgelehnt. SenStadtUm lehnte eine „extreme Höhenentwicklung" ab, da befürchtet wurde, dass „dies negativ auf den Leipziger Platz einwirkt (etwa wie das Welthandelszentrum an der Friedrichstraße auf das Lindenforum)" (SenStadtUm 28.02.1990). Der Koordinierungsrat und Magistrat wiederum forderten, eine Höhenbegrenzung für das Wettbewerbsgebiet vorzuschreiben und von „neuen Höhenakzenten" über die Traufe der Staatsbibliothek bis zum Landwehrkanal abzusehen, um „Überschneidungen im Blickfeld vom Kulturforum zu vermeiden" (Koordinierungsrat 29.03.1990, SenBauWohn 02.04.1990).

In der Wettbewerbsausschreibung 1991 hingegen bekannte der SenStadtUm, dass die Frage der Dichte und „damit z. T. auch der Höhe [...] in der Diskussion offen geblieben" sei (SenStadtUm 1991a: 3). Die WettbewerbsteilnehmerInnen sollten sich an der „aus gesamtstädtischer Sicht wünschbaren Zentralität des Platzes" orientieren (ebd.), wobei allerdings „die Problematik der Dichte nicht Gradmesser einer städtebaulichen Aussage" werden dürfe, „sondern immer im Kontext mit einer Stadtidee stehen" müsse (ebd.: 25). Ebenso sollten „auch Höhenentwicklungen und Dichte im Zusammenhang mit den tatsächlichen Nutzungen" entworfen werden (ebd.: 26). Dies betonten auch die Investoren in ihrer Stellungnahme zur Ausschreibung: Eine variable Bebauungsdichte sei entsprechend der „unterschiedlichen individuellen Nutzungsmischungen" zu befürworten, denn es würden „auf ihren Grundstücken sowohl niedere, wie auch hohe Bebauung" benötigt (ebd.: 35). Sie wünschten „im Rahmen einer koordinierten Gesamtkonzeption eine signifikante, firmenspezifische Eigenständigkeit und architektonische Qualität für ihre Developments" (ebd.: 35). Entscheidend für den Erfolg oder Misserfolg der Planung und des Gebiets sei die Balance zwischen Funktion und Masse (ebd.: 35). Für Rogers war die Frage der Bebauungsdichte weniger entscheidend, wenn „die Schaffung hoher urbaner Dichte mit vielfältigen und kleinteilig gegliederten Nutzungen" mit der Entwicklung stadtökologischer Orientierungen korrespondiere (RRP 1991a: o. S.).

Die städtebauliche Quadratur des Kreises bestand darin, die in den Kaufverträgen von Daimler Benz und Sony festgelegten und in der Wettbewerbsausschreibung genannte Nutzungsfläche und die damit zusammenhängende hohe Baudichte in Einklang zu bringen mit den Prämissen des politisch-administrativen Systems nach *traditioneller Berliner Traufhöhe*.[103]

[103] Der Architekt Hans Kollhoff bemerkte dazu, dass selbst wenn das gesamte Gelände in Traufhöhe „zugepflastert" würde, es dennoch zwei Hochhäuser bräuchte, um die von den Investoren vertraglich festgelegte Nutzungsfläche unterzubringen (Stegers 1993: 05.09.1991).

Obwohl der Entwurf von Hilmer und Sattler aufgrund seiner Orientierung am Berliner Stadtbild ausgewählt wurde, orientierte er sich, wegen der großen unterzubringenden Nutzfläche, an *keiner* Stelle an der *traditionellen Berliner Traufhöhe* von etwa 21 Metern mit fünf Geschossen zuzüglich Dachgeschoss. Stattdessen wurde eine *neue* Traufhöhe von 35 m mit 10 Geschossen geschaffen (Hilmer & Sattler 1991: o. S.), die das politisch-administrative System fortan als Richtschnur – vor allem gegenüber den Investoren – anlegte (SenStadtUm 16.12.1991, Senat 12.12.1991). Im Ergebnisprotokoll der Preisrichtersitzung wurde entsprechend kritisiert, dass die Höhe der Blöcke und „ihre weitgehende regelmäßige, symmetrische Anordnung" besonders in Bezug auf die angrenzenden Stadtquartiere „etwas kolossal" wirke müsse (SenStadtUm 1991c: 8). Ein Vertreter von Sony bemängelte in der Überarbeitungsphase, dass der Entwurf von Hilmer und Sattler zunächst keine Höhenangaben für die Geschosse enthalten habe und erst nach Abschluss des Wettbewerbs plötzlich die neue Traufhöhe verkündet wurde (Sony 03.12.1991). Darüber hinaus bezeichnete er die Traufhöhe von 35 m als „klassische Mogelpackung", denn 10 Geschosse würden eine Höhe von 42 m bedeuten (ebd.). Bei den Gesprächen mit dem Senat habe es auf diesen Hinweis hin „erst ein allgemeines Wackeln des Kopfes" gegeben und dann sei die Höhe „plötzlich auf 9 Geschosse zurückgenommen" worden (ebd.). Er beklagte, dass „der Sattler Plan auch hier immer dann modifiziert [wird], wenn es in die Ideologie paßt, niemals wenn wir etwas vorschlagen" (ebd.). Unabhängig von der üblichen Höhe eines Geschosses, das je nach Nutzung und besonders den Präsentationswünschen des Bauherren variieren kann, ist an dieser Stelle bemerkenswert, dass dem politisch-administrativen System daran gelegen war, an der verkündeten *neuen* Traufhöhe festzuhalten, auch wenn diese die traditionelle Berliner Traufhöhe überstieg. Dies kann als Positionierung gegenüber den Investoren angesehen werden, denn eine Reduktion der Geschosszahl hätte in Konflikt mit der unterzubringenden Nutzungsfläche gestanden. Am Ende des Verhandlungsprozesses blieb es bei der *neuen* Traufhöhe, mit dem Kompromiss, diese um „zurückgesetzte Staffelgeschosse unter Einhaltung des 60 Grad-Winkels" zu erhöhen (Senat 12.12.1991, SenStadtUm 16.12.1991).[104]

Es ist darüber hinaus anzumerken, dass der Entwurf von Hilmer und Sattler neben einer überwiegend 10-geschossigen Bebauung auch weit höhere Häuser vorsah. So waren entlang der Linkstraße eine „14-geschossige Zeile" und am Lenné-Dreieck „12-geschossige Türme zum Tiergarten" vorgesehen sowie 14- beziehungsweise 17-geschossige Ecktürme am Potsdamer Platz (SenStadtUm 1991c: Anlage 1). Die Höhe der letzteren sollte 70 Meter betragen (SenStadtUm: 13.12.1991).

---

[104] Diese Art von Erhöhung würde laut Senat „den Straßenraum nicht beeinflussen", weil sie als Vollgeschosse nicht wahrnehmbar wären (Senat 12.12.1991).

Indem das politisch-administrative System diese Pläne favorisierte und verteidigte, gelang ihnen die städtebauliche Quadratur des Kreises: Die 10-geschossige Bebauung wurde zur *neuen* Berliner Traufhöhe ernannt, obwohl ein Gebäude mit zehn Geschossen durchaus als Hochhaus gilt und auf jeden Fall die typischen Berliner Altbauten um fünf Etagen übersteigt. Außerdem wurde argumentiert, dass „Hochhauslösungen" nur in anderen Stadträumen Berlins „adäquat" seien (SenStadtUm 16.10.1991), aber gleichzeitig eine bis zu 70 Meter hohe Bebauung am Potsdamer Platz befürwortet.

Die städtebauliche Form – ein Scheingefecht

Die Paradoxie in der Argumentation des politisch-administrativen Systems und die, trotz faktischer Hochhausplanung im Entwurf von Hilmer und Sattler, anhaltende Forderung der Investoren nach *Flexibilität in der Höhe* legen nahe, dass die Auseinandersetzungen um die städtebauliche Form ein Scheingefecht war.

Für das politisch-administrative System erfüllte der Entwurf von Hilmer und Sattler das Ziel der Wieder-Herstellung der ursprünglichen städtebaulichen Form. Die Abweichungen und Mängel wurden hingegen zunächst als irrelevant betrachtet oder nicht wahrgenommen. Die Wieder-Vereinigungs-Funktion, bei der der Potsdamer Platz als Bindeglied fungieren sollte, erfüllte der Entwurf ebenfalls, da er nach Meinung des politisch-administrativen Systems auf Hochhäuser verzichtete. Denn diese würden den Potsdamer Platz als ‚Super- oder Hyperzentrum' weithin sichtbar machen. Es bestand der Wunsch, ein Zentrum der Stadt zu schaffen, das als solches städtebaulich nicht erkennbar sein sollte. Eine „Lösung innerhalb einer mehr oder weniger klassischen Morphologie der Stadt" (SenStadtUm 1991c: 7) galt als Garantie, dass das Gebiet nicht zu einem „Experimentierfeld" würde (SenStadtUm 07.10.1991).

Die Diskussion des Preisgerichts am Ende des ersten Jury-Tages verdeutlicht dies, als zunächst ausgeschiedene Entwürfe erneut begutachtet wurden.

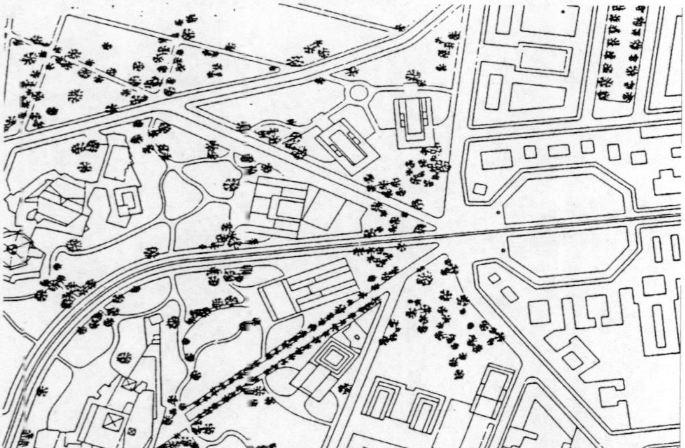

Abb. 9: Grundrissplan Prof. Hans Kollhoff, Berlin (SenStadtUm 1991c: Anlage 1)

Das vorzeitige Ausscheidung des Entwurfes von Hans Kollhoff wurde „als Versuch gewertet, der Hochhaus-Frage auszuweichen, ohne mögliche Vorteile einer Konzentration abschließend zu untersuchen und die Bedeutung von ‚Dichte' auszudiskutieren" (SenStadtUm 1991c: Anlage 1). An dem Entwurf von Kollhoff sind zwei Dinge auffällig, die zu seinem Ausscheiden führen *mussten*: Zum einen wurde das traditionelle, historische Stadtbild in Bezug auf die Blockbebauung völlig ignoriert und zum anderen wären die solitären Hochhäuser weithin sichtbar. Damit war der Entwurf im Hinblick auf Unauffälligkeit, im Sinne eines Sich-Einfügens in die bestehenden Stadthälften völlig ungeeignet.

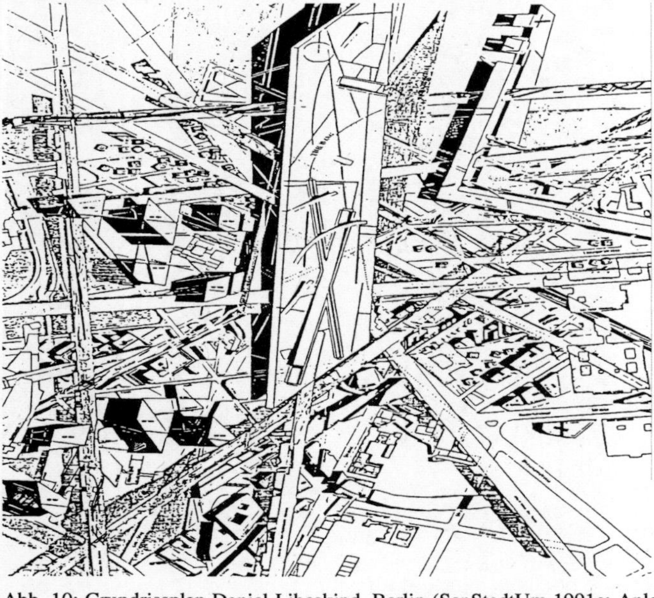

Abb. 10: Grundrissplan Daniel Libeskind, Berlin (SenStadtUm 1991c: Anlage 1)

Der zweite, erneut diskutierte Entwurf von Daniel Libeskind stelle „einen absolut beeindruckenden Versuch dar, den Gedanken des Zentrums neu zu beleben“ (SenStadtUm 1991c: Anlage 1). Diese Intention des Entwurfes dürfte das Letzte gewesen sein, was das politisch-administrative System wollte, denn die Definition des Potsdamer Platzes als Zentrum stand bereits fest und eine Diskussion darüber sollte vermieden werden.

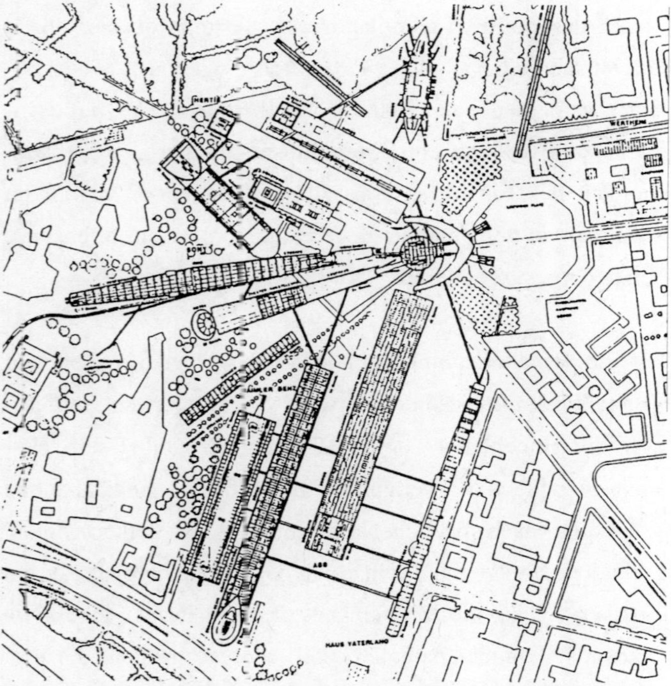

Abb. 11: Grundrissplan William Alsop und Jan Störmer, London/Hamburg (SenStadtUm 1991c: Anlage 1)

Der dritte, zunächst ausgeschiedene Entwurf von William Alsop sah zwar Hochhäuser vor und ignorierte ebenfalls die historischen Bezüge, aber er „schlage die überzeugendste Lösung für einen extrem vielschichtigen Komplex vor, indem er die Möglichkeit einer kompromisslosen *Verbindung* zwischen Friedrichstraße und Kulturforum zeige" (SenStadtUm 1991c: Anlage 1, Hervorhebung gs). Diese intendierte Möglichkeit einer *Verbindung*, die sich mit den Vorstellungen und Zielen des politisch-administrativen Systems deckte, dürfte ihm letztendlich auch den vierten Preis eingebracht haben.
Die, gemessen an den Vorstellungen des politisch-administrativen Systems, verhältnismäßig geringen Abweichungen des Entwurfes von Hilmer und Sattler waren, im Vergleich zu den anderen eingereichten Arbeiten, offensichtlich leicht zu akzeptieren.

Für die Investoren mit ihren oben dargelegten Zielen und Vorstellungen, musste der Entwurf von Hilmer und Sattler – trotz der Hochhäuser – grundlegend inakzeptabel sein. Erstens widersprach die weitgehend gleichförmige Bebauung den Wünschen nach baulicher Präsentation der Unternehmen. Zudem vereitelte die Freihaltung von Bebauung direkt am Potsdamer Platz die Möglichkeit, dass die Firmen eine *erste Adresse* bekommen konnten, und drittens machten die entworfenen Blöcke die Anlage einer Piazza unmöglich. Diese Aspekte mögen schwerer gewogen haben als die Tatsache, dass der Entwurf mehr als die gewünschte Nutzungsfläche sowie eine höhere GFZ vorsah.

Dabei hatten die Investoren beziehungsweise Daimler Benz bereits frühzeitig versucht, ihre Vorstellungen städtebaulich durchzusetzen. Für 1990 ist besonders die Übereinstimmung von SenBauWohn und Daimler Benz interessant. SenBauWohn hielt im Januar 1990 „hohe Turmhäuser an einer geeigneten Stelle" durchaus für möglich, wobei besonders auf dem südlichen Teil des Geländes gegebenenfalls sogar das höchste Turmhochhaus in Berlin – analog zur Landespostdirektion – vorstellbar war (SenBauWohn 1990: o. S.). Am 10. April 1990 beschloss dann der Senat, dass eine „eventuelle erforderliche Hochhausentwicklung [...] tendenziell im Süden des Grundstückes, am Landwehrkanal" möglich erscheine (Senat 10.04.1990, SenBauWohn 02.04.1990). In diesem Punkt einvernehmlich, betonte der Repräsentant von Daimler Benz in der Ausschusssitzung für Stadtplanung und -entwicklung am 6. Juni 1990, dass sich eine hohe Bauweise im Süden des Gebiets „wohl gut [...] in die Linie von Postgiroamt bis zum Europa-Center" einbinden würde (Abgeordnetenhaus 06.06.1990: 5).

SenBauWohn befürwortete im Januar 1990 die Beibehaltung der traditionellen Berliner Traufhöhe, räumte allerdings die Möglichkeit von „Eckbetonungen" ein (SenBauWohn 1990: o. S.). Im Juni erklärte der Daimler Benz-Vertreter, dass vorbehaltlich der Wettbewerbsergebnisse die Bebauung so gestaltet sei könnte, dass „ausgehend vom Potsdamer Platz und der traditionellen Bauhöhe [...] eine ansteigende Bauweise hin zum Reichpietschufer" bevorzugt würde (Abgeordnetenhaus 06.06.1990: 5).

An diesen beiden Punkten wird deutlich, dass SenBauWohn und Daimler Benz 1990 gleiche Interessen und Vorstellungen vertraten. Darüber hinaus verlieh Daimler Benz 1991 in Kooperation mit den anderen Investoren seinen Vorstellungen Nachdruck, indem Richard Rogers für einen städtebaulichen Entwurf beauftragt wurde. Dieser enthält unter anderem exakt die ein Jahr zuvor geäußerten Vorstellungen von Daimler Benz und SenBauWohn.

Die Beauftragung von Rogers war ein Versuch der Investoren, jenseits der formalen Verhandlungsstrukturen ihre Vorstellungen durchzusetzen. Gleichzeitig wurde auch der formelle Rahmen genutzt, denn Rogers präsentierte die Ideen seines Entwurfes noch vor der Wettbewerbsausschreibung im Mai 1991 im Stadtforum (RRP 1991: o. S.).

Außerdem versuchten die Investoren, Einfluss auf die Teilnehmenden des Wettbewerbs auszuüben, indem sie im Anhang zur Ausschreibung eine gemeinsame Stellungnahme unterbrachten, die im Wesentlichen den Vorgaben des Senats entgegenlief (SenStadtUm 1991a: 34f.). Darüber hinaus hatte

Daimler Benz seine Vorstellungen vor der Wettbewerbsauslobung nochmals schriftlich den Teilnehmenden direkt mitgeteilt (Daimler 28.06.1991).

Besonders die informellen Versuche der Einflussnahme dürften ein Resultat davon sein, dass die Investoren nicht bei der Auswahl der Teilnehmenden einbezogen waren, beziehungsweise in der Vorbereitung des Wettbewerbs das politisch-administrative System nicht mit den Investoren kooperierte. Aufgrund dieses Ausschlusses ist auch denkbar, dass die Investoren letztlich jeden Preisträger des Wettbewerbs abgelehnt hätten.

Das politisch-administrative System setzte jedoch seine Interessen mit der Entscheidung des Wettbewerbs für den Entwurf von Hilmer und Sattler durch. Die Zusammensetzung der Jury war fast paritätisch mit acht Fach- und sieben SachpreisrichterInnen[105] besetzt und das Abstimmungsverhältnis

---

[105] Fachpreisrichter: Thomas Sievers (Stadtplaner, Bonn), Jürgen Sawade (Architekt, Berlin), Gustav Peichl (Architekt, Wien), Rem Koolhaas (Architekt, Rotterdam), Kurt Forster (Kunsthistoriker, Santa Monica), Bruno Flierl (Bauhistoriker, Berlin), Maria Auböck (Landschaftsarchitektin, Wien), Hans Stimann (Senatsbaudirektor, Berlin);
Sachpreisrichter: Volker Hassemer (Senator für Stadtentwicklung und Umweltschutz), Wolfgang Nagel (Senator für Bau- und Wohnungswesen), Ingo Schmitt (Staatssekretär, Senatsverwaltung für Verkehr und Betriebe), Barbara Jakubeit (Präsidentin der Bundesbaudirektion), Benno Haase (Bezirksbürgermeister Berlin Mitte), Wolfgang Naujokat (Bezirksbürgermeister Berlin-Tiergarten), Erika Romberg (Baustadträtin Berlin Kreuzberg).
Rem Koolhaas verließ vor der Abstimmung die Sitzung. An seiner Stelle wurde Hilde Leon (Architektin, Berlin) als Preisrichterin eingesetzt (SenStadtUm 1991b: o. S.).

für den Entwurf von Hilmer und Sattler fiel mit 11 zu 4 Stimmen eindeutig aus (SenStadtUm 04.10.1991). Beachtenswert ist allerdings, dass alle acht VertreterInnen des politisch-administrativen Systems geschlossen für den Entwurf gestimmt (SenStadtUm 07.10.1991). Das bedeutet, dass von den sieben FachpreisrichterInnen nur drei für den Entwurf beziehungsweise vier *dagegen* stimmten![106]

Die Entwürfe von Hilmer und Sattler sowie Rogers spielten in dem Gefecht um die städtebauliche Form die bedeutsamste Rolle: Sie sollten der materiale Beweis für die bauliche Realisierung der jeweiligen Ziele und Vorstellungen sein. In dieser Funktion wurden die Entwürfe als völlig unterschiedlich konstruiert, was sie bei näherer Betrachtung nicht unbedingt waren:
Beide Entwürfe nahmen das historische Straßenraster zum Ausgangspunkt für ihre jeweilige Blockbebauung. Beide gestalteten den Kreuzungsbereich zwischen Leipziger und Potsdamer Platz so, dass letzterer städtebaulich erstmals einen definierten Platz darstellte. Ebenso rekonstruierten sie den Leipziger Platz als Oktagon. Rogers sah darüber hinaus am Potsdamer Platz die traditionelle Berliner Traufhöhe vor, wie es das politisch-administrative System für den Entwurf von Hilmer und Sattler beanspruchte (vgl. SenBauWohn 14.10.1991).

[106] Hans Stimann war zwar Fachpreisrichter, gehörte jedoch dem politisch-administrativen System an.

Unterschiede bestanden darin, dass Hilmer und Sattler in jedem Block eine gemischte Nutzung vorsahen, während Rogers in den einzelnen Blöcken jeweils verschiedene Nutzungen, jedoch alle Nutzungsbereiche zusammen auf den einzelnen Grundstücken der Investoren unterbrachte. Die zunächst unterschiedlich erscheinende Gestaltung des öffentlichen Raumes wird dadurch relativiert, dass beide Entwürfe *öffentliche* Blockstraßen und einen Freiraum auf dem Gelände des ehemaligen Potsdamer Personenbahnhofs auswiesen. In Bezug auf die Form der Blöcke und *höheren* Häuser unterschieden sich die beiden Entwürfe jedoch wesentlich. Der Entwurf von Hilmer und Sattler sah weitgehend eine gleichmäßige Höhenverteilung mit Höhenakzenten am Potsdamer Platz vor, wodurch der Platz zum *Höhe*punkt wurde. Dem gegenüber sah der Entwurf von Rogers „das Prinzip der Höhenstaffelung ausgehend vom Potsdamer Platz" vor, bei dem von innen nach außen die Gebäudehöhe ansteigt (RRP 1991: o. S.). Der Platz selbst wird nicht durch seine Höhe akzentuiert, sondern durch aufsteigende Höhe von innen nach außen. Dadurch wird das Planungsgebiet in sich geschlossen und durch die Hochhäuser an der Radialen geschützt, die gleichzeitig eine Barriere zum umgebenden Stadtgebiet darstellen. Die Anordnung der Hochhäuser kann als relevanter Unterschied zwischen den Entwürfen angesehen werden. Und weil darüber und damit in den Auseinandersetzungen die verschiedenen Vorstellungen und Ziele der Akteure transformiert wurden, mussten die Entwürfe insgesamt so divergent konstruiert werden. Doch eigentlich war dies ein Scheingefecht.

2.4 Erwerbsarbeit: Gegenseitige Legitimation

„Noch nie zuvor implantierte man in ein vorhandenes Stadtgefüge
zwei Komplexe mit je rd. 50.000 Arbeitsplätzen
am Potsdamer/Leipziger Platz"
Wolfgang Branoner
(SenStadtUm 09.12.1991).

Das Thema Erwerbsarbeit und die Schaffung von neuen Arbeitsplätzen waren im ersten Halbjahr 1990 während der Grundstückskaufverhandlungen zwischen Daimler Benz und dem politisch-administrativen System von zentraler Bedeutung.

Für die prognostizierte Einwicklung Berlins zur Metropole von Weltrang galt einhellig die möglichst zügige Wandlung von der Industrie- zur Dienstleistungsstadt und -gesellschaft als Garant für den wirtschaftlichen Erfolg. Das Interesse von Daimler Benz am Potsdamer Platz, ein Dienstleistungszentrum mit – zunächst genannten – 8.000 Arbeitsplätzen zu bauen, entsprach daher den Vorstellungen des politisch-administrativen Systems und kann als – öffentlich propagiertes – Ausgangsargument für die Planung angesehen werden.

2.4.1 Dienstleistungskonzentration

Euphorisch wurde 1990 prognostiziert, dass Berlin bis spätestens 2010 eine „Funktion als überregionales bedeutendes Wirtschaftszentrum“ übernehmen werde (SenBauWohn 1990: o. S.), dessen Arbeitsmarkt „in 20 Jahren von den Anforderungen einer Dienstleistungsmetropole mit einer nach wie vor starken Industriebasis geprägt“ sein würde (Einem 1990: 5/6). Überzeugt, dass der Umzug von Parlament und Ministerien von Bonn nach Berlin beschlossen würde und damit auch politische Entscheidungsmacht mit sich bringe,[107] wurde davon ausgegangen, dass sich sowohl ausländische Botschaften, Parteien und Interessenverbände als auch die Hauptsitze von Wirtschaftsunternehmen in Berlin ansiedeln würden. Ferner wurde eine „Entwicklung als Finanz- und Bankenplatz“ vorausgesagt, denn die Bundesbank müsse – „wie gesetzlich vorgeschrieben“ – nach Berlin zurückkehren (Einem 1990: 2).[108] Der vormals „alte Nachteil der Insellage“ würde nun zum Vorteil, weil Berlin die „östlichste Großstadt mit westlicher Orientierung“ und damit ein „attraktiver Industriestandort zur Erschließung osteuropäischer Märkte“ sei (Einem 1990: 7). Die Möglichkeiten des Ost-West-Handels würden durch die Öffnung des europäischen Binnenmarktes 1992 noch befördert. Der rasche Vollzug des notwendigen Wandlungsprozess von der produzierenden zur

---

[107] Der Hauptstadtbeschluss des Bundestages erfolgte erst am 20.06.1991 mit knapper Mehrheit.
[108] Dies geschah allerdings nicht.

Dienstleistungsgesellschaft würde den „Wachstum der in West-Berlin bisher unterrepräsentierten produktionsorientierten, distributiven und konsumorientierten Sparten“ mit sich bringen (SenBauWohn 1990: o. S.).
Vollmundig wurde prophezeit, dass sich der bisher verzögerte wirtschaftliche Strukturwandel und die Entwicklung Berlins zur politischen, kulturellen und wirtschaftlichen Metropole „in den kommenden Jahren Bahn [brechen werde] in einer rasanten Expansion des Dienstleistungssektors“, der „der eigentliche Motor der Beschäftigungsentwicklung“ sei (Einem 1990: 7).[109]

Entsprechend „uneingeschränkt begrüßt und unterstützt“ (SenBauWohn 1990: o. S.) wurde von SenBauWohn im Januar 1990, dass Daimler Benz zur Errichtung eines Dienstleistungszentrums „für die Standorte im Zentralen Bereich *Aufgeschlossenheit*“ zeige (ebd., Hervorhebung gs). Die Stadt Berlin war schließlich „darauf angewiesen, neue, hochwertige Arbeitsplätze zu schaffen (SenStadtUm 27.06.1990), und mit dem Ansiedlungsvorhaben von Daimler Benz wurde davon ausgegangen, dass mehrere „tausend Arbeitsplätze in attrakti-

---

[109] Besondere Wachstumserwartungen wurden in den Bereichen Groß- und Einzelhandel, Nachrichten und Verkehr, freizeitbezogene Dienste, insbesondere Reisebüro, Hotel, Restaurant, Kunst- und Kultur, Unterhaltung und Sport, produktionsbezogene Dienstleistungen, insbesondere Rechts-, Steuer- und Unternehmensberatung, Management, Werbung und Marketing, Technik, EDV und Software, Banken, Versicherungen, Immobilien, Verwaltungsdienste (Wirtschaft, Staat und Verbände) und Finanzierung vorausgesagt (Einem 1990: 7).

ven Berufen“ im Dienstleistungsbereich entstehen würden (AL 06.04.1990).

Für die im Juli 1990 zu gründende Daimler Benz-Tochter debis Interservices waren diese im Bereich Systemhaus (EDV-Leistungen, Hard- und Software), Finanzdienstleistungen, Versicherung, Handels- und Maklergeschäfte, Marketing Services sowie „weiterer wichtiger Konzerndienstleistungen“ vorgesehen, ergänzt um nicht näher erläuterte Dienstleistungsarbeitsplätze durch Fremdvermietung (SenFin 09.04.1990, Abgeordnetenhaus 06.06.1990: 24, 42). Erwähnt wurde von Daimler Benz auch der Hauptsitz für die Vertriebsorganisation für PKWs und Nutzfahrzeuge für die DDR (Abgeordnetenhaus 06.06.1990: 43), der allerdings in der Folgezeit nicht mehr erwähnt wurde. Auch das Vorhaben, am Potsdamer Platz ein Forschungszentrum zu errichten und die Forschungsaktivitäten besonders auf dem Gebiet der Verkehrsforschung anzusiedeln beziehungsweise auszubauen (SenStadtUm 12.03.1990, Daimler 01.06.1990, Abgeordnetenhaus 06.06.1990: 25), wurden nicht mehr thematisiert.

Ab 1991 beschlossen auch die anderen Investoren, jeweils die Hauptniederlassung ihrer Unternehmen am Potsdamer Platz anzusiedeln und nicht selbst genutzte Flächen an andere Firmen zu vermieten (vgl. RRP 1991: o. S.). Letztlich wurden 1994 festgesetzt, dass 50 Prozent der gesamten Bruttogeschossfläche für Büroarbeitsplätze zur Verfügung stehen

sollten (SenBauWohn 1994: 1). Eine Anzahl der Arbeitsplätze wurde für diesen, wie auch für die folgenden Bereiche, allerdings nicht angegeben.
Der zweitgrößte Anteil war mit 20 Prozent der Gesamtnutzungsfläche für den Bereich *Handel* vorgesehen (ebd.). Einzelhandelsarbeitsplätze sollten im Bereich Leipziger Platz und Leipziger Straße im Hertie/Wertheim-Kaufhaus (SenBauWohn 02.04.1990, Gruppe Planwerk 11.06.1990) sowie in mehreren Passagen und „Einzelhandelsobjekten" entstehen (SenStadtUm 13.06.1990, Senat 1994: 139). Am Potsdamer Platz waren ein weiteres Großkaufhaus und ebenfalls Passagen sowie Spezialwarenhäuser, kleinere Fachgeschäfte und Einkaufsgalerien eingeplant (Gruppe Planwerk 11.06.1990, SenStadtUm 13.06.1990, SenFin 13.06.1991, RRP 1991: o. S.).[110]

Darüber hinaus sollten auch fünf bis zehn Prozent der Gesamtnutzungsfläche „urbane öffentliche und private Dienstleistungen beherbergen" (SenStadtUm 12.03.1990, SenBauWohn 1994: 1). Entsprechend würden auf allen Grundstücken Arbeitskräfte in gastronomischen Einrichtungen wie Cafés, Restaurants, Biergärten, Bars sowie Hotels benötigt (SenBauWohn 02.04.1990, SenStadtUm 13.06.1990, SenFin 13.06.1991, Daimler 28.06.1991, RRP 1991: o. S.). Arbeitsplätze in kulturellen Einrichtungen würden in Kinos,

[110] Zur Zuordnung dieser und der folgenden Einrichtungen zu den einzelnen Investorengrundstücken vgl. Kapitel 2.2.

Galerien, Ausstellungsräumen und in einem Cabaret oder Musicaltheater sowie in nicht näher erläuterten, „Kultur- und Unterhaltungseinrichtungen" entstehen (SenBauWohn 02.04.1990, SenFin 13.06.1991, Daimler 28.06.1991). Erwähnt wurden außerdem Freizeit- und Fortbildungsmöglichkeiten sowie ein Sport- und Freizeitzentrum (SenStadtUm 13.06.1990, Daimler 28.06.1991). Nicht genauer zuzuordnen sind Arbeitsplätze in den „zentrale[n] Einrichtungen und Institutionen der Wirtschaft und Gesellschaft" (Senat 1994: 19) und den, sich aus der Nähe zu den zukünftigen Regierungsstandorten ergebenden „zugehörigen Dienstleistungsfunktionen (Hauptstadtfunktion)" (ebd.: 22).

Beachtenswert ist, dass bei der Planung des Gebietes die zu schaffenden Arbeitsplätze insgesamt nur indirekt thematisiert wurden. Nur aufgrund der prozentualen Flächennutzung und der auf diesen Flächen geplanten Einrichtungen lassen sich Rückschlüsse auf die Arbeitsplätze ziehen. Allerdings wurden nur privatwirtschaftliche Arbeitsplätze erwähnt, während (zumeist) staatliche Einrichtungen wie Schulen erst 1994 im Festsetzungsbeschluss genannt wurden. Einrichtungen der sozialen Infrastruktur, die bei der Errichtung eines neuen *Stadtviertels* benötigt werden und überwiegend Frauenarbeitsplätze sind, blieben im Planungsprozess bis Ende 1991 unerwähnt. Lediglich Daimler Benz nahm darauf indirekt Bezug, indem Flächen für einen Kinderhort und Kindergarten eingeplant wurden (Daimler 28.06.1991). Erst im Festsetzungsbeschluss von 1994 fanden Flächen für Spiel- und Sportstätten sowie Schulen und Kindertagesstätten Eingang in die Planung (Senat 1994: 47) – wiederum jedoch ohne die damit verbundenen Arbeitsplätze zu benennen.

Festzuhalten bleibt, dass seit Beginn der Planung Einigkeit zwischen Investoren und dem politisch-administrativen System bestand, im Planungsgebiet ausschließlich Dienstleistungsarbeitsplätze anzusiedeln. Auch von der Öffentlichkeit und den Medien wurde dies zu keinem Zeitpunkt in Frage gestellt. Lediglich über den Umfang und das Verhältnis der einzelnen Dienstleistungen und der Arbeitsplätze zueinander gab es im Zusammenhang mit den Verhandlungen über die Nutzungsmischung zuweilen Dissens (vgl. Kapitel 2.2).
Der Konsens über die ausschließliche Konzentration auf Dienstleistungen spiegelt die, in den 1990er Jahren verstärkte weltweite Entwicklung der westlichen Industriegesellschaften zu Informations- und Dienstleistungsgesellschaften und damit zu „neuen Dienstleistungsstädten" wider (Frank 1998: 343). Die gewünschte Entwicklung Berlins zur Metropole und Weltstadt, dessen wesentlicher Schritt der Dienstleistungskomplex am Potsdamer Platz sein sollte, fügte sich in den globalen Trend der Entstehung von neuen, heterogenen und konkurrierenden Direktionszentren ein. Denn im „weltweiten ‚space of flows' von Geld, Information und Menschen bilden sich hierarchisch geordnete Knotenpunkte heraus, in denen Macht-, Steuerungs- und Kontrollfunktionen unterschiedli-

cher (globaler, nationaler oder regionaler) Reichweite strategisch gebündelt werden" (ebd.: 344, vgl. Sassen 1996).

Abwertung anderer Beschäftigungszweige

Bei der Planung des Potsdamer/Leipziger Platzes ist festzustellen, dass Industriearbeitsplätze grundsätzlich ausgeschlossen und Handwerksarbeitsplätze nicht erwähnt wurden. Dies bestätigt den weltweiten Trend, bei dem die Konzentration auf Dienstleistungen mit einer Abwertung anderer Beschäftigungszweige einhergeht (vgl. Sassen 1996).

In der erwähnten Prognose zur künftigen wirtschaftlichen Entwicklung Berlins wurde darauf hingewiesen, dass „Berlin in erster Linie Chancen als Standort hochwertiger Konsum- und Investitionsgüter [...], irgendwo zwischen standardisierbarer Massenfertigung niedriger Qualität und technikintensiver, spezialisierter und flexibler Präzisionsfertigung" habe, die eine Qualifikationsmischung verlange, die dem „Berliner Arbeitsmarkt besser entspricht als jeder andere Standort östlich von Oder und Neiße" (Einem 1990: 7). Im Planungsprozess des Potsdamer Platzes wurden diese Chancen nicht aufgegriffen, denn produzierendes Gewerbe war lediglich „am S-Bahnring oder außerhalb des S-Bahnrings" (Abgeordnetenhaus 16.05.1990: 6) vorstellbar und dort „eher vielleicht an den Brachstellen, die unmittelbar neben den Gleisen liegen" (ebd.: 20).[111] Im Planungsgebiet sollten hingegen nur Dienst-

[111] Zur darin enthaltenen Hierarchisierung zwischen Zentrum und Peripherie vgl. Kapitel 2.3.

leistungsunternehmen angesiedelt werden, da diese „*sauberes* und *nichtstörendes* Gewerbe" seien (ebd.: 6, Hervorhebung gs). Der damalige Bausenator Wolfgang Nagel betonte, dass „an dieser Stelle [...] gerade diese ‚*sauberen*' Arbeitsplätze [...] im verdichteten Berlin notwendig" und erforderlich seien (SenStadtUm 1991: 7, Hervorhebung gs). Diese Einstellung bestätigte auch der Konzernrepräsentant von Daimler Benz, denn „Berlin hat uns ja immer gesagt oder sagte zur Industrie: Bringt doch keine *schmutzige* Produktion nach Berlin, sondern bringt Dienstleistungen" (Abgeordnetenhaus 06.06.1990: 61, Hervorhebung gs).

Ungeachtet stadtplanerischer Überlegungen über die Sinn- und Zweckmäßigkeit der Ansiedlung von produzierendem Gewerbe im Innenstadtbereich, sind hier besonders Genderkonstruktionen und die Abwertung bestimmter Formen von Männlichkeit in den Begründungen für den Ausschluss von Interesse: Produzierendem Gewerbe wurde in der Argumentation die Attribute *schmutzig* und *störend* zugeschrieben. Das Bild von Industriebeschäftigten wird zumeist mit Männern im Blaumann assoziiert, die in einer lauten Umgebung körperlich schwer arbeiten, schmutzverschmiert sind und meist einen geringen Bildungsstand und/oder einen Migrationshintergrund haben. Im Gegensatz dazu tragen Dienstleister Anzug und Krawatte beziehungsweise Dienstleisterinnen Kostüm und Pumps, arbeiten sitzend, haben saubere Fingernägel und verfügen über eine qualifizierte Ausbildung mit weißem Mittelschichtshintergrund (vgl. Schambach 1999). Aufgrund dieser Gegenüberstellung beziehungsweise Abgrenzung zueinander können die DienstleisterInnen am Potsdamer Platz als hegemonial männlich konstruiert angesehen werden, während andere Formen von Männlichkeit abgewertet sind. Dies geschieht nicht nur implizit, sondern auch explizit durch den räumlichen Ausschluss von produzierendem Gewerbe. Diese Konstruktion hegemonialer Männlichkeit am Potsdamer Platz ist kein Ausnahmefall, sondern entspricht Genderkonstruktionen bei der Entwicklung von der Industrie- zur Dienstleistungsgesellschaft im globalisierten Norden (vgl. Connell 1998, siehe Kapitel 1.1).

2.4.2 Anzahl der Arbeitsplätze

Das Wachstumspotential im Bereich der Handels- und Dienstleistungsarbeitsplätze wurde 1990 allgemein besonders positiv beurteilt. Während geschätzt wurde, dass die Arbeitsplätze in der Industrie mit 800.000 bis 900.000 nahezu konstant bleiben und im Bereich der sozialen Dienste (Erziehung, Gesundheit und Soziales) eine moderate Erweiterung der Beschäftigung stattfinden würde, wurde eine Zunahme der bisher unterentwickelten Handels- und Dienstleistungsbereiche bis 2010 von 1,3 auf 2,0 Millionen Arbeitsplätzen erwartet, wobei der Umzug von Parlament und Ministerien einen Zugewinn von 18.000 Arbeitsplätzen bringen würde (Einem 1990: 2, 7, Abgeordnetenhaus 02.05.1990: 8). Im Zentralen Bereich würden sich zukünftig überwiegend „zahlreiche Firmen des In- und Auslandes, vornehmlich aus dem Bereich der Datenverarbeitung und des Software-Vertriebes, der Medienkonzerne und des Banken-, Versicherungswesens“ niederlassen wollen (Abgeordnetenhaus 06.06.1990: 104). Für den Bereich Potsdamer/Leipziger Platz wurde bei einer 50-prozentigen Büroflächennutzung von 15.000 Arbeitsplätzen ausgegangen (Gruppe Planwerk 11.06.1990).

Die Schaffung von Arbeitsplätzen war das Hauptargument für das politisch-administrative System, das Ansiedlungsvorhaben von Daimler Benz zu befürworten (SenBauWohn 1990: o. S.).

Als SenBauWohn im Winter 1989 nach einem geeigneten Grundstück für Daimler Benz im Zentralen Bereich suchte, galt die vom Konzern genannte Schaffung von 8.000 Arbeitsplätzen als Grundlage für die Grundstücksgröße, zuzüglich Flächen für andere Nutzungen (SenBauWohn 1990: o. S.).[112]

Mit dieser hohen Zahl an Arbeitsplätzen warb besonders SenBauWohn bis April 1990 senatsintern wie öffentlich für den Grundstücksverkauf an den Konzern. Um so erstaunlicher ist, dass im Senatsbeschluss 959/90 vom 10. April 1990 die Schaffung eines Dienstleistungskomplexes von Daimler Benz zwar genannt und „weitere 10 % der Bruttogeschoßfläche für zusätzliche attraktive andere Nutzungen" einplant wurden, die Anzahl der zu schaffenden Arbeitsplätze aber unerwähnt blieb (Senat 10.04.1990). Noch wenige Tage vor der Senatssitzung veröffentlichte die Senatspressestelle, dass in das neue Zentrum „etwa 5.000-8.000 Beschäftige einziehen sollen, natürlich nicht nur Mitarbeiter des größten deutschen Industriekonzerns" (Senat 06.04.1990). Daimler Benz hingegen äußerte sich in einer Pressekonferenz über die Anzahl der Arbeitsplätze nicht mehr (Schramm 09.04.1990).

[112] Die von SenBauWohn ebenfalls untersuchten Gelände am Klingelhöfer- und Lenné-Dreieck wurden unter anderem aufgrund ihrer zu geringen Größe von SenBauWohn als ungeeignet verworfen (SenBauWohn 1990: o. S.).

Erst Ende Mai veröffentlichte Daimler Benz konkrete – und zwar: reduzierte – Zahlen. In einer Presseerklärung des Senats hieß es, „der Konzern habe lediglich angedacht, daß das Gebäude rund 6.000 Büroplätze beherbergen sollte [...]. Der Daimler Benz Dienstleistungsbereich, für den der Bau in erster Linie gedacht sei, würde nur maximal 3.000 Büroplätze benötigen“, während die restlichen Flächen an andere Firmen vermietet werden würden (Senat 07.05.1990). Im Juni 1990 wurde die Zahl nochmals reduziert, indem SenBauWohn in einer Sitzung der senatsinternen Steuerungsgruppe darauf hinwies, dass „zur geplanten Größenordnung von DEBIS mit nur 2.000 Arbeitsplätzen“ ausgegangen werde (Gruppe Planwerk 05.06.1990).

Eine Begründung für die Reduktion der Arbeitsplätze wurde von Daimler Benz nicht gegeben. Der Konzernrepräsentant behauptete in der Ausschusssitzung für Stadtplanung und -entwicklung am 6. Juni 1990, dass sich „die in den Medien immer wieder genannte Zahl von bis zu 8.000 Arbeitsplätzen [...] immer auf die Gesamtzahl aller Arbeitsplätze [bezog]. Um einmal eine Größenordnung zu nennen: Es könnten am Potsdamer Platz fünf- bis sechstausend Büroarbeitsplätze, dass heißt nicht gleich Daimler Benz Arbeitsplätze – ich sage: Büroarbeitsplätze – entstehen. [...] Dies wurde von uns von Anfang an auch so dargestellt“ (Abgeordnetenhaus 06.06.1990: 4). Entgegen dieser Aussage ist in der Untersuchung von SenBauWohn zum Ansiedlungsvorhaben von

Daimler Benz, die mit Sicherheit in Abstimmung mit dem Konzern erfolgte, eindeutig die Rede von 8.000 Arbeitsplätzen – eine Unterscheidung von Eigen- und Fremdbeschäftigten wurde dazu nicht vorgenommen (SenBauWohn 1990: o. S.). Unabhängig davon wurde die Gesamtzahl nochmals auf „maximal 6.000 Büroarbeitsplätze" reduziert (Abgeordnetenhaus 06.06.1990: 4). Von diesen wiederum würde „für die Ansiedlung der Daimler Benz Interservices AG und weiterer wichtiger Konzernfunktionen die Nutzung von zwei- bis dreitausend Arbeitsplätzen" in Betracht kommen (ebd.: 4). Allerdings sei dieses Ziel jedoch nicht kurzfristig zu realisieren, sondern nur „fair" und „realistisch" auf einen „mittelfristigen Zeitraum bezogen" (ebd.: 27). Diese Aussage wurde von den Abgeordneten zwar kritisch kommentiert (ebd.: 27), ohne allerdings nähere Erklärungen zu fordern.

In Bezug auf den Zeitraum verstrickte sich der Konzernvertreter – von den Abgeordneten anscheinend unbemerkt – in widersprüchliche Aussagen. Einerseits sei „mittelfristig" auf einen Zeitraum von fünf Jahren bezogen, was sich aufgrund der Baumaßnahmen am Potsdamer Platz ergebe (ebd.: 47). Andererseits sah er „die dreieinhalbtausend heute schon" und betonte, dass es „in fünf Jahren mehr als das Doppelte sein" könnten (ebd.: 27). Dies hänge allerdings von der konjunkturellen Entwicklung ab aber es sei geplant „weitere wichtige Unternehmensfunktionen" (ebd.: 25) nach Berlin zu holen (ebd.: 47). Dies seien „also alles zusätzliche Arbeitsplätze, die wir eben, um unser Versprechen zu erfüllen, dann auch realisieren möchten“ (ebd.: 27). Er betonte, Daimler Benz sei „ein wachsendes Unternehmen“, dessen Motor der Dienstleistungsbereich und besonders das Dienstleistungszentrum debis mit seinem außerordentlich hohen Wachstumspotential sei (ebd.: 27). Aufgrund dieser Wachstumserwartungen müsse die Grundstücks- und Nutzungsfläche selbstverständlich so angelegt sein, dass sie „irgendwann, bis in die Jahre 2020 und länger hineinreichen muss; also wir müssen längerfristig denken und nicht nur kurzfristig [...]. Deswegen sehen wir insgesamt langfristig die Notwendigkeit, durchaus in Berlin mal die Möglichkeit zu haben, bis zu 6 000 eigenen Arbeitsplätze zu schaffen“ (ebd. 47). *Langfristig* bedeutete für den Daimler Benz-Repräsentanten durchaus: „vielleicht im *Jahre 2050*“ (ebd.: 47, Hervorhebung gs). Zusammengefasst und ungeachtet der Widersprüche bedeutet dies, dass Daimler Benz *mittelfristig* innerhalb von fünf Jahren etwa 2.500 bis 3.000 Arbeitsplätze am Potsdamer Platz ansiedeln wollte (zuzüglich etwa 3.000 Arbeitsplätzen durch eingemietete Fremdfirmen) und eine Erhöhung innerhalb der *längerfristigen* 30 bis 60 Jahre auf 6.000 Arbeitsplätze für möglich erachtete.

Nach diesem Zeitpunkt im Sommer 1990 war die Anzahl der Arbeitsplätze im Verhandlungsprozess nicht mehr Gegenstand der Auseinandersetzung. Daimler Benz blieb bei „bis zu ca. je 3.000 Büroarbeitsplätze für eigene und für fremde Nutzung“ (Daimler 10.08.1990), Hertie/Wertheim nannte 7.000 Einzelhandelsbeschäftigte am Leipziger Platz sowie 2.000 Büroarbeitsplätze am Lenné-Dreieck (Hertie o. D., Wertheim o. D.). Die anderen Investoren machten keine Angaben über Arbeitsplätze und auch in der Wettbewerbsausschreibung im Sommer 1991 wurden diese nicht erwähnt (vgl. SenStadtUm 1991a). Dies deutet darauf hin, dass der Anfang 1990 so wichtige Aspekt der Arbeitsplatzschaffung für den Grundstücksverkauf an Daimler Benz als legitimierendes Argument – auch von Seiten des politisch-administrativen Systems – gegenüber der Öffentlichkeit herangezogen und im weiteren Planungsverlauf irrelevant wurde. Ab 1991 bedurfte es keiner weiteren Begründung mehr für den Verkauf von großen Grundstücken im Innenstadtbereich, solange der Investor als solvent angesehen wurde und international tätig war.

Ungeachtet der Erfahrungen mit den Aussagen von Daimler Benz blieb das politisch-administrative System bis Ende 1991 bei seinen positiven Prognosen. In einer Presseerklärung ging der Senat davon aus, dass im Gebiet Potsdamer/Leipziger Platz „rund 40.000 Arbeitsplätze entstehen“ werden (Senat 13.12.1991), während SenBauWohn die Erfolge des Senats und seiner Verhandlungen betonte und hervorhob, dass noch nie zuvor in ein vorhandenes Stadtgefüge rund 50.000 Arbeitsplätze implantiert worden seien (SenStadtUm 09.12.1991). Nachdem in den folgenden Jahren eine gewisse Ernüchterung hinsichtlich der zukünftigen Entwicklung eingetreten war (vgl. Lenhart 2001), wurde 1994 von Senatsseite nach Fertigstellung der Bauvorhaben nur noch mit 20.000 Beschäftigten gerechnet (SenBauWohn 1994: 2).

Mitgebrachte oder Neue Arbeitsplätze?

In der Ausschusssitzung für Stadtplanung und -entwicklung am 6. Juni 1990 wurde auch deutlich, dass nicht alle Arbeitsplätze in Berlin neu entstehen sollten (Abgeordnetenhaus 06.06.1990: 20).

Zu der Frage der Abgeordneten, ob und wie viele neue Arbeitsplätze entstehen würden, machte der Konzernrepräsentant unterschiedliche und wenig schlüssige Aussagen: Die im Juli 1990 neu zu gründende Daimler Benz-Tochter debis Interservices mit zukünftigem Hauptsitz in Berlin sei im Geschäftsbereich Systemhaus der Hard- und Softwaredienstleistungen mit etwa 600 Mitarbeitern in Sindelfingen bereits „relativ gut ausgebaut" (ebd.: 61). Dieser Bereich werde in die debis eingebracht, wobei die ArbeitnehmerInnen „natürlich zum größten Teil vor Ort" blieben (ebd.: 61). Aufgrund der Entwicklungsprognose und der vorhandenen Kapazitätssituation auf dem Sektor der Hardware biete es sich an, „daß man die Dinge zusammenlegt, d.h. nicht unbedingt, daß die Mitarbeiter reduziert" würden (ebd.: 61). Obwohl er betonte, die „allermeisten neuen Arbeitsplätze werden selbstverständlich in Berlin neu angesiedelt" (ebd.: 24/25), erklärte er, zu diesem Zeitpunkt seien „schon dreieinhalbtausend Mitarbeiter insgesamt in Deutschland [...] regional überall verteilt“ (ebd.: 27). Er prognostizierte für diesen Bereich die größten Wachstumschancen, denn von den erwähnten dreieinhalbtausend MitarbeiterInnen am Potsdamer Platz werde „allein dieser Systemhausbereich, ich glaube, über zweieinhalbtausend“ betragen (ebd.: 61).

Die absehbare Kritik der Abgeordneten vorwegnehmend, dass sie „doch einen Haufen Mitarbeiter von Stuttgart oder von wo auch immer“ mitbringen würden (ebd.: 41), betonte der Konzernrepräsentant zwar, dass „nur Führungspositionen, und das nicht allzu viele, von Stuttgart“ verlagert würden (ebd.: 25). An anderer Stelle hingegen erläuterte er, dass zum Aufbau der Zentrale in Berlin „eine Reihe von Führungskräften [...] nach Berlin versetzt“ würden, dazu zähle „der Vorstand, das sind fünf Mann [...] und die Führungsmannschaft“ (ebd.: 41). Auf diese unpräzisen Erläuterungen reagierte ein Abgeordneter kritisch: „DEBIS hat doch auch jetzt eine Zentrale – und Sie haben ja gesagt, es gibt schon 3 500 Mitarbeiterinnen und Mitarbeiter bei DEBIS –, da gibt es ja auch zentrale Funktionen. Sie wollen offensichtlich nur die zentralen Funktionen [...] hier ansiedeln. Die müssen ja schon existieren, und die können Sie ja nicht irgendwo entlassen und neu einstellen. Das können nicht nur die Führungspositionen sein, denn in der Zentrale können doch bis jetzt nicht nur die fünf Vorständler arbeiten; es muß doch jetzt schon bereits einen ausgedehnten Führungsstab bis zu den Sekretären und Sekretärinnen geben. Da sind doch Arbeitsplätze, die sicher nach

Berlin kommen und nicht hier geschaffen werden" (ebd.: 46). Aus Sicht von Daimler Benz lag hier „vielleicht ein Mißverständnis" vor: Die debis habe „natürlich jetzt schon Funktionen übernommen", die dann in der Zentrale in Berlin zusammengefasst würden (ebd.: 48), und dazu müsse eine ganze Reihe von Arbeitsplätzen verlagert werden, aber das seien „in der Regel Führungskräfte" und zwar die Top-Führungskräfte (ebd.: 61). Hervorgehoben wurde stattdessen, dass es am Potsdamer Platz „ganz neue Geschäftsfelder [gibt], die praktisch neue Arbeitsplätze erfordern, die aufgebaut werden müssen" (ebd.: 48). Eingeschränkt wurde allerdings gleich, dass diese „unter Umständen zunächst mal nicht in Berlin ansässig [sind], weil der Büroarbeitsplatz fehlt, und die müssen dann nachher [verlagert werden]"[113] (ebd.: 48).

Zusammengefasst lässt sich aus den unkonkreten Aussagen herauslesen, dass im Geschäftsbereich Systemhaus bereits etwa 600 MitarbeiterInnen in Sindelfingen und 1990 regional verteilt insgesamt 3.500 Beschäftigte tätig waren. Dieser Bereich sollte wiederum mit über zweieinhalbtausend die meisten Arbeitsplätze am Potsdamer Platz ausmachen. Setzt man die zuvor genannte Anzahl der Gesamtarbeitsplätze von debis am Potsdamer Platz von 2.000-3.000 (ebd.: 4) zu diesen Aussagen ins Verhältnis, so entsteht der Eindruck, dass diese bereits gänzlich für den Bereich Systemhaus vorgesehen waren und entweder versetzt oder entlassen werden müssten.

---

[113] Im Wortprotokoll fehlt der weitere Satz.

Neue Arbeitsplätze sollten hingegen in den neuen Geschäftsfeldern der debis entstehen, die aber wiederum möglicherweise an anderen Orten bereits eingestellt würden und mit Fertigstellung der Bauten am Potsdamer Platz umziehen müssten. Angesichts der Gesamtzahl der Arbeitsplätze stellt sich die Frage, wie viele Beschäftigte überhaupt für die genannten *neuen Geschäftsfelder* einkalkuliert wurden.

Obwohl die Schaffung neuer Arbeitsplätze am Potsdamer Platz das zentrale Argument für den Grundstücksverkauf an Daimler Benz darstellte und dies unabhängig von der Frage von Versetzungen oder Entlassungen, blieb aufgrund der dargelegten Aussagen völlig unklar, wie viele neue Arbeitsplätze Daimler Benz tatsächlich in Berlin schaffen und ob es überhaupt zu einem Arbeitsplatzzuwachs in Berlin kommen würde.

2.4.3 Mitgebrachte Elite versus Neue Masse

Während die Anzahl der neuen Arbeitsplätze ungeklärt blieb, wurde zumindest deutlich, dass die Dienstleistungsarbeitsplätze im Büro, im Handel, in der Gastronomie sowie in kulturellen Einrichtungen entstehen würden. Die Arbeitskräfte, also die erwerbstätigen Menschen, blieben während der Planung unberücksichtigt und wurden ebenso ausgeblendet wie die damit zusammenhängenden Genderkonstruktionen.

Die Art der Tätigkeiten und Berufe wurde während des Planungsprozesses 1990 stets als „hochqualifizierte und gut dotierte Arbeitsplätze" angegeben und zum Beispiel als „hochqualifizierte Einzelarbeitsplätze mit hohem Kommunikationsanteil" beschrieben (Gruppe Planwerk 11.06.1990). In der Ausschusssitzung für Stadtentwicklung und -planung am 6. Juni 1990, antwortete der Daimler Benz-Repräsentant auf die Frage der Abgeordneten, welche Berufsgruppen vorgesehen wären (Abgeordnetenhaus 06.06.1990: 21) und welche unterschiedlichen Qualifikation für die Büroarbeitsplätze gefordert würden (ebd.: 24), sehr allgemein, dass im primären Bereich der Dienstleistungen „hauptsächlich Verwaltungsaufgaben" anstünden (ebd.: 43). Er betonte gleichzeitig, dass diese „natürlich auch schon vom Niveau her relativ anspruchsvolle Arbeitsplätze [sind], wobei das wirklich von der Verwaltungsstufe, also vom Verwaltungsangestellten bis zu höheren Positionen alles mit einschließt" (ebd.: 43). Nähere Erläuterungen folgten allerdings nicht.

Theoretisch war die Planung des Potsdamer/Leipziger Platzes als Dienstleistungszentrum für die Frauenerwerbstätigkeit von Bedeutung. Rein quantitativ wächst in Dienstleistungsgesellschaften der Anteil von erwerbstätigen Frauen (Feminisierung der Erwerbsbevölkerung), und gleichzeitig sind qualitative Aspekte der Verbreiterung und Verallgemeinerung geschlechtsspezifischer Muster von Bedeutung (Feminisierung der Beschäftigungsverhältnisse) (Frank 1998: 343). Darüber hinaus besteht die Möglichkeit, dass eine wachsende Zahl höher gebildeter beruflich qualifizierter Frauen Zugang zu hoch dotierten Berufspositionen im tertiären Sektor erhält (ebd.: 343).

Üblicherweise jedoch sind in Unternehmen – 1990 wie heute – die *anspruchsvollen* und *attraktiven* Positionen weitgehend mit Männern besetzt. Diesen zahlenmäßig unterrepräsentierten Managern, Geschäftsführern und Unternehmensinhabern steht eine große Anzahl von weniger qualifizierten Arbeitskräften mit minderem Einkommen gegenüber. Diese Positionen sind überwiegend mit Frauen besetzt, indem im Bürobereich überwiegend Sekretär*innen* und Sachbearbeiter*innen*, im Handel meist Verkäufer*innen*, in Hotels meist Zimmer*mädchen* und in der Gastronomie häufig Kellner*innen* beschäftigt sind (vgl. Dörhöfer 1993). Im Bereich der Reinigungskräfte sind zwar überwiegend Putz*frauen* beschäftigt, aber mit der Professionalisierung und dem Outsourcing dieser Tätigkeiten sind dort auch Männer anzutreffen – häufig mit Migrationshintergrund (vgl. Frank 1998). Auf diese geschlechtsspezifische Segregation nahm einzig der eingeladene Experte Oehlert von der Arbeitsgruppe Sozialplanung und Mieterberatung in der Ausschusssitzung für Stadtentwicklung und -planung im Juni 1990 Bezug. Er ging davon aus, dass „in wesentlich geringerem Umfang im Sog dieser Entwicklung auch Arbeitsplätze ohne besondere Qualifikationsstruktur [wie] Wachschutz, Hausmeister etc." entstehen würden (Abgeordnetenhaus 06.06.1990: 104). Interessanterweise wählte er ausgerechnet zwei Berufsgruppen, die erstens überwiegend von Männern besetzt und zweitens aufgrund ihrer Tätigkeiten nur in geringer Anzahl anzutreffen sind. Dass die Mehrheit – der von Frauen besetzten – Arbeitsplätze minder qualifiziert und bezahlt werden würden, erwähnte auch er nicht.

Darüber hinaus können einige der Arbeitsplätze im Handel auch aufgrund ihrer Lage in Untergeschossen als wenig attraktiv bezeichnet werden. Die Geschäfte sollten sich sowohl in den unteren Geschossen der Gebäude befinden (SenStadtUm 12.03.1990) sowie auf der Verteilerebene im ersten Untergeschoss *unter* dem Potsdamer Platz als „multifunktionaler Charakter durch geplante Sondernutzung für Einzelhandel" (Hertie o. D.)

Wie bereits erwähnt, plante Daimler Benz, Führungskräfte nach Berlin mitzubringen, was sich zum Teil gegebenenfalls vor dem Hintergrund des Berliner Arbeitsmarktes erklären ließe. Dieser sei laut einer Untersuchung 1990 durch die Asymmetrie zwischen Qualifikationsanforderungen und vorhandenen Qualifikationen geprägt, sodass sowohl Arbeitslosigkeit wie Arbeitskräftemangel herrsche. Die Arbeitskräfte aus der DDR zum Beispiel hätten zwar eine gute technische Grundausbildung, aber es fehle allgemein an Kenntnissen im kaufmännischen Dienstleistungsbereich und vor allem an MitarbeiterInnen im mittleren und oberen Management. In West-Berlin seien 1990 rund 100.000 Arbeitsplätze mit Hochqualifizierten besetzt, was, wenn der Frankfurter Arbeitsmarkt der 1980er Jahre als Meßlatte für Berlin 2010 zugrunde gelegt werde, einen Bedarf an circa 450.000 Hochqualifizierten bedeute (Einem 1990: 5/6). Deshalb seien Qualifikationsprogramme für die städtische Bevölkerung notwendig, damit „möglichst viele arbeitslose Berliner in diese freien Arbeitsplätze steigen können" (Abgeordnetenhaus 06.06.1990: 107). Gleichzeitig sei der „Zuzug auswärtiger Arbeitskräfte zu stoppen", die sonst von „außen angeworben" werden müssten, wenn der entstehende Bedarf nicht vom Berliner Arbeitsmarkt gedeckt werden könne (ebd.: 104).

Für Daimler Benz könnte der gewichtigere Grund allerdings vielmehr darin bestanden haben, dass sowohl Kündigungen als auch Versetzungen von MitarbeiterInnen (zum Teil mit Familien) für ein Unternehmen eine kostspielige und aufwändige Angelegenheit sind. So wünschte sich der Daimler Benz-Vertreter sogar, dass die meisten MitarbeiterInnen aus Berlin kommen mögen, „weil wir ja dann keine Wohnungen bräuchten; wenn wir viele Leute von Stuttgart verlagern müßten [...]: Was machen wir mit dem ganzen Wohnungsproblem?“ (Abgeordnetenhaus 06.06.1990: 61).

Im Zusammenhang von *Mitgebrachter Elite versus Neuer Masse* gewinnt die Konstruktion hegemonialer Männlichkeit an Bedeutung. Die Verlagerung der Führungskräfte, die als hegemonial männlich konstruiert angesehen werden können, lässt die Assoziation zu, dass der Berliner Arbeitsmarkt weiblich konnotiert ist. Die mit Männlichkeit verknüpften Eigenschaften wie Pioniergeist, Entdeckerwille, Risikobereitschaft, die Mut, Aktivität, Ehrgeiz etc. erfordern, erscheinen notwendig, um *etwas Neues* aufzubauen (vgl. Kapitel 1.3), und dies würden diese Führungskräfte mitbringen. Die Masse des weiblich konnotierten Berliner Arbeitsmarktes ist entgegengesetzt konstruiert als passiv, unselbständig, objekthaft und im Sein verhaftet. Die Aussage des Daimler Benz-Vertreters, dass „die große *Masse* [...] der neuen Arbeitsplätze [...] am Berliner Markt zu suchen sein“ werde (Abgeordnetenhaus 06.06.1990: 41, Hervorhebung gs), stärkt diese Sichtweise. *Masse* impliziert die Auflösung aller individuellen und sozialen Grenzen, Abstände und Unterschiede, sodass der Einzelne aufhört, ein Einzelner zu sein und mit den anderen zu einem undifferenzierten Massenganzen verschmilzt. Sie kann mit wilder Weiblichkeit gleichgesetzt werden, die launisch, verantwortungslos, austauschbar, unkontrolliert etc. konstruiert ist (vgl. Frank 2003, vgl. Kapitel 1.3). Der Berliner Arbeitsmarkt ist somit als weibliche Masse konstruiert, während nur die von außerhalb kommenden, hegemonial männlich konnotierten Führungskräfte den wirtschaftlichen Erfolg des Vorhabens gewährleisten (würden).

Darüber hinaus sind mit der Vorstellung von Masse auch hierarchische Raumkategorien verbunden. Die Masse ist immer *unten* angesiedelt, während die Herrschenden *oben* sind. So sind zum Beispiel auch die *Top*-Führungskräfte oder das *obere* Management auch räumlich in den oberen Etagen angesiedelt (vgl. Dörhöfer 2002, Kapitel 1.3) und im Fall des Handelsbereiches wurden die Massen der Verkäuferinnen gar in den Untergrund verbannt. Zugespitzt formuliert steht den hegemonial männlich konnotierten Top-Führungskräften von Daimler Benz die weiblich konnotierte Masse der „Dienstbotenindustrie“ (Döge 2001: 98) zur Verfügung.

2.4.4 Wechselwirkung von Arbeitsplätzen und Bebauung

Die Schaffung von Arbeitsplätzen war nicht nur das Hauptargument für den Grundstücksverkauf an Daimler Benz, sondern diente auch als Grundlage für die Legitimation der Grundstücksgröße.

Im Kontext der 1990 aufgestellten Wachstumsprognose für Berlin wurde davon ausgegangen, dass die 2010 zu erwartenden 1,2 Millionen Bürobeschäftigten etwa 30 Millionen qm Bürofläche benötigen würden. Um dieses Ziel zu erreichen, müssten die 1990 vorhandenen elf Millionen Quadratmetern entsprechend „der 5-fachen heutigen Jahresbauleistung der BRD“ erweitert werden (Einem 1990: 8). Im Vergleich wachse die Bürofläche in Frankfurt am Main „jährlich um 250.000 qm, in Berlin jedoch nur um 55.000 qm“ (ebd.). Es sei also dringend angeraten, für neue Flächen für Dienstleistungen zu sorgen, „wenn es in der Wirtschaftsstruktur mehr Dienstleistungen“ geben solle (Abgeordnetenhaus 02.05.1990: 6). Entsprechend wurde für das Gebiet Potsdamer/Leipziger Platz mit einer Gesamt-Baugrundstücksfläche von 255.000 qm die Hälfte für Büroflächen vorgesehen (Gruppe Planwerk 11.06.1990).

Für das Ansiedlungsvorhaben von Daimler Benz berechneten übereinstimmend sowohl SenBauWohn und SenFin sowie Daimler Benz, dass bei 30 qm pro Arbeitplatz eine Bruttogeschossfläche von 240.000 qm notwendig sei, um darauf maximal 8.000 Arbeitsplätze unterzubringen (SenBauWohn 02.04.1990, SenFin 09.04.1990, Abgeordnetenhaus 06.06.1990: 26). Laut Aussage des Daimler Benz-Repräsentanten sei diese Berechnungsgrundlage die Größenordnung gewesen, die „für die Suche des Grundstücks mal von uns erwartet wurden und im Gespräch dann mit dem Senat behandelt wurden“ (ebd.: 26).[114]

Die von Daimler Benz geforderte Nutzungsfläche für Büros kollidierte allerdings im Frühjahr 1990 mit den Vorstellungen des politisch-administrativen Systems, auf dem Gelände ein „gewisses Angebot für externe Nutzungswünsche“ zu machen, „um eine übergroße Monofunktionalität im vorhandenen urbanen Kontext zu vermeiden“ (SenBauWohn 1990: o. S.). Das heißt, es sollte ein Teil „dieser Fläche zusätzlich für Nutzungen wie Verkauf, Handel, Kultur, Restauration, Erholung, Hotel, Wohnung etc.“ eingeplant werden (SenFin 09.04.1990). Am Ende der Kaufvertragsverhandlungen einigten sich die Akteure auf 20-30 Prozent der BGF für Fremdnutzungen (Senat 16.07.1990). Mit der Festlegung des Mischnutzungsanteils stieg gleichzeitig auch die Höhe der Bruttogeschossfläche von 230.000 qm im Januar 1990

---

[114] Die ebenfalls untersuchten Grundstücke am Klingelhöfer- und Lenné-Dreieck wurden als zu klein bewertet. Beim Klingehöfer-Dreieck würde die gewünschte Nutzungsfläche zu einer problematischen GFZ von 5,5 führen, während eine stadtverträglich geringere GFZ von 4,4 jedoch nur Platz für circa 6.500 Arbeitsplätze bieten würde (SenBauWohn 1990: o. S.).

(SenBauWohn 1990: o. S.) auf 265.000 qm im Kaufvertrag (Senat 16.07.1990). Dies geschah, obwohl SenBauWohn mit einer sich daraus ergebenden Bebauungsdichte zwischen 4,4 und 5,1 GFZ für das circa 60.000 qm große Grundstück „das Höchstmaß baulicher Dichte für Berliner Verhältnisse" als erreicht ansah (SenBauWohn 02.04.1990) und SenStadtUm dies stadtplanerisch für kaum verträglich hielt (SenStadtUm 29.03.1990). Allerdings ist darauf hinzuweisen, dass mit dieser Regelung beide Vertragspartner ihre jeweiligen Ziele erreichten: Das politisch-administrative System bekam die gewünschte Mischnutzung und der Investor dafür *zusätzliche*, also ursprünglich nicht geplante, verkauf- oder vermietbare Fläche.

Nach Bekanntgabe der reduzierten eigenen Arbeitsplätze geriet Daimler Benz in Erklärungsnot, was die geforderte Größe des Grundstücks anbetraf. Das politisch-administrative System kam zu dem Ergebnis, dass die 2.000 bis 2.500 Arbeitsplätze einem „Eigenflächenbedarf von 90-100.000 qm BGF (50 % DEBIS-Gesamtfläche)" entspreche (Gruppe Planwerk 11.06.1990). Diese Rechnung wurde von dem Konzernvertreter bestätigt: „Also, wenn Sie mit 100 000 qm, ich sag' es mal extrem, wenn Sie mit 100 000 qm – das wären dreitausend Mitarbeiter genau. Das kriegen Sie an dem Platz natürlich allemal unter, das ist ganz klar" (Abgeordnetenhaus 06.06.1990: 41). Folgerichtig wies Stadtentwicklungssenatorin Schreyer in einem Schreiben an den Regierenden Oberbürgermeister Momper und in einer gleich lautenden Presseerklärung darauf hin, dass für die Schaffung der Daimler Benz-Arbeitsplätze und einer 30-prozentigen Mischnutzung das Grundstück südlich der Alten Potsdamer Straße – also die Hälfte des Geländes – völlig ausreichend sei (SenStadtUm 29.06.1990a, 03.07.1990). Daimler Benz begründete jedoch die Forderung nach einer doppelt so großen Bruttogeschossfläche damit, der Konzern werde „möglicherweise nicht bei den dreitausend aufhören, irgendwann" (Abgeordnetenhaus 06.06.1990: 26), und andererseits werde außerdem Büroraum gesucht, sodass „ungefähr von insgesamt 6 000 Büroarbeitsplätzen noch 3 000" zur Verfügung stehen würden (ebd.: 27).

Für den Konzernvertreter ergab genau dies einen „gewissen Spielraum", der für die Mischnutzung vorgesehen sei: „Es gibt viele Anwaltsbüros und Anwälte und Ärzte, Zahnärzte, die sich dort ansiedeln wollen, die uns das heute schon wissen lassen, und andere Firmen, die interessiert sind, dort anzubieten; Firmen, die zum Teil neu nach Berlin kommen" (ebd.: 28). Er ging somit davon aus, dass „durchaus ein Potential von 3 000 Büroarbeitsplätzen fremd vermietet" werden könnte. Darüber hinaus könne er sich eine „bis zu 30-prozentige Mischnutzung" vorstellen in Form von Geschäften und Restaurants. Beides zusammen führe dazu, dass „dort also die Differenz bis zu 8 000 noch mal entsprechend angesiedelt werden" könnten (ebd.: 28). Denn nur mit einer „Größenordnung plus/minus 220 000 qm" sei „diese gesamte Konzeption, die städtebauliche Komponente“ machbar (ebd.: 41). Außerdem wies er darauf hin, dass eine Bebauung „weit unter 240 000 qm Nutzfläche“ auch eine „Frage der Ökonomie“ sie, die „nichts mit Spekulation zu tun“ habe, sondern „insgesamt ökonomisch natürlich darstellbar sein“ müsse (ebd.: 28).

Mit dieser Argumentation unzufrieden, wand ein Abgeordneter kritisch ein: „Ich begreife immer noch nicht, warum es eine von Ihnen offenbar als originäre Aufgabe angesehene Aufgabenstellung ist, daß Sie für Zahnärzte und Anwälte Büroraum schaffen müssen. Wenn ich einmal davon ausgehe, daß Sie hier viel mehr noch im Auge haben müssen, für den neu zu schaffenden Dienstleistungsbereich hier Büroraum zu schaffen, dann ist das eine Größenordnung, die eben weit unter dem liegt, was Sie hier anpeilen. Und wenn Sie andererseits sagen, was ja zu begrüßen ist, daß es Ihnen auch darum geht, hier auch eine städtebaulich anspruchsvolle Lösung finanzieren zu können, dann kann das doch nicht dadurch finanziert werden, daß Sie nun hier Büros an andere vermieten. Mir leuchtet nicht ein, daß ein Konzern wie Daimler Benz das nicht auch aus eigener Kraft machen müßte, aber es liegt ja wirklich nun der Verdacht nahe [...], daß Sie nur durch einen spekulativen Gewinn durch Vermietung von Büroräumen Ihre anspruchsvollen Pläne realisieren können. Das kann's doch wohl nicht sein, und insofern würde ich wirklich noch mal bitten, zu erklären, warum dieses Junktim existiert zwischen den zu schaffenden Arbeitsplätzen für Ihren Dienstleistungsbereich und diesen Büroplätzen für andere Nutzer, das mir wirklich nicht einleuchtet“ (ebd.: 44).

Die Frage nach der Aufgabe von Daimler Benz, Büroraum für Arztpraxen zu schaffen, erklärte der Konzernvertreter, das sei ein Beispiel gewesen, „weil in der Tat *eine* Anfrage aus Hamburg“ vorliege (ebd.: 46, Hervorhebung gs). Den Vorwurf der Spekulation wies der Daimler Benz-Repräsentant entschieden zurück: „Daimler-Benz war bisher kein Spekulant und wird es auch in Zukunft nicht sein. Wir werden kein Immobilienspekulant werden; darüber denkt keiner bei uns nach, da sollten Sie mal klar sehen“ (ebd.: 46). Außerdem wurde keiner „der Senate bisher in unseren Versprechungen enttäuscht – im Gegenteil, und wir versprechen Ihnen nicht das Blaue vom Himmel“ (ebd.: 25). Energisch betonte er: „Der ethische Anspruch, das möchte ich hier noch mal ausdrücklich sagen, ist bei uns ziemlich groß“ (ebd.: 47), doch bei Investitionen müsse man natürlich rechnen, „ohne daß es spekulativ wird“ (ebd.: 47). Er erklärte nochmals eindringlich: „Wenn wir am Potsdamer Platz diese *einmalige* Chance erhalten, gemeinsam mit dem Senat ein *Juwel*, ein *Kleinod* zu machen, das muß sich für uns irgendwie rechnen. [...] Wir werden das *Ding* denn auch nicht verkaufen irgendwann, spekulativ, sondern Daimler Benz hat hier eine Herausforderung und einen Anspruch, dem gerecht zu werden“ (ebd.: 46, Hervorhebungen gs). Daimler Benz sei schließlich „nicht eine Krauterfirma“ (ebd.: 47).

Dass der Daimler Benz-Vertreter dem Spekulationsvorwurf so vehement widersprach, ausführlich argumentierte und sich bildreich rechtfertigte, legt nahe, dass der Vorwurf durchaus berechtigt war und Daimler Benz in aller erster Linie unbedingt das Grundstück am Potsdamer Platz erwerben und bebauen wollte. Was 1990 zu heftigen Disputen und überzogenen Reaktionen führte, war knapp ein halbes Jahr später weniger als eine Randnotiz wert: Als Anfang 1991 Sony das gesamte Esplanade-Dreieck kaufen, aber nur eine geringe Fläche für sich selbst nutzen wollte, bedurfte es keiner Rechtfertigung mehr. Mit der Großen Koalition ab Dezember 1990 waren sich zumindest die einzelnen Senatsverwaltungen darüber einig, große Grundstücke am Potsdamer Platz an einzelne Investoren, auch als Spekulations- oder Finanzierungsimmobilien, zu verkaufen. Das Argument der Arbeitsplatzbeschaffung bei den Investitionsvorhaben wurde irrelevant und im Planungsprozess 1991 nicht mehr erwähnt. Keiner der anderen Investoren musste sich mehr zu dem Thema Erwerbsarbeitsplätze öffentlich oder senatsintern äußern.

Gegenseitige Legitimation

Das Thema Erwerbsarbeit macht wie kein anderes Planungsthema die Interessen und Ziele der Hauptakteure zu Planungsbeginn deutlich; es war einerseits der Ausgangspunkt *der* Planung und andererseits öffentlich vorgetragenes Argument *für* die Planung.

Ein Hauptinteresse des politisch-administrativen Systems war die Entwicklung Berlins zu einer Metropole und Weltstadt. Die Schaffung neuer Arbeitsplätze im Dienstleistungsbereich sollte den wirtschaftlichen Aufschwung der Stadt garantieren. Zum zügigen Um- und Ausbau Berlins zur Dienstleistungsmetropole schienen einzig Großkonzerne in der Lage zu sein. In der Ausschusssitzung für Stadtplanung und -entwicklung im Mai 1990 verdeutlichte der eingeladene Architekt Edvard Jahn diese Einstellung: „Tatsache ist, daß überhaupt die Ansiedlung von Arbeitsstätten in dieser Größenordnung, wie sie Berlin für die Zukunft braucht, nur von Großunternehmen zu machen sind. Letztlich stehen dahinter die Banken, und auch bei Mercedes steht dahinter die Bank, die das Ganze betreibt [...] Tatsache ist, daß diese enormen Mengen von Arbeitsplätzen, die gebraucht werden, wirklich nur von enormen Mengen bereitzustellenden Geldes zu errichten sind und daß, um dieses zu errichten, [...] immer auch Großunternehmer notwendig sind“ (Abgeordnetenhaus 16.05.1990: 105). Arbeitsplätze dieser Größenordnung seien nicht mehr parzelliert, von irgend welchen Rentiers, also Kleinkapitalisten oder von Leuten mit Minivolumen zu realisieren (ebd.: 107). Kritische Stimmen, die darauf hinwiesen, dass auch viele kleine Investoren viele Arbeitsplätze schaffen (Schramm 09.04.1990), wurden nicht gehört.

Begünstigend verfügte das Land Berlin über große Grundstücke im Mauerbereich, dem künftigen Zentrum der Stadt, deren Verkauf besonderes Anliegen der Senatsverwaltung für Bau- und Wohnungswesen war. Vergleicht man andere Investitionsverhandlungen von SenBauWohn, zum Beispiel 1990 in der Friedrichstraße, so wird ersichtlich, dass das Interesse dieser Senatsverwaltung darin bestand, große Grundstücke oder ganze Blöcke an solvente Investoren zu verkaufen (vgl. Lenhart 2001).[115]

Zusammengefasst war es also das Ziel, Großgrundstücke in exponierter Lage an solvente Investoren zu verkaufen, die durch mehrere Millionen DM (Bau-)Investitionen Geld in die Stadtkasse bringen und durch die Schaffung von Arbeitsplätzen den wirtschaftlichen Aufschwung befördern sollten.

Daimler Benz schien für die Erreichung dieser Ziele der geeignete erste Partner zu sein. Die Schaffung von neuen Arbeitsplätzen und ein zum Verkauf stehendes Grundstück schienen, oberflächlich betrachtet, der Grund für das Ansiedlungsvorhaben am Potsdamer Platz zu sein. Aufgrund der Darlegungen ist aber auch eine andere Lesart möglich: Der Konzern hatte in erster Line Interesse am Erwerb des Grundstücks und erschuf, mindestens zusammen mit SenBauWohn, die nötigen, öffentlich wirksamen Argumente für den Kauf.

[115] Der Vergleich zur Friedrichstraße bietet sich unter anderem deshalb an, weil in beiden Fällen Hanno Klein von SenBauWohn die Ansiedlungsvorhaben federführend betrieb (vgl. Lenhart 2001).

Bereits im Frühjahr und Sommer 1989 interessierte sich Daimler Benz für ein Grundstück im West-Berliner Gebiet entlang der Mauer.[116] Daimler Benz und SenBauWohn untersuchten im Herbst und Winter 1989 Grundstücke, die einerseits die Konzernzentrale adäquat repräsentieren konnten, die sich gleichzeitig in Besitz des Landes Berlin befanden und bei denen relativ wenig Schwierigkeiten bei der Umsetzung eines Bauvorhabens zu erwarten wären (vgl. SenBauWohn 1990, o. S.).[117] Die Entscheidung fiel schließlich auf das etwa 60.000 qm große Grundstück direkt am Potsdamer Platz.

Die Legitimation für die Größe des Grundstücks bestand in dem öffentlich vorgetragenen Argument der Arbeitsplatzschaffung und ihrer Anzahl: Die Grundstücksfläche wurde mit einer kerngebietstypischen Geschossflächenzahl von 4,0 multipliziert, die sich daraus ergebende Bruttogeschossfläche

---

[116] Zu den Anfängen vermutet Eva Schweitzer: „Die Geschichte fing wahrscheinlich an einem Sommertag des Jahres 1989 an. Der damalige Regierende Bürgermeister >Roter Schal< Walter Momper und der damalige Vorstandsvorsitzende der Daimler-Benz AG, Edzard Reuter, Sohn des großen Ernst Reuter, und vielleicht auch noch Bausenator Wolfgang Nagel spazierten – so wäre es zumindest vorstellbar – auf dem Brachland an der Mauer entlang und sinnieren über den Schrecken der Grenze. Dann sagt jemand, ich vermute Nagel: ‚Aber das heißt doch nicht, dass man hier nicht bauen kann.“ Daraufhin Reuter: ‚Na gut, wenn ihr meint'“ (Schweitzer 1996: 97).

[117] Das Lenné-Dreieck wurde unter anderem deshalb verworfen, weil die Besitzverhältnisse nicht geklärt waren und das Gelände für die Bundesgartenschau 1995 vorgesehen war (SenBauWohn Januar 1990, o. S.). Das Esplanade-Dreieck wurde nicht in Erwägung gezogen, vermutlich, weil dort bereits das Bauverfahren für das Filmhaus Esplanade lief. Die späteren Grundstücke von ABB/Haus Vaterland lagen auf Ost-Berliner Territorium, sodass im Winter 1989 die weitere (Bau-)Entwicklung noch nicht absehbar war.

wurde anschließend durch die übliche Arbeitsplatzfläche von 30 qm dividiert und heraus kamen: 8.000 Arbeitsplätze![118]

Dass diese Überlegung nicht unbedingt hypothetisch sein muss, belegt eine Aussage des Daimler Benz-Repräsentanten, dem zufolge der Konzern errechnete, wie viele Arbeitsplätze dieses Grundstück maximal fassen könnte (Abgeordnetenhaus 06.06.1990: 26).

Es fehlte aber noch das Unternehmen, das diese Arbeitsplätze schaffen sollte. Zufälligerweise überlegte Daimler Benz im Sommer 1989 die Gründung der debis in Berlin. Der Konzernvertreter bestätigte dazu, dass die Gründung dieses Dienstleistungsbereichs „im letzten Jahr, im Sommer beginnend, sagen wir, quasi im kleinen Kreis betrieben" wurde (ebd.: 61).

Nun hatte man also ein favorisiertes Grundstück und eine zu gründende Unternehmenstochter, aber bis zum Sommer 1990 fehlte anscheinend ein ausgereiftes Konzept. Wie oben beschrieben, sprach der Daimler Benz-Vertreter mal von 8.000, mal von 6.000 Arbeitsplätzen, und selbst für die 2.000 bis 3.000 Daimler Benz-Beschäftigten war nicht klar, wer und wie viele mit welcher Qualifikation und Position von außerhalb oder aus Berlin bei debis vorgesehen waren. Hätte damals dennoch ein Unternehmenskonzept vorgelegen, so müsste dem Konzern ein schlechtes Management vorgewor-

---

[118] 60.000 qm Grundstück x GFZ 4 = 240.000 qm Bruttogeschossfläche : 30 qm pro Arbeitsplatz = 8.000 Arbeitsplätze.

fen werden, wenn sie innerhalb weniger Monate nur noch ein Drittel der Arbeitskräfte für die neue Unternehmenstochter kalkulierten. Anscheinend wollte Daimler Benz dieses Grundstück unbedingt erwerben und die Arbeitsplatzschaffung war lediglich ein öffentlich wirksames Argument für den Kauf. Für diese Überlegungen spricht auch, dass die ohne Begründung verkündete Reduktion der Arbeitsplätze erst bekannt gegeben wurde, als sich die Kaufverhandlungen im Frühjahr 1990 von einer Kaufoption zu einem Kaufvertragsentwurf konkretisierten. Für den Konzern vorteilhaft war darüber hinaus auch, dass SenBauWohn von Anfang an auf eine Mischnutzung und damit Fremdvermietung hingewirkt hatte, sodass an der *benötigten* Grundstücksgröße und der Anzahl der Arbeitsplätze letztlich festgehalten werden konnte.

Diese Überlegungen können auch durch das vielfach zitierte Wortprotokoll der Ausschusssitzung für Stadtentwicklung und -planung vom 6. Juni 1990 belegt werden, denn hier wird in der Diskussion mit den Abgeordneten die Stimmung und Atmosphäre sichtbar, da die Aussagen anschließend nicht redigiert wurden. Im Verlauf der Sitzung schwand die anfängliche (Selbst-)Sicherheit des Daimler Benz-Vertreters mit den zunehmend kritischen – aber letztlich folgenlosen – Fragen und Anmerkungen der Abgeordneten. Dies ist erkennbar, indem Sätze nicht zu Ende gesprochen wurden, Aussagen zuweilen diffus und konfus waren und Gedanken und Themen sprunghaft wechselten.

Letztlich erreichten sowohl Daimler Benz als auch das politisch-administrative System, zumindest aber SenBauWohn ihre Ziele. In diesem ersten Halbjahr 1990 war auch der erste Schritt für den weiteren Verkauf und die Bebauung des gesamten Gebietes getan, denn ab 1991 bedurfte es nicht mehr des öffentlich vorgetragenen Argumentes der Arbeitsplatzschaffung, damit sich Großinvestoren ansiedeln konnten.

2.5 Wohnen: (K)ein Thema

„Ich erhoffe mir von diesem Ort,
dass sich hier mehrere Kräfte zu Wort melden […].
Diese Kräfte müssen wir nutzen. Um es mit einem Bild zu sagen:
Wir müssen den Tiger nicht zähmen, wir müssen ihn reiten“
Volker Hassemer (SenStadtUm 1991d: 4).

Das Thema Wohnen spielte bei der Planung des Potsdamer/Leipziger Platzes zunächst keine wesentliche Rolle. Besprochen wurde das Thema 1990 eher in Bezug auf die angrenzenden Quartiere beziehungsweise unspezifisch, im Rahmen der allgemeinen Nutzungsmischung im Plangebiet. Zu einem handfesten Konfliktpunkt entwickelte es sich – relativ unvermittelt – erst im Herbst 1991, als Senator Hassemer und SenStadtUm gegen den Willen der Investoren verbindlich einen 20-prozentigen Wohnanteil für alle Investorenprojekte festschreiben wollten.

2.5.1 Angrenzende Quartiere und Nutzungsmischung

Angrenzende Quartiere

Dass der Wohnaspekt 1990 bei den Überlegungen zur Gestaltung des Zentralen Bereiches einen geringen Stellenwert einnimmt, verwundert angesichts der Prognose, die Wohnungssituation in Berlin werde „auch nach dem Jahre 2000 schlicht katastrophal" sein (Einem 1990: 3). In der von SenStadtUm in Auftrag gegebenen Studie wird geschätzt, dass 2010 die fast sechs Millionen EinwohnerInnen der Metropole Berlin und des Umlands einen Wohnungsbedarf von 800.000 Wohnungen haben würden. Die bisherigen Wohnungsbauleistungen seien weit hinter der erforderlichen Zahl an Wohnungen zurückgeblieben, sodass für 1990 ein Defizit von jeweils rund 100.000 Wohnungen für West- und Ost-Berlin festgestellt wurde. Aufgrund der Flächenknappheit und hohen Baukosten seien in den 1980er Jahren in West-Berlin lediglich 5.000-7.000 Wohnungen pro Jahr entstanden. In Ost-Berlin würden zwar etwa 27.000 Wohnungen im Jahr fertig gestellt, deren Plattenbauweise sei jedoch nach dem Zusammenschluss Berlins in Ungnade gefallen, da sie als zu unflexibel, bautechnisch nicht ausgereift galt und nicht mehr erwünscht werde. Es wurde prognostiziert, dass die Hauptlast des Defizits private Ein- und Zweifamilienhäuser an der Peripherie tragen würden, was zu starken Suburbanisierungstendenzen führen würde. Der rot-grüne Senat wolle zwar den sozialen Mietwohnungsbau durch gemeinnützige Wohnungsbaugesellschaften wiederbeleben, aber es wurde bezweifelt, „ob gerade die gemeinnützigen Wohnungsbaugesellschaften das erforderliche Maß an Flexibilität, architektonischem Qualitätsbewußtsein und Innovationsfähigkeit mitbringen" (Einem 1990: 3).

Statt diese Herausforderung zu thematisieren, standen die Auswirkungen eines Dienstleistungszentrums am Potsdamer/Leipziger Platz auf die Bevölkerungsstruktur der angrenzenden Quartiere im Mittelpunkt. In den Ausschusssitzungen für Stadtplanung und -entwicklung am 2. Mai und 6. Juni 1990 bestand Einigkeit darin, dass Dienstleistungszentren im Zentralen Bereich eine Sogwirkung für bestimmte Bevölkerungsgruppen haben würden, deren „Leben durch Luxus und Reichtum" gekennzeichnet sei (Abgeordnetenhaus 02.05.1990: 7, 10). Durch die Arbeitsplatzschaffung am Potsdamer/Leipziger Platz, die nicht allein vom Berliner Arbeitsmarkt gedeckt werden könne, würden für die hinzuziehenden ArbeitnehmerInnen und ihre Familienangehörigen Wohnraum benötigt. Ein Teil werde zwar zum „Wohnen im Grünen" ins Umland ziehen, doch der überwiegende Teil werde die „guten und arbeitsplatznahen Wohnlagen im Innenstadtbereich bevorzugen" (Abgeordnetenhaus 06.06.1990: 104). Neben den kurzen Pendelwegen und -zeiten zum Arbeitsplatz müssten die innerstädtischen Wohnquartiere der zahlungskräftigen Mieter Qualitätsmerkmale aufweisen wie die Nähe zu Geschäften, kulturellen Einrichtungen des gehobenen Bedarfs und Infrastrukturen aller Art, aber auch zu innerstädtischen Grünanlagen beziehungsweise sonstigen Erholungsmöglichkeiten und akzeptablen Bildungseinrichtungen (ebd.: 104/105). Entsprechend seien überproportionale Mietsteigerungen sowie steigende Lebenshaltungskosten vorprogrammiert, denn durch die erhöhte Kaufkraft der zuziehenden Bevölkerung werde sich die Struktur der bisherigen Geschäfte mit „Billigangeboten“ verändern (ebd.: 106). Die Wohnverhältnisse und Lebensumstände der angestammten Bevölkerung würden sich so nachteilig verändern, dass sie dieses Stadtquartier verlassen und in die nächstgelegenen „Billigquartiere“ verdrängt werden (Abgeordnetenhaus 02.05.1990: 7, 10). Befürchtet wurde deren „Verslumung“ sowie die erhebliche Zunahme und extremer werdende sozial-räumliche Polarisierung der Bevölkerung in arm und reich (Abgeordnetenhaus 06.06.1990: 106).

Interessanterweise wurde das Hansaviertel als Ausnahme für die Verdrängung gesehen, da es überwiegend aus Neubauten und zum Teil aus Eigentumswohnungen bestehe (ebd.: 105), während vermutet wurde, dass sich der Prenzlauer Berg als „Billigquartier“ anbiete und dort „Berlins zukünftiges Elendsquartier“ entstehe (ebd.: 107). Diese Sichtweise deutet einerseits darauf hin, dass ausschließlich Neubauten als adäquate Wohnform angesehen und zur Lösung des Wohnungsdefizits gesehen wurden (vgl. Einem 1990: 3/4). Andererseits blieb die Situation in Ost-Berlin unterbeleuchtet, indem der

Wohnungsleerstand in den Altbauten nicht berücksichtigt und deren Potential durch Sanierung und damit zur Schaffung von neuem Wohnraum nicht gesehen wurde. Die Debatte blieb eine West-Berliner Debatte, bei der die Situation und die Verhältnisse in Ost-Berlin, wie auch die Einbindung des Magistrats in die Planung zeigt, nicht wahrgenommen wurde. Die Schaffung von Neuem – nach westlichen Maßstäben – stand im Vordergrund, was sowohl durch den Abriss(beschluss) der bereits begonnenen Wohnungsbauvorhaben am Leipziger Platz als auch durch die Disponibilität des Bellevuetowers als Studierenden- und Asylsuchenden-Wohnheim deutlich wird.

Nutzungsmischung

Wohnen im Zentralen Bereich und besonders am Potsdamer/Leipziger Platz wurde entweder nicht thematisiert oder unspezifisch im allgemeinen Kontext der Nutzungsmischung verhandelt. Bei der Pressekonferenz am 9. März 1990 zur Vorstellung der Gestaltung des Zentralen Bereiches wurde das Thema von Stadtentwicklungssenatorin Schreyer ebenso wenig erwähnt (SenStadtUm 09.03.1990), wie von den eingeladenen Architekturexperten im Ausschuss für Stadtplanung und -entwicklung am 16. Mai 1990 (Abgeordnetenhaus 16.05.1990). Der Architekt Edvard Jahn, der an der städtebaulichen Wettbewerbsvorbereitung während der rot-grünen Koalition 1990 beteiligt war, erklärte sogar in dieser Ausschusssitzung, dass sich, konträr zu den Vorstellungen der

Internationalen Bauausstellung (IBA), herausgestellt habe, „daß der Ort zwischen dem Leipziger Platz und dem Kulturforum kein Ort des Wohnens ist, sondern ein Ort, in dem [...] Arbeitsstätten sein sollten“ (ebd.: 104).
In der Vorbereitung der Senatssitzung am 10. April 1990, bei der die Eckpunkte für den städtebaulichen Wettbewerb festgelegt wurden, taucht das Thema Wohnen nur einmal am Rande unter dem Aspekt „Bauliche Nutzung“ auf: „Neben diesen kleinteiligen Strukturen sind eingestreute oder überlappende Nutzungen wie Kaufhäuser, Hotels, Geschäftshäuser *oder auch* Wohnnutzung vorzusehen“ (SenStadtUm 20.03.1990, Hervorhebung gs). In allen weiteren Dokumenten und in den Beschlussvorlagen von SenStadtUm (09.04.1990) und SenBauWohn (02.04.1990) zur Senatssitzung und im Senatsbeschluss 959/90 (Senat 10.04.1990) sowie in der Beschlussvorlage des Ost-Berliner Magistrats (Magistrat 11.04.1990) wird Wohnen nicht erwähnt. Selbst der Vorschlag von SenBauWohn, den Leipziger Platz im historischen Stadtgrundriss „mit Hotels, Kinos, Wohn-, Geschäfts- und Kaufhäusern“ (SenBauWohn 02.04.1990) zu bebauen, fand keinen Eingang in den Senatsbeschluss.

Dennoch verständigten sich die Mitglieder der verwaltungsinternen Steuerungsgruppe am 5. Juni 1990 zur Vorbereitung des Wettbewerbs darauf, dass im gesamten West-Berliner Bereich des Wettbewerbsgebiets die Integration von Wohnnutzung möglich sein sollte. Der Vertreter von SenStadtUm betonte, dass „für einen in sich funktionierenden Teilbereich der Stadt [...] auch Wohnnutzung eine größere Bedeutung" habe (Gruppe Planwerk 11.06.1990). Es sei ein „erheblicher Wohnanteil" auf dem Lenné-Dreieck und an der Köthener Straße anzustreben sowie im Esplanade-Dreieck an der Bellevuestraße (ebd.). In Bezug auf die Eigentümer ist im Protokoll festgehalten, dass Hertie/Wertheim am Lenné-Dreieck dem „Vernehmen nach eher Dienstleistungsnutzung (evt. auch Wohnen)" anstrebe, während der Vertreter von SenBauWohn für das Vorhaben der Daimler Benz eine „40-50-prozentige Fremdnutzung in den unteren Geschossen und Wohnen in oberen Geschossen" für denkbar hielt (Gruppe Planwerk 11.06.1990). Diese Überlegungen wurden jedoch bis zum Ende der rot-grünen Koalition im Dezember 1990 nicht weiter verfolgt oder konkretisiert.

2.5.2 Kaufverträge: Wehret den Anfängen

Ein grundsätzlich machtvolles Instrument des politisch-administrativen Systems zur städtebaulichen Planung sind die Kaufverträge. Bereits im Juni 1990 hatte SenBauWohn in einer Sitzung der Steuerungsgruppe in Bezug auf den Kaufvertrag von Daimler Benz darauf hingewiesen, dass „Nutzungsbedingungen [...] in einem Kaufvertrag festzuschreiben" seien (Gruppe Planwerk 11.06.1990). Ein Jahr später hatte SenStadtUm im Zusammenhang mit dem Kaufvertrag von Sony betont, eine „Mononutzung" sei abzulehnen und entsprechenden Entwicklungen müsse „mit allen zu Gebote stehenden Mitteln entgegengetreten" werden. Zu diesen Instrumenten gehöre „u.a. das Planungsrecht, aber eben auch der Kaufvertrag" (SenStadtUm 13.06.1991).

Im Kaufvertrag von Daimler Benz wurde im Rahmen der 20-30-prozentigen Nutzungsmischung auch Wohnen erwähnt. (Senat 16.07.1990). Auf die allgemein gehaltene Verpflichtung der Nutzungsmischung wies Daimler Benz während der Verhandlungen um den Wohnanteil im November 1991 die Senatoren Hassemer und Nagel in einem Brief hin: „Wie Sie jedoch auf der Pressekonferenz zu Recht ausführten, besteht gegenwärtig für unser Haus keine Verpflichtung zur Schaffung von Wohnraum". Einlenkend wurde jedoch erklärt, dass Daimler Benz „selbstverständlich" zu der Aussage stehe, dort Wohnungen zu schaffen (Daimler 26.11.1991) – nur auf die Anzahl wollte man sich eben nicht festlegen.

Im Kaufvertrag von Sony versuchte SenStadtUm immerhin einen konkreten Wohnanteil zu implementieren. Nach Prüfung des Kaufvertrages verlangte SenStadtUm – ohne eine Begründung – in einem Brief an SenFin, dass „ein Anteil Wohnnutzung von mindestens 10 % der realisierenden Bruttogeschoßfläche festzuschreiben" sei (SenStadtUm 31.05.1991). In einem Telefonat von SenStadtUm lehnte der Anwalt von Sony eine solche Verpflichtung jedoch ab, denn Sony sei vor dem Ergebnis des Wettbewerbes nicht bereit, „die entsprechende Auflage zu akzeptieren" (SenStadtUm 13.06.1991). SenStadtUm forderte von SenFin nun wenigstens, dass „in dem Kaufvertrag die Zusicherung enthalten ist, daß sich Sony dem Ergebnis des Bauwettbewerbs" unterwirft, denn dort würde die Auflage gemacht, „einen Mindestanteil an Wohnungsnutzung zu realisieren" (SenStadtUm 13.06.1991). In der Antwort von SenFin wird offensichtlich, dass diese Vorstellungen vorher innerhalb der Senatsverwaltungen nicht abgestimmt worden waren, denn „sowohl Sony als auch unsere Verwaltung [wurden] von dieser Vorstellung überrascht" (SenFin 13.06.1991, 01.07.1991). Außerdem habe SenFin „hiervon zu einem Zeitpunkt Kenntnis [erhalten], als die wesentlichen Bedingungen des Kaufvertrages bereits ausgehandelt waren" (SenFin 01.07.1991). Darüber hinaus sei dies „mit dem geplanten Investitionsvorhaben überhaupt nicht in Einklang zu bringen und würde die inzwischen erzielte Einigung über die Vertragsbedingungen völlig in Frage stellen" (SenFin 13.06.1991). Das Unternehmen sei lediglich bereit, „die Absicht über die Errichtung eines Hotels und ggf. von Wohnungen zu erklären, ohne hierüber eine Verpflichtung einzugehen“ (ebd.). Da dies laut SenFin den bisherigen Vorgaben entsprach, müsse der Text wie folgt verändert werden: Es „ist beabsichtigt, Nutzfläche für Bürozwecke für andere Firmen, sowie ggf. ein Hotel *und/oder Wohnungen* sowie für Einzelhandel, Restaurants, Galerien und ähnliches herzustellen“ (SenFin 13.06.1991, Hervorhebung gs). Die Forderung nach einem festgesetzten Wohnanteil fand im Kaufvertrag lediglich Eingang, indem die Käufer „zur Kenntnis“ nahmen, dass „bei dem Verkäufer der Wunsch besteht, im gesamten Bereich des Potsdamer Platzes 10 % der Nutzfläche für Wohnungen vorzusehen“ (SenFin 01.07.1991). Dass sich die Senatsverwaltungen nicht abgesprochen hatten oder eine einheitliche Position gegenüber Sony vertraten, wird auch in einer Sony-internen Mitteilung während der Verhandlungshochphase im Dezember 1991 deutlich. Darin beschwert sich der Sony-Vertreter, dass sie neun Monate lang mit dem Senat verhandelt und vier Monate mit SenFin Kaufverhandlungen geführt hätten, ohne dass der Wohnaspekt eine besondere Bedeutung gehabt habe; das „Fünf-Sterne-Hotel u.a. war viel wichtiger“, auch die Position von SenBauWohn sei gewesen, „daß es sich hier um kein Wohngebiet handle“ (Sony 03.12.1991).

Die Chance, die Kaufverträge zu einem machtvollen Instrument der städtebaulichen Planung zu machen, wurde nicht wahrgenommen. Beim Sony-Vertrag konnte sich SenStadtUm weder gegenüber dem Investor noch den anderen beteiligten Senatsverwaltungen durchsetzen. Die Gründe sind darin zu suchen, dass SenStadtUm das Thema Wohnen 1990 für wenig bedeutsam hielt und 1991 weder Begründungen abgab, noch Absprachen mit den anderen Senatsverwaltungen traf.

2.5.3 Unvermittelt – Zusätzlich – Wirtschaftlich

Unvermittelt

Erst mit der gescheiterten Aufnahme eines festen prozentualen Wohnanteils in den Kaufvertrag mit Sony war SenStadtUm im Sommer 1991 entschlossen, einen Mindestanteil von zehn Prozent Wohnungsnutzung in den Wettbewerbsauflagen aufzunehmen und dadurch zur Bedingung zu machen (SenStadtUm 13.06.1991). SenStadtUm konnte sich innerhalb des politisch-administrativen Systems jedoch nicht durchsetzen, sodass ein festgelegter Wohnanteil in der Ausschreibung des städtebaulichen Wettbewerbs keinen Niederschlag fand. Stattdessen wurde als städtebauliche Zielvorstellung unkonkret formuliert: „Wohnen muß Bestandteil der Nutzungsmischung sein“ (SenStadtUm 1991a: 27).

Im Vorfeld des Wettbewerbs konnte sich Hertie/Wertheim „Wohnen am Tiergartenrand“ für das Lenné-Dreieck und Haus Vaterland/ABB eine „Mischnutzung aus Hotels, Büros, Geschäften u.a. Wohnungen“ vorstellen (SenStadtUm 28.06.1991). Lediglich Daimler Benz hielt einen „höheren Wohnanteil als die angegebenen 100 Wohneinheiten für denkbar“(Daimler 28.06.1991).[119]

---

[119] In dem Schreiben von Daimler Benz an die WettbewerbsteilnehmerInnen wurden, abhängig von der Bruttogeschossfläche, 50 beziehungsweise 200 Wohneinheiten gewünscht (Daimler 28.06.1991). Worauf sich die hier erwähnten 100 Wohneinheiten beziehen, ist unklar.

Für das Sony-Grundstück und den Leipziger Platz wurden überhaupt keine Angaben gemacht (SenStadtUm 28.06.1991). Entsprechend lapidar war auch die Erläuterung des Wettbewerbsiegers Hilmer und Sattler formuliert: „Großstädtische Normalität wird durch eine Mischung von Büros, *Wohnungen*, Läden, Restaurants, Hotels, Kongreßangeboten und kulturellen Einrichtungen angestrebt" (Lampugnani/Schneider 1994: 70, Hervorhebung gs). Bei der Beurteilung des Preisgerichts wurde der Wohnaspekt allerdings überhaupt nicht erwähnt (SenStadtUm 28.10.1991).

1

Auch bei der Präsentation des Entwurfes vom Richard Rogers am 9. Oktober 1991 (SenBauWohn 14.10.1991), wie auch in der dazugehörenden Broschüre zum Investorenkonzept, blieb der Wohnaspekt unerwähnt (Daimler Benz u.a., o. D.). Dies geschah, obwohl Rogers in seinem Entwurf erläuterte, dass das oberste Gebot bei der städtebaulichen Neudefinition des Potsdamer Platzes die „Rückgabe des Stadtraumes an Menschen" sei, was „die Sicherstellung einer Nutzungsmischung mit mindestens 20 bis 30 % Wohnen in geeigneten, für diese Stadtsituation zu entwickelnden Baustrukturen" bedeute (RRP 1991a, o. S.).[120]

---

120 Dem entgegen sah Rogers in seinem Entwurf für das Gesamtgelände lediglich 60.000 qm Wohnfläche vor (RRP 1991, o. S.), was bei fast einer Million Quadratmeter Nutzfläche einem Anteil von etwa sechs Prozent entspricht (RRP 1991: o. S.)

Während bei der gesamten Wettbewerbsvorbereitung bis hin zur Entscheidung der Wettbewerbsjury im Oktober 1991 das Thema unspezifisch und marginal behandelt wurde, avancierte es in der Überarbeitungsphase des Entwurfes von Hilmer und Sattler im November und Dezember 1991 zu einem erbitterten Streitthema.

Am 5. November 1991 verkündete Christoph Sattler in einer Verwaltungsrunde überraschenderweise und etwas vorschnell, man habe sich bei der Überarbeitung des prämierten städtebaulichen Entwurfs mit den Investoren geeinigt und den „Wohnanteil auf 20 % festgelegt“ (SenStadtUm 5.11.1991). Eine Begründung für diese Zahl wurde zwar nicht angegeben, aber sie könnte – brisanterweise – den Erläuterungen des Entwurfes von Rogers entnommen worden sein (vgl. RRP 1991a: o. S.). Von einer Einigung mit den Investoren war drei Tage später in einer Pressemitteilung der Senatoren Nagel und Hassemer allerdings keine Rede mehr. Stattdessen wurde betont, dass „eine, auch von den Investoren gewollte Urbanität im Wettbewerbsgebiet nur dann sichergestellt wird, wenn bei der Überarbeitung des städtebaulichen Konzepts und den anschließenden Realisierungswettbewerben der Wohnungsanteil bei 20-30 % der Nutzfläche liegt“ (SenBauWohn 08.11.1991). Bestärkend forderte öffentlich Klaus-Rüdiger Landowsky, Fraktionsvorsitzender der CDU, die Schaffung von 10.000 Wohnungen für 20.000 bis 30.000 Menschen (Stegers 1991: 21.11.1991).

Bei allen Abstimmungsgesprächen zwischen dem politisch-administrativen System und den Investoren im November und Dezember blieb SenStadtUm bei der Forderung nach einem mindestens 20-prozentigen Wohnanteil (SenStadtUm 07.11.1991, 02.12.1991, 16.12.1991). Die Durchsetzungsfähigkeit dieser Forderung wurde innerhalb des politisch-administrativen Systems allerdings bezweifelt. In einem handschriftlichen Vermerk von SenStadtUm wurde die Verlegung der vorgesehenen Senatssitzung zur Umsetzung des Wettbewerbsergebnisses am 10. Dezember um eine Woche in Erwägung gezogen, da erst wenige Tage vorher ein erneutes Gespräch mit den Investoren stattfinde und „die Wohnungsbauforderung nach wie vor strittig" sowie das „Ergebnis [...] nicht abzusehen" sei (SenStadtUm 05.12.1991). Bei der Verhandlung am 6. Dezember wurde jedoch Einigkeit erzielt, sodass im Senatsbeschluss 1154/91 vom 10. Dezember 1991 festgehalten wurde: „Der überarbeitete und abgestimmte städtebauliche Entwurf sieht neben den Nutzungsanforderungen der Investoren einen Wohnungsbauanteil von ca. 20 % der Bruttogeschoßfläche in jedem Projekt vor" (Senat 12.12.1991). Hassemer wertete dies in einer anschließenden Presseerklärung als „großen Erfolg", der rund 3.000 Wohnungen ermögliche, denn „zunächst waren nur fünf Prozent und weniger gesichert gewesen" (Senat 13.12.1991).

Zusätzlich

Bei den Verhandlungen um den Wohnanteil im Herbst 1991 verfolgten die Investoren unterschiedliche Strategien. Während Daimler Benz in erster Linie auf eine Erhöhung der Geschossflächenzahl abzielte, forderte Sony eine Lockerung der Höhenrestriktion und Blockbebauung. Der *zusätzlich* unterzubringende Wohnanteil wurde also über die städtebauliche Form verhandelt.

Der Grund für die Strategie von Daimler Benz ist im Kaufvertrag zu sehen, denn darin ist festgelegt, dass der Kaufpreis auf eine GFZ von 4,0 bezogen ist (§ 4) und eine Bruttogeschossfläche von circa 265.000 qm angestrebt werde (§ 5) (Senat 16.07.1990, vgl. auch SenFin 09.04.1990).[121] Im Vorfeld des städtebaulichen Wettbewerbs im Sommer 1991 informierte Daimler Benz die WettbewerbsteilnehmerInnen in einem Brief, dass mit diesen Vorgaben 50 Wohnungen à 100 qm realisiert werden könnten, was einem prozentualen Anteil von circa zwei Prozent entspräche.[122] Es wurde aber darauf hingewiesen, dass eine GFZ von 5,0 als „kritische Masse" für urbanes Leben notwendig sei, sodass in den sich daraus ergebenden 325.000 qm BGF dann 200 Wohnungen à 100 qm

---

[121] Allerdings ist im Vertrag auch geregelt, dass der Senat als Verkäufer „vorbehaltlich der baurechtlichen Zulässigkeit zustimmend die Absicht der Käufer zur Kenntnis [nimmt], eine Planung für das Bauvorhaben zu erstellen, die ein GFZ von mindestens 4,5 vorsieht" (SenFin 01.07.1990).

[122] Dies und die folgenden prozentualen Angaben sind eigene Berechnungen.

(circa sechs Prozent) untergebracht werden könnten (Daimler 28.06.1991).

In die Verhandlungen über den Wohnanteil im November und Dezember 1991 ging Daimler Benz jedoch nicht mit diesen Zahlen als Grundlage für die weitere Planung, sondern verwies auf den Entwurf von Hilmer und Sattler – obwohl diese ansonsten in allen anderen Punkten abgelehnt wurde. Mit der darin vorgesehenen GFZ von 5,4 würde sich für Daimler Benz eine BGF von 374.000 qm ergeben, sodass sie damit „in der Lage [sind], einen entsprechend höheren Anteil an Mischnutzung zur Verfügung zu stellen. Dies ermöglicht uns, ein Hotel und Wohnungen zu bauen“ (Daimler 26.11.1991, vgl. auch SenStadtUm 07.11.1991). Die Überarbeitung des Entwurfes von Hilmer und Sattler fand nach weiteren Verhandlungen Eingang in den Senatsbeschluss 1154/91, in dem eine Reduzierung der GFZ gegenüber dem ursprünglichen Entwurf auf 5,0 mit 335.000 qm BGF verabschiedet wurde.

Der darin enthaltene 20-prozentige Wohnanteil, so wurde von SenStadtUm und Sattler argumentiert, ergebe sich aus der Differenz zwischen Kaufvertrag und derzeitigem Konzept (SenStadtUm 10.12.1991). Bereits Ende November hatte Hassemer jedoch eingestanden, dass bei weiterhin „ablehnender Diskussion seitens der Investoren“ eine „gewisse Dichteerhöhung“, abweichend von den Vorstellungen des politisch-administrativen Systems, möglich sei (SenStadtUm 02.12.1991). Dies dürfe jedoch nicht dazu führen, „daß jeder

Quadratmeter Wohnen eine entsprechende GFZ-Erhöhung nach sich" ziehe (ebd.)

Dass der Entwurf von Hilmer und Sattler sowohl in seiner ursprünglichen wie überarbeiteten Fassung eine Nutzflächenerhöhung gegenüber dem Kaufvertrag für Daimler Benz bedeutete, ließ der Konzern unbeachtet. Stattdessen wurde darauf beharrt, „daß auf unserem Grundstück bei einer *Reduzierung* der GFZ auf 5,0 die ca. 20 % Wohnungen nicht unterzubringen sind. Wir waren uns einig, daß hier eine Flexibilität in der GFZ notwendig ist, wenn die Forderungen des Senats [...] erfüllt werden soll" (Daimler 10.12.1991, Hervorhebung gs). Der Widerstand von Daimler Benz ist verständlich, denn bei einer GFZ von 5,4 hätten sie zwar fast 75.000 qm für Wohnungen einplanen müssen, hätten aber aus der Differenz der BGF zwischen Kauf und dem ursprünglichen Entwurf von Hilmer und Sattler immerhin fast 35.000 qm Flächenzugewinn kostenlos zur Verfügung gehabt. So betrug der Flächenzuwachs *lediglich* 3.000 qm.[123]

Dennoch brachte der Kompromiss eine Kostenersparnis für den Investor mit sich, denn nichts deutet darauf hin, dass die im Kaufvertrag festgelegte Nachzahlung für die GFZ-

[123] Diese wurden Daimler Benz gewissermaßen geschenkt, denn ein 20-prozentiger Wohnanteil von 335.000 qm entspricht 67.000 qm, während der Flächengewinn bei der Erhöhung der GFZ von 4,0 auf 5,0 rund 70.000 qm beträgt.

Erhöhung von etwa 15 Miollionen DM getätigt wurde (Stegers 16.12.1991, vgl. Frank 2000: 77).[124]

Dessen ungeachtet war der Konzern nicht bereit, das Verhandlungsergebnis anzuerkennen, sondern erklärte in einem Brief an SenStadtUm: „Es versteht sich von selbst, daß der Anteil der Wohnungen an der Gesamtfläche das [im Kaufvertrag enthaltene anzustrebende] Nutzungskonzept entscheidend beeinflussen: Die für die Wohnungen *verbrauchten* Flächen stehen nicht mehr für andere Nutzungen zur Verfügung" (Daimler 19.12.1991, Hervorhebung gs). Die Festlegungen des Senatsbeschlusses wurden daher von Daimler Benz als nicht bindend betrachtet (ebd.). SenStadtUm entgegnete im Antwortschreiben jedoch, dass der Senatsbeschluss sehr wohl „verbindliche Grundlage für das weitere Vorgehen und die Planung" sei, denn „die in Ihrem Schreiben enthaltenen Punkte haben damit eine endgültige Klärung erfahren" (SenStadtUm 07.01.1992).

Für Sony war hingegen die Veränderung der städtebaulichen Gestaltung in den Verhandlungen um den Wohnanteil oberstes Anliegen (vgl. Kapitel 2.3).[125]

---

[124] Im Kaufvertrag von Daimler Benz und Sony ist pro 0,1 GFZ-Erhöhung eine Nachzahlung von 25 DM/qm beziehungsweise 30 DM/qm festgelegt, was in der Summe für Daimler Benz circa 15 Millionen DM und für Sony circa 4 Millionen DM bedeutet hätte (Stegers 16.12.1991, Frank 2000: 77).

[125] Der Kaufvertrag von Sony war eine GFZ von *mindestens* 4,5 ohne Angaben der BGF festgelegt, so dass mehr Spielraum als beim Daimler-Vertrag bestand.

Der Widerstand gegen den geforderten Wohnanteil wurde mit baulicher Unmöglichkeit begründet. Die Forderung von Landowsky nach 10.000 Wohnungen am Potsdamer Platz (Stegers 1991: 21.11.1991) wurde als „Skandal“ empfunden (Sony 03.12.1991), weil dies „eine Verdoppelung der zulässigen Baumasse“ bedeute (SenStadtUm 27.11.1991). Sony würde dadurch gezwungen „so ‚dicke Gebäude‘ zu bauen, daß diese kaum benutzbar beziehungsweise vermietbar wären“ (Sony 03.12.1991). In einer internen Mitteilung wurde vermerkt, dass dieses „Grundproblem“ Ende November mit den Senatsvertretern „überhaupt erst einmal ausreichend präzisiert werden“ konnte – ohne allerdings zu einer Lösung zu kommen (ebd.). Den Senatsvertretern sei zu diesem Zeitpunkt „überhaupt erst klar geworden, daß zwischen Nutzungsplanung beziehungsweise

-erhöhung für Wohnungsbau einerseits und den Höhenrestriktionen andererseits ein unaufhebbarer Gegensatz“ bestehe (ebd.). „Kurioserweise“ seien die Senatsvertreter davon ausgegangen, „daß der Wohnanteil von 20 % unter Beibehaltung der Gesamtnutzfläche, d.h. also bei Verzicht auf andere Nutzung in dieser Höhe, realisiert werden könne“ (ebd.). Nach Berechnungen von Sony würde die geforderte Wohnungsanzahl eine „Überdeckung bisheriger BGF um über 100 % bedeuten“ (ebd.)

Dies sei entweder mit einer GFZ von 9,5 oder mit der Umwandlung in ein reines Wohngebiet zu realisieren, was nur möglich wäre, wenn der „Senat zusätzlich ein der öffentlichen

Hand gehörendes Gelände im Wettbewerbsgebiet in ein Wohngebiet umwidmet" (ebd.).

Kritisiert wurde von Sony ebenfalls die im Entwurf von Hilmer und Sattler enthaltene Gebäudetiefe von 22 Metern. Da diese für Wohnungen normalerweise nur 13 Meter betrage, entstünden „entweder unvermietbare Fläche, in der die Leute im Dunkeln sitzen, oder es gibt Wohnungen mit ausschließlich 90 qm großen Zimmern oder mit buchstäblich fensterlosen Räumen" (ebd.). Abschließend kam der Sony-Vertreter in seinem Schreiben zu dem Schluss, dass er es „zunehmend ermüdend" finde, sich mit „so dilettantischen Vorstellungen auseinandersetzen zu müssen" (ebd.). SenStadtUm räumte in einer handschriftlichen Anmerkung zu dem Schreiben ein, „bei den Argumenten zu wenig durch[zublicken]" (ebd.). Falls das bei Sony auch der Fall sei, müsse „freundlich erläutert und geduldig erklärt werden", doch falls die Bedenken „wenn auch nur in etwa" begründet seien, müsse man sich „dringend damit auseinandersetzen" (ebd.).[126]

Im Ergebnis wurde ein Kompromiss erzielt, bei dem sich die Investoren verpflichteten, *zusätzlich* Wohnflächen einzuplanen, und im Gegenzug das politisch-administrative System

[126] Wie in Kapitel 2.3 bereits dargelegt, wies der Entwurf von Hilmer und Sattler konzeptionelle Schwächen auf, die seitens der Preisrichter sowie von SenStadtUm und SenBauWohn zunächst weitgehend unbeachtet blieben.

zusätzliche Nutzungsflächen durch höhere Bebauung und Hochhäuser zuließ.

Wirtschaftlich

Neben der städtebaulichen Komponente diente seitens der Investoren das Argument der Wirtschaftlichkeit[127] bei den Verhandlungen als Hauptbegründung. So argumentierte Sony „unter Zustimmung der übrigen Investoren", dass der geforderte „Wohnungsanteil, auch als zusätzlicher, [...] die Rentabilität nicht nur in relativen, sondern auch in absoluten Zahlen" beeinträchtigen würde, vor allem, wenn „wir nicht astronomische Mieten kalkulieren, die politisch nicht vertretbar und wirtschaftlich riskant wären" (Sony 03.12.1991). SenStadtUm verwies hingegen auf die Kaufverträge. Die darin enthaltenen Größenordnungen müssten die „Grundlage für alle Wirtschaftlichkeitsüberlegungen der Investoren" und der weiteren Planung sein (SenStadtUm 10.12.1991). Dass bei der Rentabilität offensichtlich doch Spielräume vorhanden waren, ist wiederum der internen Mitteilung von Sony zu entnehmen, in der der Autor versichert, er „halte diesen Weg [der Einplanung eines Wohnanteils, gs] für wirtschaftlich gangbar", könne ihn aber nur empfehlen, „wenn uns im übrigen die Steine aus dem Weg geräumt werden" (Sony 03.12.1991). Einer dieser *Steine* war der von Sony geforderte Grundstückstausch, der in den Senatsbeschluss aufgenommen

[127] Zur Rentabilitätsorientierung der Investoren vgl. Kapitel 2.2.

werden sollte.[128] Obwohl SenStadtUm erklärte, dass Grundstücksgeschäfte nicht Gegenstand der Senatsvorlage seien und sich ein „Grundstückstausch nur als Konsequenz aus der Einigung über die anderen Punkte“ ergebe, wurde dennoch versichert, eine Kompensationsfläche zu suchen (SenStadtUm 6.12.1991).

Daimler Benz hingegen versuchte bei der Verhandlung am 6. Dezember 1991 außerdem einen noch größeren Anteil für Einzelhandel zu erreichen, mit der Begründung, dass sonst „der gesamte Nutzungsmix“ nicht funktionieren würde: Für die von Hilmer und Sattler entwickelte „Einkaufslandschaft“ brauche es in Konkurrenz zum Hertie/Wertheim-Kaufhaus am Leipziger Platz auf dem Daimler Benz-Gelände ein entsprechendes Pendant, das groß genug sein müsse, um Kunden von Hertie/Wertheim wegzuziehen (SenStadtUm 16.12.1991). Daimler Benz argumentierte, es gehe dabei „nicht um Wirtschaftlichkeit, sondern Urbanität!“, was nach Meinung von SenStadtUm ein „totaler Widerspruch zur vorangehenden Argumentation“ sei (SenStadtUm 06.12.1991). Für SenStadtUm waren damit die „Grenzen der Spielräume“ erreicht (ebd.). Aber Daimler Benz betonte auch nach dem Senatsbeschluss vom 10. Dezember in einem Brief an Hassemer noch einmal, „daß für uns dort ein Entgegenkommen begrenzt ist,

[128] Die Veränderung des historischen Straßenrasters im Entwurf von Hilmer und Sattler hatte zur Folge, dass auf Teilen des Grundstücks von Sony die Neue Potsdamer Straße entlang führen sollte (SenStadtUm 10.12.1991).

wo die Wirtschaftlichkeit des gesamten Vorhabens in Frage gestellt wird“ (Daimler 19.12.1991).

2.5.4 Ein „Feigenblatt“

Wie bereits festgestellt, war das Thema Wohnen am Potsdamer/Leipziger Platz kein integraler Bestandteil oder gar Ausgangspunkt der städtebaulichen Planung, sondern wurde zu einem *zusätzlichen* Aspekt, was die Forderung nach dem konkreten Wohnanteil zu einem sehr späten Zeitpunkt der Planung belegt. Doch nicht nur der Zeitpunkt macht das Thema zum Feigenblatt der Planung, sondern auch die Überlegung, dass den zu erwartenden 20.000 Arbeitsplätzen lediglich geschätzte 2.500 bis 3.000 Wohnungen mit prognostizierten 4.500 EinwohnerInnen gegenüber standen (vgl. SenBauWohn 1994: 1/2). Dass aber nicht die Arbeitsplätze für die EinwohnerInnen oder die Wohnungen für die Erwerbstätigen vorgesehen waren, hob Professor Schmidt-Thomson bereits in der Sitzung des Ausschusses für Stadtplanung und -entwicklung am 16. Mai 1990 hervor, denn die zukünftigen Arbeitskräfte seien „ja nun zwangsläufig an dieser Stelle Pendler“ (Abgeordnetenhaus 16.05.1990: 76).

Ebenso wies Daimler Benz in einem Brief an SenStadtUm im August des gleichen Jahres darauf hin, dass ihr Projekt ein überregionales Dienstleistungszentrum sei, was bedeute, dass die MitarbeiterInnen von außerhalb des Stadtgebietes kommen würden (Daimler 10.08.1990). Dass der Wohnungsanteil von SenStadtUm hingegen „im Hinblick auf die angestrebte Mischung von Wohnen und Arbeiten“ gewünscht wurde (SenStadtUm 10.12.1991), erscheint realitätsfern. Stattdessen lassen die zitierten Aussagen die erwähnten Befürchtungen in den Ausschusssitzungen für Stadtplanung und -entwicklung 1990 zutreffend erscheinen: Die Arbeitsplatzschaffung werde eine Sogwirkung für bestimmte Bevölkerungsgruppen haben, deren Leben durch Luxus und Reichtum gekennzeichnet sei (Abgeordnetenhaus 02.05.1990: 7, 10), und von den hinzuziehenden ArbeitnehmerInnen werde zwar ein Teil zum „Wohnen im Grünen“ ins Umland ziehen, doch der überwiegende Teil werde die „guten und arbeitsplatznahen Wohnlagen im Innenstadtbereich bevorzugen“ (Abgeordnetenhaus 06.06.1990: 104). Immerhin wurde das bereits im Juli 1990 formulierte Ziel, eine „Verdrängung der innerstädtischen Bevölkerung“ zu vermeiden, in den Festsetzungsbeschluss aufgenommen (SenStadtUm 25.07.1990, Senat 1994: 19).

Wer aber sollte *zusätzlich* am Potsdamer Platz wohnen? Die Renatabilitätsfixierung der Investoren legt hohe Miet- oder Kaufpreise für die Wohnungen nahe, die sich nur gut verdienende oder reiche Menschen leisten könnten. Aufgrund der Vorstellungen über die Art der Wohnungen waren offensichtlich Alleinstehende oder Paare das Zielpublikum. Bereits im Sommer 1990 wurden „v.a. Appartements“ anvisiert (Gruppe Planwerk 11.06.1990), und SenStadtUm forderte im Dezember 1991 „entsprechend dem hohen Bedarf [...] gut ausgestattete Kleinwohnungen (für Singles)" (SenStadtUm 02.12.1991). Im Senatsbeschluss vom 10. Dezember 1991 wurde schließlich festgelegt, dass der Wohnanteil aus „schwerpunktmäßig Appartementwohnungen" bestehen solle (Senat 12.12.1991). In diesem Punkt waren sich Investoren und SenStadtUm übrigens einig, denn auch der Entwurf von Rogers sah für das Daimler Benz-Grundstück „100 Luxus Appartements" von je 100 qm vor (RRP 1991: o. S.).

Diese Vorstellungen wurden jedoch bis zum Festsetzungsbeschluss 1994 modifiziert. Dort wurde „in Absprache mit den beteiligten Senatsverwaltungen und Bezirksämtern eine Zahl von 2500 Wohnungen [geschätzt], von denen 1000-1200 Wohnungen für Familien beziehungsweise Mehrpersonenhaushalte geeignet sein werden" (Senat 1994: 49). Wenn „40 % der geplanten Wohnungen familiengerechte Grundrisse" besitzen würden, ergäbe diese eine „Einwohnerzahl von etwa 4500" (ebd.).[129] Einmal abgesehen davon, ob mit *familiengerecht* die traditionellen Grundrisse mit großem Wohnzimmer, funktionaler Küche, kleinem Kinderzimmer und (Ehe-)Schlafzimmer gemeint waren, oder die von feministischen Planerinnen geforderten flexiblen Grundrisse mit gleich großen Räumen angedacht waren (vgl. Kapitel 1.2), bleiben als Hürden für Menschen mit Kindern die Luxusausstattung sowie die hohen Mieten beziehungsweise Kaufpreise der

[129] Diese Zahlen seien jedoch nicht gesichert, da die Planungen noch nicht ausreichend weit entwickelt seien (Senat 1994: 49).

Wohnungen. Die Bereitstellung entsprechender Grundrisse reicht für eine soziale Durchmischung nicht aus, denn gerade Besserverdienende schätzen große Wohnungen in bevorzugter Lage.

Darüber hinaus ist davon auszugehen, dass die Wohnungen aufgrund der GFZ von 5,0 sowie der Festlegung der Traufhöhe auf (zum Teil mehr als) 35 m in Hochhäusern untergebracht werden müssten. Der Entwurf von Rogers beispielsweise sah für das Daimler Benz-Gelände Wohnungen in der neunten Etage auf Dachebene über den Büros sowie für das Lenné-Dreieck und die südliche Köthener Straße in acht- bis zehn-geschossigen Gebäuden vor (RRP 1991, o. S.). Feministische Planung(swissenschaft) favorisiert Wohnen in maximal vier bis sechs Geschossern und lehnt Hochhäuser wegen der Anonymität ab. Außerdem hätte der Entwurf Rogers für das Daimler Benz-Grundstück bedeutet, dass sich in dem Haus abends und nachts bis auf die BewohnerInnen der Wohnungen kein Mensch aufhält, was geradezu unheimlich anmutet und als Angstraum angesehen werden kann, da keinerlei soziale Kontrolle möglich ist (vgl. Kapitel 1.2).

Wohnen – kein Thema!

Im Ergebnis kann festgehalten werden, dass das Thema Wohnen bei der Planung des Potsdamer/Leipziger Platzes *kein* Thema war, auch wenn es verhandelt wurde. Belege dafür sind, dass Wohnen lange Zeit nicht konkret thematisiert wurde. Vielmehr galt es als *ein* Bestandteil der Nutzungsmischung beziehungsweise als Problemaspekt der angrenzenden Quartiere und ihrer Wohnbevölkerung. Erst im Rahmen der Überarbeitung des viel kritisierten Preisträgerentwurfes von Hilmer und Sattler wurde relativ unvermittelt vom politisch-administrativen System eine feste Größenordnung von 20 Prozent in die Verhandlungen eingebracht.

Bemerkenswerterweise stritt aber dann im Dezember 1991 SenStadtUm hartnäckig und erbittert um den Wohnanteil. Es stellt sich die Frage, warum überhaupt, warum zu diesem Zeitpunkt und warum nicht früher die Forderung nach einem Wohnanteil formuliert wurde.
Die Frage nach dem Zeitpunkt lässt sich nur im Kontext des gesamten Planungsprozesses beantworten. Im Oktober 1991 präsentierte SenStadtUm nach zweimaliger Verschiebung des Wettbewerbes, nach eineinhalb Jahren Vorbereitung und nach zahlreichen Verhandlungen mit den Investoren über sämtliche Themen der Stadtplanung endlich den Siegerentwurf. Doch statt eines Erfolgs wurde dieser zum Desaster. Nicht nur hatten die Investoren praktisch hinter dem Rücken der Senatsverwaltung einen ‚Konkurrenzentwurf' in Auftrag gegeben, sondern der Siegerentwurf wurde auch noch in der Tages- sowie Fachpresse aufs Heftigste kritisiert und der Investorenentwurf mehr oder weniger deutlich als wirkliche Alternative angesehen. Kurz zuvor hatte Hassemer in Bezug auf die Investoren noch pressewirksam verkündet, er „könne den Tiger schon reiten“ (SenStadtUm 1991d: 4), da verkündete er

nun, er werde persönliche Konsequenzen ziehen, wenn der Entwurf von Hilmer und Sattler in Senat und Abgeordnetenhaus keine Mehrheit finden sollte (Frank 2000: 76). Zu diesem Zeitpunkt tauchte die Forderung nach einem 20-prozentigen Wohnanteil auf. Hatte SenStadtUm vorher keine konkreten Vorstellungen, so konnten jetzt gezielte Forderungen an die Investoren gestellt werden. Die Hartnäckigkeit, mit der das Ziel verfolgt wurde, lässt den Schluss zu, dass es zu beweisen galt, den „Tiger reiten" zu können. Oder anders ausgedrückt: die Machtverhältnisse zu Gunsten von SenStadtUm zu verändern.

Der zeithistorische Kontext lässt aber noch eine weitere Schlussfolgerung zu: Die Forderung nach dem konkretisierten Wohnanteil wurde eingebracht, als die Verhandlungen verhärtet waren und das politisch-administrative System von vielen Seiten heftig für das Festhalten am traditionellen Städtebau gescholten wurde. Die öffentliche Forderung von Landowsky nach 10.000 Wohnungen eröffnete neue Verhandlungsspielräume und die 20-Prozent-Forderung ermöglichte gleichzeitig eine Debatte über die städtebauliche Gestaltung. Mit dem Ergebnis des Kompromisses hatte Hassemer sein *Gesicht gewahrt* und einen Erfolg errungen, und: Er hat gar keinen Preis für seine Forderungen gezahlt, sondern sich – und die weitere Planung – von einem allzu kompakten und nicht bis zu Ende gedachten Entwurf befreit.

Die Frage, warum das Thema überhaupt verhandelt wurde, ließe sich damit beantworten, dass Stadtplanung zum Ende des 20. Jahrhunderts ohne einen signifikanten Anteil an Wohnnutzung kein Stadtviertel schaffen kann, zumal wenn an den Potsdamer/Leipziger Platz vergleichbare Maßstäbe als innerstädtisches Gebiet angesetzt werden wie die West-City oder das Ost-Zentrum. Das neue Stadtviertel ohne Wohnen wäre ein Dienstleistungs- und Vergnügungsviertel geworden. Selbst für Sony war die Schaffung einer „Grundbevölkerung" als Garantie für Belebtheit „nicht ohne Plausibilität" (Sony 03.12.1991). Der Wohnanteil kann somit als Legitimation für die Schaffung eines *Stadtviertels* angesehen werden. Dies würde darüber hinaus erklären, warum 1994 auch die anderen Nutzungen prozentual festgeschrieben wurden: als rechenbare Größen zur Legitimation.

Bleibt die Frage, warum das Thema nicht schon vorher Gegenstand der Verhandlung war. Es wäre sicherlich möglich gewesen, einen festen Wohnanteil frühzeitig in die Kaufverträge und die weiteren Verhandlungen zu implementieren. Allerdings hatte das politisch-administrative System ohnehin insgesamt relativ wenig konkrete Vorstellungen oder Forderungen.

Aus der Perspektive der Gender-Forschung ist der Grund vielmehr darin zu sehen, dass Wohnen weiblich konnotiert und damit dem privaten Bereich zugeordnet ist. Andere Themen wie die städtebauliche Gestaltung, der Verkehr oder, bedingt, auch die Freiflächen sind öffentlich wahrnehmbar. Die Erfinder oder Erbauer setzen damit öffentliche Zeichen, werden im öffentlichen Raum wieder erkennbar. Entsprechend wurden auch nicht Wohnungen gefordert, mit denen das tägliche Leben oder Reproduktionstätigkeiten assoziiert werden können, sondern Singlewohnungen und Luxus-Appartements. Diese können der Präsentation und damit öffentlichen Sichtbarmachung der Bewohner-Innen sowie der Erbauer dienen. Der *private* Aspekt von Wohnen kann ausgeklammert bleiben und in die Nähe zu männlich konnotierten Attributen gerückt werden.

Die weibliche Konnotation von Wohnung und Privatem macht auch erklärbar, warum die Senatsverwaltungen keine einheitliche Position vertraten: Durch die Forderung nach Wohnungen könnten auch die Akteure als nicht-männlich angesehen werden. Dieser assoziierten Nähe zu Weiblichkeit folgend wird auch verständlich, warum der so hartnäckig von Hassemer und SenStadtUm erkämpfte *Sieg* nicht einmal öffentlich gebührend gefeiert wurde. Es wurde zwar darauf hingewiesen, dass mit dem Senatsbeschluss vom 10. Dezember 1991 Investoren und Senat einen Konsens gefunden hätten, aber unerwähnt blieb der Kompromiss der veränderten städtebaulichen Gestaltung durch den erhöhten Wohnanteil.

Durch die aufgezeigten Zusammenhänge von zeithistorischem Kontext und den Machtverhältnissen zwischen den

AkteurInnen wird deutlich, dass Wohnen als Gewicht in die Verhandlungswaagschale geworfen wurde. Die originäre Funktion als Ort der Reproduktion und als relevante städtebauliche Komponente wurde nicht thematisiert. In diesem Sinne: Wohnen war kein Thema!

2.6 Freiflächen: Von der Grünen Mitte zu Grün in der Mitte

„Die Situation ist insgesamt schwierig, aber handhabbar"
Michaele Schreyer (Abgeordnetenhaus 02.05.1990: 11).

Der Planungsprozess der Freiflächen lässt sich in zwei Phasen unterteilen. Im Jahr 1990 vertrat die von Michaele Schreyer (AL) geführte Senatsverwaltung für Stadtentwicklung und Umweltschutz die Vorstellung einer „Grünen Mitte" mit ausgeprägten Freiflächen. Im Gegensatz dazu favorisierte die SPD-regierte Senatsverwaltung für Bau- und Wohnungswesen eine weitgehende Bebauung des Gebietes. Während grundsätzliche Vorstellungen und Entscheidungen bereits 1990 festgelegt und 1991 lediglich die Einzelheiten verhandelt wurden, fand mit dem Regierungswechsel im Dezember 1990 ein Paradigmawechsel von der „Grünen Mitte" zu „Grün in der Mitte" statt.

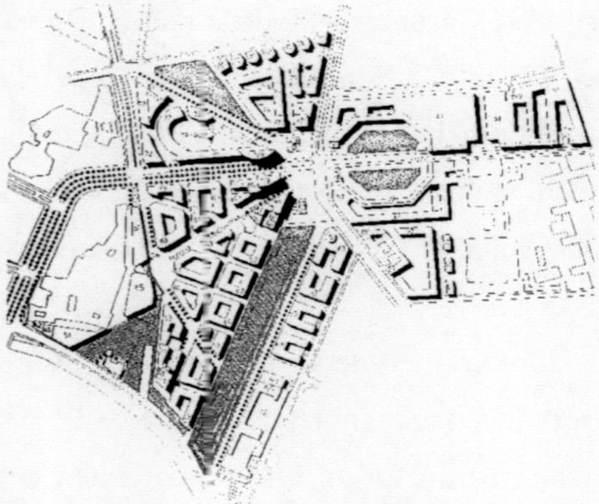

Abb. 12: Grünflächen und Wasserflächen im Planungsgebiet (Das Gartenamt 12/94: 833, eigene Colorierung)

2.6.1 Die Grüne Mitte

In den Vorstellungen von SenStadtUm sollte der Zentrale Bereich die „Grüne Mitte“ von Berlin werden, die erholende, ökologische und verbindende Funktionen übernehmen sollte. Die Grün- und Freiflächen, die „in die Stadt hineinragen bzw. hindurchführen“, sollten „vor weiterer Zersiedelung geschützt“ werden (SenStadtUm 09.03.1990). Eine besondere Bedeutung wurde dem Großen Tiergarten beigemessen, dessen „Qualität als zentrale Erholungsfläche“ gesichert werden müsse (ebd.), und der eine Funktion im Sinnes eines „Central Park“ erhalten sollte (SenBauWohn 1990: o. S.). Ziel war es, einen Zusammenhang von dichter Bebauung und Aufenthaltsqualität im Freiraum herzustellen, was die „attraktive Spannung dieses Stadtraums“ ausmache (SenStadtUm 29.03.1990) und gleichzeitig den Beweis liefere, „daß es keinen Widerspruch zwischen intensiver Nutzung, gebauter Verdichtung und grünen Stadträumen“ geben müsse (SenStadtUm 1991: 7). SenStadtUm sah dabei Grün- und Freiflächen auf dem Lenné-Dreieck, dem ehemaligen Potsdamer Personenbahnhof sowie auf dem Gelände des ehemaligen Potsdamer/Anhalter Güterbahnhofs am Gleisdreieck vor.

Die Erholungsfunktion wurde als ein Argument für die Schaffung von Freiflächen genannt. Es wurde 1990 festgestellt, dass es zwischen Kulturforum und Mauer nicht eine einzige öffentliche Grünfläche gebe, dabei komme dem Gebiet wegen seiner Lage zum verdichteten Wohngebiet Kreuzberg besondere Bedeutung bei der Verbesserung von wohnungsnahen Erholungsmöglichkeiten zu (SenStadtUm 18.06.1990). Diagnostiziert wurde ein Defizit an wohnungsnahen und Ortsteil-Parks zur Kurzzeit-Erholung (ebd., Szamatolski 19.08.1990).[130] In der Ausschusssitzung für Stadtplanung und -entwicklung am 2. Mai 1990 wurde darauf hingewiesen, dass Bausenator Nagel bereits 1986 eine Grünfläche auf dem ehemaligen Potsdamer Personenbahnhof gefordert hatte, „weil es nicht angehe, wenn man zu dicht ohne ausreichendes Grün zusammen leben müsse“ (Abgeordnetenhaus 02.05.1990: 6). Weil darüber hinaus der Tiergarten stark überanspurcht sei (SenStadtUm 27.06.1990),[131] sei ein weiterer Park von überbezirklicher Bedeutung als „zentraler Stadtpark“ notwendig (Abgeordnetenhaus 16.05.1990: 84, SenStadtUm 18.06.1990).

Ein weiteres Argument betraf die ökologische Notwendigkeit von Freiflächen: Im Sinne des Naturschutzgesetzes verlange die Dichte der Bebauung ein „Äquivalent in der Schaffung von Freiräumen“ (SenStadtUm 29.03.1990).

---

[130] Während eine Richtlinie des Deutschen Städtetags je Einwohner 13 qm Grünfläche festlege, von denen 6 qm wohnungsnah (bis 500 m Entfernung), 3,5 qm als Ortsteil-Park (bis 1000 m Entfernung) und 3,5 qm als Bezirks-Parkanlage vorgeschrieben seien, bestehe im westlichen Kreuzberg ein Fehlbedarf von 4 ha an wohnungsnahen und 7,5 ha an Ortsteil-Parkanlagen (SenStadtUm 18.06.1990).

[131] Der 215 ha große Tierpark sei für ungefähr 200.000 Menschen die einzige Bezirks-Parkanlage. Durch die Zerstörung von jährlich circa 6.000 qm Grünfläche und der Verschmutzung durch etwa 1200 m³ Abfall sei die Vegetation erheblichen Belastungen ausgesetzt (SenStadtUm 18.06.1990).

Diese sollten den entlastenden Einfluss des Tiergartens unterstützen und „weitgehend begrünt werden bzw. bleiben“ (SenStadtUm 18.06.1990). Da Grünflächen „für den klimatischen Austausch unerläßlich“ (ebd.) seien, wurde im Senatsbeschluss 959/90 vom 10. April eine zusammenhängende Vegetationsfläche als ein „unverzichtbarer Teil der stadtklimatisch notwendigen Nord-Süd-Schneise“ festgelegt (Senat 10.04.1990). Diese sollte „im gesamtstädtischen Biotopverbundsystem“ eine „möglichst geradlinige Führung“ aufweisen, und Barrieren, die den Luftaustausch verhindern, vermieden werden (Gruppe Planwerk 25.06.1990). Im Sommer 1990 folgte auch die Senatsverwaltung für Bau- und Wohnungswesen diesen Vorgaben und ergänzte, dass Wege und Plätze einen „geringen Versiegelungsgrad“ aufweisen und Tiefgaragen nicht in Freifläche ragen sollten. Dachterrassen sowie Dach- und Fassadenbegrünung könnten als Ausgleichsmaßnahmen sinnvoll sein (SenStadtUm 09.08.1990).

Wie an anderer Stelle bereits erwähnt (vgl. Kapitel 2.3), sollten auch die Freiflächen eine Verbindungsfunktion beim Zusammenwachsen der Stadt erfüllen. SenStadtUm forderte, dass mit den, von Nord und Süd an den Potsdamer Platz herangeführten, Grünflächen ein Verknüpfungspunkt mit der Grünverbindung zwischen dem Tiergarten und dem ehemaligen Potsdamer Bahnhof geschaffen werden müsse (SenStadtUm 09.08.1990, 12.03.1990, 20.03.1990). In einer Alternative zur Senatsvorlage von SenBauWohn formulierten

SenStadtUm und der Bezirk Tiergarten, dass mit Grünflächen, die nördlich und südlich an den Potsdamer Platz grenzten, eine „Grüntangente“ entstehe, die „vom Tiergarten über den neuen Park auf dem Potsdamer Personenbahnhof zum Gelände des ehemaligen Potsdamer/Anhalter Güterbahnhofs“ verlaufe (SenBauWohn 02.04.1990). Damit werde sowohl ein räumlicher Übergang von der Friedrich-Vorstadt zum Dienstleistungskomplex zwischen Potsdamer Platz, Landwehrkanal und der Staatsbibliothek als auch eine „vom Umland bis in die Innenstadt reichende ‚grüne Ader‘ mit dem zentralen Freiraum der Stadt“ geschaffen (SenStadtUm 18.06.1990). Die Senatsverwaltung für Bau- und Wohnungswesen lehnte diese Vorstellungen jedoch grundsätzlich ab. Es wurde argumentiert, dass die Schaffung einer „Grünen Mitte“ dem Ziel, den „historischen Stadtgrundriß zu urbanem Leben zu verhelfen“, zuwider laufe und diese Konzepte „trotz des Wegfalls der Westtangente [...] insularen Denkstrukturen“ verhaftet blieben (SenBauWohn 12.03.1990). Die vorgeschlagene „Grüntangente“ erzeuge eine bleibende räumliche Trennung der beiden Stadtteile und verhindere „eine ausreichende Aktivierung des Stadtgrundrisses zu einem vernünftig dimensionierten Kernbereich“ (ebd.).

Die vorgeworfene räumliche Trennung korrelierte mit den Befürchtungen von SenBauWohn, dass durch die Festlegung von Freiflächen die Grundstücke für potentielle Käufer nicht mehr zu Verfügung stehen würden. Es wurde argumentiert, dass sich zahlreiche Liegenschaften auf dem Gelände des Lenné-Dreiecks und des ehemaligen Personenbahnhofs in privater Hand befänden, bei denen die Bau- und Investitionswünsche bereits bekannt seien (SenBauWohn 12.03.1990). Ein „Grünkeil auf dem Lenné-Dreieck und eine völlige Begrünung des ehemaligen Potsdamer Personenbahnhofs" sei nicht vereinbar mit einer intensiven baulichen Nutzung (SenBauWohn 02.04.1990). Im Gegensatz zu SenStadtUm wurde vorgeschlagen, den Potsdamer Platz, „der bisher in der dargestellten Form nie existierte", auf allen Seiten baulich zu fassen sowie eine „bauliche Nutzung des ehemaligen Potsdamer Personenbahnhofs in historischer Weise" vorzusehen (ebd.). Dies bedeute zum einen eine bauliche Fassung entlang der Link- und Köthenerstraße sowie des Bahnhofsvorplatzes, und zum anderen eine Untersuchung der Überbaubarkeit der U- und S-Bahnverbindungen (SenStadtUm 09.04.1990). Der Koordinierungsrat von Ost-Berlin hielt für beide Gebiete ebenfalls eine Teilbebauung für denkbar, die „auch im Hinblick auf Eigentumsverhältnisse zu treffen" sei (Koordinierungsrat 29.03.1990), und der Bund Deutscher Architekten befürwortete zumindest eine Bebauung des Lenné-Dreiecks (Abgeordnetenhaus 16.05.1990: 84). Die Fraktion der AL bezeichnete solche Pläne als einen „schweren Fehler" (AL 06.04.1990). Eine bauliche Fassung an der Link- und Köthener Straße würde den „stark verminderten Freiraum zu einer Blockinnenfläche" degradieren (SenStadtUm 29.03.1990). Das Abgeordnetenhaus beschloss am 10. April

1990 entgegen den Vorstellungen von SenStadtUm und AL eine Blockrandbebauung entlang der Köthener Straße, wodurch insgesamt eine circa 16.000 qm große Bebauungsfläche möglich wurde (Senat 10.04.1990, Gruppe Planwerk 25.06.1990).

Exkurs: Bundesgartenschau (BUGA)

Die Konzeption einer ‚Grünen Mitte" und einer „Grüntangente" waren nicht allein den Vorstellungen der AL entsprungen, auch wenn es den Anschein hatte, beziehungsweise die SPD es so aussehen lassen wollte. Tatsächlich jedoch wurden durch die Koalitionsvereinbarung zwischen SPD und AL sowie den Senatsbeschluss 557/89 vom 31. Oktober 1989 die „Schnellstraßenplanung des bisherigen Senats" – die Westtangente – aufgegeben und die Voraussetzungen für die Konzeption der BUGA 95 geschaffen (SenStadtUm 1990: 35). Im Frühjahr 1990 verwies SenStadtUm wiederholt darauf, dass „der Gedanke der Grüntangente zum konzeptionellen Bestandteil der BUGA 95" gehöre (ebd.), die ihren Schwerpunkt im Zentralen Bereich haben werde (Abgeordnetenhaus 02.05.1990: 11). Mit dem Freiraumkonzept, das die Verbindung vom Tiergarten und den Ministergärten über das Lenné-Dreieck, den Potsdamer Platz und die neue Parkanlage am ehemaligen Potsdamer Bahnhof mit dem Park auf dem Gleisdreieck herstellen sollte (Senat 10.04.1990), werde sich ein „Natur-Park inmitten der pulsierenden Großstadt" entwickeln (SenStadtUm 06.03.1990). Entsprechend seien auch die

Grundstücke des Landes Berlin für den BUGA-Park auf den „Flächen zwischen U-/M-Bahntrasse und Linkstraße" festgelegt (SenStadtUm 09.08.1990). Während sich die AL vehement „gegen die Bestrebungen des Bausenators, das Vorhaben einer BUGA im Zentralen Bereich unter dem Beton übersteigerter Bauvorhaben zu begraben", einsetzte (AL 06.04.1990), bezeichnete Stadtentwicklungssenatorin Schreyer die Realisierung der BUGA als „schwierig, aber handhabbar" (Abgeordnetenhaus 02.05.1990: 11): Durch das absehbare Nebeneinander von BUGA und Baustellen entstehe ein Zeitdruck, weil sich viele Flächen verändern würden und nicht zu erwarten sei, dass bis 1995 der gesamte Bereich fertig gestellt sei (ebd.).

SPD und CDU wollten hingegen die BUGA-Pläne verändern beziehungsweise streichen. So schlug Bausenator Nagel (SPD) beispielsweise vor, die BUGA nach Hellersdorf zu verlagern (AL 06.04.1990). Auch der spätere Stadtentwicklungssenator Hassemer kritisierte bereits 1990 das Festhalten an alten Plänen unter den völlig veränderten Bedingungen. Polemisch führte er aus: „Wer das künftige Zentrum Berlins als Tulpenmeer gestalten wolle, der könne auch für die Hauptwache in Frankfurt einen Ententeich vorschlagen" (Stegers 1990: 02.07.1990). Im Oktober 1990 beschloss der Landesparteitag der SPD auf Antrag des Regierenden Bürgermeisters Momper, den „Zentralen Bereich als Ort der BUGA 95 aus dem Wahlprogramm" zu entfernen (Stegers

1990: 13.10.1990). Bezüglich der Wettbewerbsvorbereitung trug SenBauWohn die Pläne der „Grünen Mitte" auch senatsintern nicht mehr mit (SenStadtUm 02.11.1990). Nach dem Rücktritt von Michaele Schreyer beauftragte Ende November ihr kommissarischer Nachfolger, Norbert Meisner, die BUGA GmbH, das Lenné-Dreieck und den Potsdamer Platz aus der Konzeption für die BUGA 95 zu streichen (Stegers 1991: 30.11.1990).

2.6.2 Grün in der Mitte

Nach den Wahlen zum Berliner Abgeordnetenhaus im Dezember 1990 mit dem Ergebnis einer Großen Koalition war die Rhetorik der *Grünen Mitte*, der BUGA 95 und der *Grüntangente* endgültig passé. Auseinandersetzungen zwischen den Senatsverwaltungen fanden ebenso wenig statt, wie zwischen politisch-administrativen System und den Investoren. Allerdings gab es auch nicht mehr viele Aspekte, worüber hätte gestritten werden können. Es bestand weitgehende Einigkeit zwischen den Akteuren, denn bis zum Zeitpunkt der Wettbewerbsausschreibung 1991 hatten sich die Investoren, mit Ausnahme von ABB, ihre Grundstücke gesichert. Bemerkenswert ist, dass trotz des Wegfalls der Forderung nach einer ,Grünen Mitte' die Konzeption und die Anordnung von Freiflächen die Gleiche blieb.
Sowohl die mittlerweile CDU-geführte Senatsverwaltung für Stadtentwicklung und Umweltschutz mit dem prämierten Entwurf von Hilmer und Sattler als auch die Investoren mit dem Entwurf von Richard Rogers sahen auf dem Lenné-Dreieck und dem ehemaligen Potsdamer Personenbahnhof Freiflächen vor (Senat 1994: 11, 79, RRP 1991: o. S.) – allerdings standen zur Schaffung von Freiflächen aufgrund der Besitzverhältnisse auch keine anderen Flächen mehr zur Verfügung.

Auch die Argumentation von ökologischer, erholender und verbindender Funktion blieb dieselbe (vgl. SenStadtUm 1991,

1991a, RRP 1991) und war durchaus vergleichbar mit den Aussagen von SenStadtUm 1990. Ergänzend wies Rogers in seinem Entwurf darauf hin, dass der Park am ehemaligen Potsdamer Personenbahnhof für Daimler Benz und ABB ein „Höchstmaß an qualitätvollen Adressen“ zulasse, wodurch ein „beträchtlicher Wertzuwachs des südlichen Entwicklungsgebiets“ erzielt werden könne (RRP 1991: o. S.).

Der Festsetzungsbeschluss von 1994 kann als Ergebnis von weitgehender Übereinstimmung der Akteure angesehen werden. Darin wird das städtebauliche Konzept als „Betonung großzügiger Freiräume“ (Senat 1994: 84, 144) „mit differenzierten Abfolgen“ (ebd.: 84) beschrieben, wodurch das Gebiet reich an „öffentlichen, überwiegend begrünten Räumen“ werde (ebd.: 138). Durch die Festsetzung von öffentlichen Parkanlagen sowie einer Wasserfläche werde „in der Wechselwirkung mit den Straßen und Platzanlagen eine vielfältige Struktur geschaffen“ (SenBauWohn 1994: 2), deren „wichtigsten Nutzungsanforderungen bzgl. Spielflächen und Erholungsflächen“ in Wohnungsnähe erfüllt würden (Senat 1994: 79/80). Während die Nachfrage nach Freiflächen auf Grundlage der Bevölkerungsprognose mindestens 2,7 ha Freifläche ergebe, würden sogar 4,24 ha geschaffen (ebd.: 79).

Der Zentrale Freiraum auf dem ehemaligen Potsdamer Personenbahnhof werde zusammen mit „Begrünungsmaßnahmen in den Straßenräumen“ (ebd.: 149) ansatzweise eine Verbindung zwischen Tiergarten und Gleisdreieck herstellen (ebd.: 79). Darüber hinaus wurde betont, dass die genannten Freiflächen bereits ausreichten, um die „Eingriffe in die jetzigen Brachflächen abwägungsgerecht zu rechtfertigen“ (ebd.: 103/104), denn diese würden „zu 50 % durch Maßnahmen im Plangebiet ausgeglichen“ (ebd.: 187).

Die öffentlichen Freiflächen sollten jeweils spezifische Funktion innerhalb des Plangebietes erfüllen, die sich aus den „räumlichen bzw. historischen Zusammenhängen“ ableiten ließe (ebd.: 80).

Ehemaliger Potsdamer Personenbahnhof

Der Senat beschloss am 10. April 1990, dass das 66.000 qm große Gelände des ehemaligen Potsdamer Personenbahnhofs als Park gestaltet werden sollte (Senat 10.04.1990)[132]. Dies wurde im Festsetzungsbeschluss von 1994 aufgenommen, obwohl es zwischenzeitlich andere Vorstellungen und auch Irritationen gab.

In der Ausschreibung zum Wettbewerb 1991 hieß es, dass die Freiflächen des ehemaligen Potsdamer Personenbahnhofs ein bedeutendes Landschaftselement seien (SenStadtUm 1991a: 23), auf denen ein städtischer Park entstehen solle (ebd.: 29). Trotz dieser Eindeutigkeit erklärte Stadtentwicklungssenator Hassemer beim Preisrichter- und Ausgabekolloquium am

---

[132] Bei dem landschaftsplanerischen Wettbewerb des Parks 1995 wurde nur noch eine Fläche von 25.000 qm angegeben (Wettbewerbe 1996: 61).

28. Juni 1991, dieses Gebiet könne *eventuell* als zukünftiger Stadtteilpark in die Planungsüberlegungen mit einbezogen werden (SenStadtUm 28.06.1991, Hervorhebung gs). Diese Eventualität veranlasste Hilmer und Sattler, dort eine Wasserfläche einzuplanen (SenStadtUm 1991c: Anlage 1). SenBauWohn befürwortete ausdrücklich diese Wasserfläche (SenBauWohn 06.12.1991), doch im Senatsbeschluss vom 10. Dezember 1991 wurde nur festgehalten, dass die „Realisierungsmöglichkeiten der Wasserfläche auf dem ehemaligen Bahnhofsgelände" zu prüfen seien (Senat 12.12.1991).

Irritationen gab es zwischenzeitlich bei ABB. Diese hatte sich 1990 bereits für das Gelände an der Köthener Straße interessiert (SenStadtUm 10.07.1991), zumal dort eine 16.000 qm große Fläche zur Bebauung vorgesehen war (Senat 10.04.1990). Im Sommer 1991 schrieb ABB dem Regierenden Oberbürgermeister, Eberhard Diepgen, dass sie „befremdet" seien über die Pläne eines städtischen Parks auf dem Gebiet, „in dem die ABB-Ansiedlung vorgesehen war" (ABB 25.06.1991). Damit würden die „Bemühungen und Verhandlungen nun zunichte" gemacht (ebd.). Im Verhandlungsprozess über die städtebauliche Form im Winter 1991 „nutzten" ABB und Haus Vaterland den Verhandlungsspielraum und stimmten den Senatsplänen unter der Voraussetzung zu, dass sie die gewünschten zusätzlichen Grundstücke entlang der Köthener Straße erwerben könnten (Kupsch 01.11.1991, SenStadtUm 06.12.1991a).

Letztendlich wurde 1994 der Park auf dem Gelände des ehemaligen Potsdamer Personenbahnhofs als „zentraler Freiraum" (Senat 1994: 79) festgesetzt, auf dem auch die Freifläche der Kindertagesstätte Eichhorn-/Ecke Linkstraße (ebd.: 80) sowie ein öffentlicher Spielplatz (ebd.: 141) untergebracht werden sollten.

Lenné-Dreieck

Die Pläne, auf dem Lenné-Dreieck eine Freifläche einzurichten, empfand hingegen Hertie/Wertheim bereits 1990 „als befremdlich" (Hertie/Wertheim 15.03.1990). In einem Schreiben an Bausenator Nagel wies der Anwalt des Konzerns darauf hin, dass ein „anderes Senatsmitglied [Senatorin Schreyer, gs] über diese Flächen planerisch zu verfügen versucht, als ob diese Grundstücke sich noch immer in öffentlichem Besitz befinden" würden (ebd.). Die Einigung zwischen Investor und politisch-administrativem System kam offenbar dadurch zustande, dass der Konzern nicht Eigentümer aller Flurgrundstücke am Lenné-Dreieck war, womit durch Grundstückstausch sowohl ein Park als auch die Hertie-Zentrale möglich wurde.

Der städtebauliche Entwurf von Hilmer und Sattler sah einen keilförmigen Park entlang der Bellevuestraße vor (SenStadtUm 1991c: Anlage 1), während Rogers eine ebenfalls keilförmige Fläche entlang der Ebertstraße entwarf (RRP 1991: o. S.). Der Festsetzungsbeschluss enthält den von

Hilmer und Sattler vorgeschlagenen Park, allerdings mit einer sehr widersprüchlichen Argumentation: Der Park an der Bellevuestraße habe eine höhere Aufenthaltsqualität als an der Ebertstraße, der „verstärkt durch Lärm- und Schadstoffimmissionen beeinträchtigt" sein würde (Senat 1994: 98). Dennoch könne der Park an der Bellevuestraße „aufgrund der zu erwartenden Immissionsbelastungen nicht intensiv für Erholungszwecke genutzt werden" (ebd.: 80). Trotz der geringen Aufenthalts- und Erholungsfunktion wurde im Festsetzungsbeschluss darauf hingewiesen, dass sich die Grünfläche auf die „künftige Wohnbevölkerung" im Sony-Projekt als auch im Lenné-Dreieck positiv auswirken werde (ebd.: 98). Die Hauptfunktion der Freifläche ist vielmehr darin zu sehen, dass dadurch eine „Vernetzung der Grünflächen und Freiräume" (ebd.: 80) angestrebt wurde. Die von Hilmer und Sattler bewusst gewählte spezifische Form der „Trompete" sollte diese Funktion „mit einer sich aufweitenden Öffnung zum Tiergarten" garantieren (ebd.: 98).

Dass der Park letztlich an der Bellevuestraße festgesetzt wurde, ist wiederum im Zusammenhang mit dem Bauvorhaben von Hertie zu sehen: Ende 1991 bestand Einigung über die Bebauung entlang der Ebertstraße (SenStadtUm 06.12.1991a, 10.12.1991), sodass ein Park an dieser Stelle einen weiteren Gebietstausch vorausgesetzt hätte. Dies wäre allerdings sinnvoll gewesen, denn die Führung des Eisenbahntunnels parallel zur Ebertstraße hatte zur Folge, dass der Hauptbau der Hertie-

Zentrale auf Kosten des Grünkeils circa vier Meter nach Westen verschoben werden musste, um diesen Bau unabhängig vom Bahnbau realisieren zu können (SenStadtUm 06.12.1991a). Wäre hier jedoch der Park entstanden, hätte es diese Probleme nicht gegeben.

Leipziger Platz

Im Planungsprozess bis Ende 1991 wurde über die Freiraumgestaltung am Leipziger Platz nicht verhandelt. Erst im Festsetzungsbeschluss von 1994 ist enthalten, dass dort eine Grünfläche entsprechend der historischen Form „im Sinne des barocken Schmuckplatzes angelegt“ werden sollte (Senat 1994: 80). Die Funktion des Platzes wurde ausschließlich als ein Element der Re-Konstruktion des gesamten Leipziger Platzes angesehen. Eine erholende oder ökologische Funktion war nicht vorgesehen oder wurde zumindest nicht erwähnt.

Wasserfläche zwischen Staatsbibliothek und Reichpietschufer

Obwohl Hilmer und Sattler eine Wasserfläche auf dem Gelände des ehemaligen Potsdamer Personenbahnhofs vorgesehen hatten (SenStadtUm 1991c: Anlage 1) und der Senat dieses Vorhaben unterstützte (Senat 10.12.1991), wurde dort 1994 eine Grünfläche festgesetzt (Senat 1994: 79). Über eine Wasserfläche zwischen Staatsbibliothek und Reichpietschufer wurde während des Planungsprozesses bis Ende 1991 nicht verhandelt. Dessen Zustandekommen ist im Zusammenhang mit dem Bauwettbewerb für das Daimler-Benz Gelände zu sehen und hat damit Einfluss auf die städtebauliche Planung genommen. Die Preisträger Piano/Kohlbecker präsentierten im Mai 1992 sowohl eine Piazza am Ende der Alten Potsdamer Straße als auch die Wasserfläche, die gemeinsam einen „prägnanten Freiraum" darstellen würden (ebd.: 84/85). Die Wasserfläche sollte sowohl die Funktion der Erholung als auch der Verbindung erfüllen.

Laut Festsetzungsbeschluss präge die Wasserfläche „einen der Aufenthaltsräume in dem hochgenutzten Quartier" (ebd.: 139), die durch „Grünelemente sowie Wege beziehungsweise Stege" eine hohe Aufenthalts- und Erholungsqualität aufweisen werde (ebd.: 83, 116). Wegen der innerstädtischen Lage mit „entsprechend hohem Nutzungsdruck" komme jedoch keine „naturbelassene" Anlage in Frage, sondern ein künstliches Becken ohne Grundwasserkontakt (ebd.: 139). Darüber hinaus fungiere die Wasserfläche als „Verbindung zwischen den grundlegend verschiedenen Gestaltungsmustern der Friedrichstadt, der ehemaligen Friedrich-Vorstadt und der ‚Stadtlandschaft' des Kulturforums" (ebd.: 81/82). An dieser „Nahtstelle" bilde die Wasserfläche ein „Bindeglied unterschiedlicher Nutzungen" (ebd.:132), wodurch die „solitär stehenden Gebäude des Kulturforums [...] hiermit in adäquater Weise in den Stadtraum eingebunden" würden (ebd.: 81/82). Hervorgehoben wurde außerdem, dass die Wasserfläche „einen hohen Stellenwert" habe, und der „als integraler

Bestandteil des Gesamtkonzeptes realisiert" werden sollte (ebd.: 139).

Die Planung der Wasserfläche und der Piazza ist in Zusammenhang der Hierarchisierung unterschiedlicher städtebaulichen Funktionen zu sehen. Denn die Flächen, die östlich und südlich an das Grundstück der Staatsbibliothek grenzten, standen im Planungsprozess bis Ende 1991 als Erweiterungsflächen für die Bibliothek fest (Stiftung Preußischer Kulturbesitz 15.03.1990, SenStadtUm 1991a: 12). In der Wettbewerbsausschreibung von 1991 war darüber hinaus ein östlicher „neuer repräsentativer Eingang zur alten Potsdamer Straße" vorgesehen, um eine „direkte Beziehung zwischen Staatsbibliothek und Potsdamer Platz" herzustellen (SenStadtUm 1991a: 28, SenStadtUm 03.07.1990).
Mit der Festsetzung von Wasserfläche und Piazza wurde im Planungsprozess einmalig einem Freiraum eine größere Verbindungs- beziehungsweise Wieder-Vereinigungskraft zugesprochen als dem bebauten Raum. Diese Bindegliedfunktion wiederum wurde höher gewertet als die Funktionen von Bildung und Kultur.[133]

---

[133] Letztlich wurde dennoch eine südliche Fläche von circa 5.400 qm sowie eine nordwestlich der Staatsbibliothek gelegene Erweiterungsfläche festgesetzt, in der der „bis in das *Jahr 2070* prognostizierte Erweiterungsbedarf von circa 45.000 qm Hauptnutzfläche untergebracht" werden sollte (SenBauWohn 1994: 4, Hervorhebung gs).

Ehemaliger Potsdamer/Anhalter Güterbahnhof

Obwohl das Gelände des ehemaligen Potsdamer/Anhalter Güterbahnhofs außerhalb des eigentlichen Plangebietes lag, wurde er als zu gestaltender Freiraum in die Planung mit einbezogen. Das Gebiet war als großflächiger öffentlicher Stadtpark geplant, der der Erholung für die NutzerInnen der benachbarten verdichteten Bebauung dienen sollte (Senat 1994: 18). Darüber hinaus war er zur Kompensation und als „notwendige Ausgleichs- und Ersatzmaßnahme“ vorgesehen, der seinen „eigentlichen Stellenwert erst im gesamtstädtischen Maßstab“ gewinne (ebd.: 103/104).

2.6.3 Genderkonstruktionen in der Freiflächenplanung

Während sich mit dem Regierungswechsel im Dezember 1990 bis auf die Rhetorik an den Inhalten zur Freiflächenplanung wenig änderte, veränderte sich doch die darin implizit enthaltenen Genderkonstruktionen.

Die Vorstellungen von SenStadtUm und Senatorin Michaele Schreyer von einer *Grünen Mitte* mussten 1990, angesichts der Funktionen und Bedeutung, die dem Plangebiet zugeschrieben wurden, scheitern (vgl. Kapitel 2.3). Die Herstellung einer Nord-Süd-Verbindung durch Freiflächen war in der Bedeutsamkeit einer Ost-West-Wieder-Vereinigung nicht ebenbürtig, zumal SenBauWohn bemerkte, dass eine *Grüntangente* die Stadthälften nicht verbinden würde. Des Weiteren vertraten SenBauWohn und Daimler Benz die Ansicht, mit der Schaffung von Freiflächen würden diese der Bebauung *entzogen*. Dies wiederum lief den Vorstellungen von SenBauWohn entgegen, möglichst viele Flächen an potente Investoren zu verkaufen, und widersprach den Interessen des Konzerns, mit dem Grundstück ein Höchstmaß an Rentabilität zu erzielen. Das Argument, dass eine „Grüne Mitte als Raum mit eigener Identität und eigenen spezifischen sozialen Aufgaben, als Frei- und Bewegungsraum für die Innenstadtbevölkerung [...] der gewachsenen Erkenntnis über die soziale Funktion des Stadtgrüns“ Rechnung trage (SenStadtUm 18.06.1990), war angesichts der Wieder-Vereinigungsvorstellungen von SenBauWohn und angesichts der Rentabilitätsüberlegungen des Konzerns irrelevant. Die darin enthaltene Konstruktion hegemonialer Männlichkeit setzte sich, wie schon bei den Verhandlungen um die städtebauliche Form (vgl. Kapitel 2.3) und dem Wohnanteil (vgl. Kapitel 2.5), durch. Die Vorstellungen einer *Grünen Mitte* können entsprechend der Hierarchie von Männlichkeiten als abgewertet angesehen werden: Die Nord-Süd-Verbindung wurde gegenüber einer Ost-West-Wieder-Vereinigung, und die Belange der Bevölkerung gegenüber wirtschaftlichen Überlegungen abgewertet.

Mit dem Regierungswechsel im Dezember 1990 veränderten sich die Genderkonstruktionen. Wieder-Vereinigungsvorstellungen und Rentabilitätsinteressenwurden miteinander kompatibel, da es lediglich um die Ausgestaltung jener Freiflächen ging, die sich im Besitz des Landes Berlin befanden. Eine Hierarchisierung von Genderkonstruktionen ist nun anhand der Funktionen der einzelnen Freiflächen erkennbar. Die Verbindungsfunktion des Parks auf dem Lenné-Dreieck, der Wasserfläche zwischen Staatsbibliothek und Reichpietschufer sowie der Grünfläche auf dem Leipziger Platz wurde höher gewertet als die Erholungsfunktion. Das heißt, die Verbindungsfunktion ist hegemonial männlich konnotiert, während die Erholungsfunktion abgewertet ist. Hätte diese im Vordergrund gestanden, so hätte auf dem Gelände zwischen Staatbibliothek und Reichpietschufer keine Wasserfläche, sondern aufgrund der Erholungs- und Aufenthaltsqualität ein Park geplant werden müssen. Unabhängig vom Ort stellt sich die Frage, ob und inwiefern eine Wasserfläche in der oben beschriebenen Anlage überhaupt Erholungs- und Aufenthaltsqualitäten aufweist, wenn sie nicht zum Baden, sondern zum darüber Hinwegspazieren, gedacht ist.

Ausgehend von den Überlegungen feministischer Planung(swissenschaft) und SenStadtUm 1990, dass (wohnungsnahe) Freiflächen eine Erholungsfunktion mit hoher Aufenthaltsqualifikation erfüllen sollten, ist festzuhalten, dass von den insgesamt 4,24 ha geplanten Freiflächen lediglich die 2,5 ha auf dem ehemaligen Potsdamer Personenbahnhof diese Qualität aufweisen. Entsprechend der ermittelten Nachfrage (Senat 1994: 79) wurde also kein Überangebot an qualitätsvollen Freiflächen entwickelt, sondern eine Unterdeckung.

Darüber hinaus wurden eine Reihe von Freiflächen, als Spiel-, Sport-, Garten- und Parkflächen ganz aus dem Plangebiet ausgelagert, nämlich auf das Gelände des ehemaligen Potsdamer/Anhalter Güterbahnhofs, der gleichzeitig als Ersatzmaßnahme und Kompensationsfläche dienen sollte. Der Hinweis zum Beispiel, dass ungedeckte Sportflächen „schon allein wegen ihres großen Flächenbedarfes mit der angestrebten zentralstädtischen Nutzung nicht in Einklang zu bringen" seien (Senat 1994: 48) und deren Defizit im Plangebiet zu den „typischen Nachteilen der ansonsten privilegierten innerstädtischen Wohnstandorte" gehöre (ebd.: 62), verdeutlicht die Geringbewertung von Erholungsfunktionen und degradiert diese, vergleichbar mit dem Wohnanteil (Kapitel 2.5). Insgesamt war die Schaffung von Freiflächen eine *zusätzliche* Aufgabe. Neben der ökologischen Notwendigkeit sind sie schmückende Beiwerke der profitablen und prestigeträchtigen Bebauung – ähnlich wie eine schöne Frau, die einen erfolgreichen Mann *schmückt*.

Dennoch verbleibt die Erholungsfunktion im männlich konnotierten öffentlichen Bereich und kann als abgewertet männlich konstruiert angesehen werden. Denn die Funktion von Frei- und Grünflächen als *Arbeitsstätten* der Reproduktion, wie Kinder- und Angehörigenbetreuung und -pflege, die dem privaten und weiblich konnotierten Bereich zugeordnet sind, bleibt unerwähnt. Freiflächen sind in den Vorstellungen der Akteure Erholungsflächen zur Freizeitgestaltung und für Sportaktivitäten (vgl. RRP 1991) der privilegierten und reproduktionsfreien Wohnbevölkerung. Weiblich konnotierte Elemente und Aufgaben bleiben unerwähnt und werden auch räumlich ausgegrenzt: Sie werden auf den außerhalb des Plangebietes gelegenen Bereich des ehemaligen Potsdamer/Anhalter Güterbahnhofs verwiesen.

Die Einrichtung von Freiflächen berührt auch die weiblich konnotierte Natur, die mit Wildheit, Willkür, Chaos etc. assoziierbar ist (vgl. Kapitel 1.3). Nach den Vorstellungen der Stadtplanung der letzten zweihundert Jahre lag diese außerhalb der Stadt und sollte nur in Form gestalteter und geordneter Parks in der Stadt vorkommen. Es galt, die Natur und die Weiblichkeit zu kultivieren und zu domestizieren. In der Anlage von Parks und der künstlich angelegten Wasserfläche im Plangebiet wird eine domestizierte Weiblichkeit durch männliche Eigenschaften wie Vernunft und Schöpfertum geschaffen, während die „wilde“ Weiblichkeit negiert wird.

Zusammengefasst verblieben die Verhandlung und die Einrichtung von Freiflächen im männlich konnotierten öffentlichen Bereich verankert. Funktionen von Privatheit und weiblich konnotierte Attribute existierten in den Vorstellungen der Akteure nicht, sie wurden ausgeblendet und ausgegrenzt.

3 Schlussbetrachtung und Ausblick

Nach der Untersuchung der einzelnen Themen der Planung werden abschließend entsprechend der einleitend formulierten Thesen und Fragestellung die Erkenntnisse der vorliegenden Arbeit pointiert zusammengefasst und betrachtet. Anschließend wird ein Ausblick auf sich daraus ergebende Ansatzpunkte und Impulse für die Planung(swissenschaft), für die politikwissenschaftliche Gender-Forschung sowie für weitere Untersuchungen des Potsdamer/Leipziger Platzes gegeben.

3.1 Schlussbetrachtung Genderkonstruktionen

Die Untersuchung der Planung des Potsdamer/Leipziger Platz von 1989 bis Ende 1991 bezog sich auf eine strukturelle und symbolische Metaebene unter der Annahme, dass Stadtplanung als vergeschlechtlichte Institution betrachtet werden kann. In den einzelnen Themenbereichen der Planung wurden die Vorstellungen der beteiligten Akteure auf darin enthaltene Genderkonstruktionen hin untersucht und drei grundsätzliche Erkenntnisse gewonnen, auf die im Folgenden näher eingegangen wird:

1. Die der Planung des Potsdamer/Leipziger Platzes zugrunde liegenden Genderkonstruktionen basieren auf der Trennung von Öffentlichkeit und Privatheit. Kennzeichnend ist dabei die Ausblendung des weiblich konnotierten privaten Bereiches.
2. Die Konzentration auf den männlich konnotierten öffentlichen Bereich enthält Genderkonstruktionen entlang der Hierarchisierung unterschiedlicher Männlichkeiten. Die Merkmale abgewerteter Männlichkeit dienen dabei stets der Abgrenzung und Abwertung gegenüber hegemonialer Männlichkeit.
3. Es haben sich jene Akteure mit hegemonial männlich konstruierten Vorstellungen und Argumenten durchsetzen können.

3.1.1 Merkmale hegemonialer Männlichkeit

Der Potsdamer/Leipziger Platz sollte in den hegemonial männlich konstruierten Vorstellungen der Akteure das Zentrum einer wachstumsgeprägten, international wettbewerbsfähigen Metropole und Hauptstadt werden. Mit dem Ergreifen der historisch einmaligen Chance sollten Investitionen in Milliardenhöhe getätigt werden, um Tausende von Dienstleistungs- und Einzelhandelsarbeitplätzen sowie eine anspruchsvolle und qualitätvolle Architektur zu schaffen. Angestrebt wurde ein größtmöglicher finanzieller Nutzen für die Investoren und die Stadt, während die Interessen und Bedürfnisse der späteren NutzerInnen unberücksichtigt blieben.

Rentabilitätsorientierung

Wie gezeigt, ist ein Kernelement hegemonialer Männlichkeit, das sich durch nahezu alle untersuchten Themenbereiche der Planung zieht, die Rentabilitätsorientierung der Akteure.

In den Vorstellungen des politisch-administrativen Systems bedeutete dies im Wesentlichen die Ansiedlung einiger weniger solventer Investoren auf großflächigen Grundstücken am Potsdamer Platz. Die dahinter stehende Hoffnung war, dass die Großinvestoren Millionensummen in ihre *Developments* investieren sowie Arbeitsplätze und Konsumeinrichtungen schaffen, die wiederum Einnahmen in die Stadtkasse bringen würden. 1990 war diese Vorstellung innerhalb des politisch-administrativen Systems umstritten. Erst mit dem Regierungswechsel im Dezember 1990 konnte sich die Senatsverwaltung für Bau- und Wohnungswesen gegenüber der Senatsverwaltung für Stadtentwicklung und Umweltschutz durchsetzen, mit der Folge, dass diese Planungsprämisse ab 1991 nicht mehr zur Disposition stand.

Die Rentabilitätsorientierung der Investoren zeigt sich am deutlichsten in der Bebauungsdichte der Grundstücke und deren Nutzungsmöglichkeiten. Nach Vorstellung der Investoren würde eine größtmögliche bauliche Ausnutzung der Grundstücke die höchste Rendite in Bezug zu den investierten Mittel bringen. So wurden unter anderem Hochhäuser und eine überwiegend gewerbliche Nutzung beschlossen, die 1994 schließlich mit nahezu 80 Prozent der Nutzungsfläche beziffert wurde. In Zusammenhang mit der gewerblichen Nutzung offenbart sich überdies die Vorstellung der Akteure von einer kommerzialisierten Öffentlichkeit (Kapitel 2.2.). Die Bebauungsdichte und Nutzungsfläche war zwar in den Kaufverträgen festgelegt, wurde aber im Planungsverlauf, besonders während der Auseinandersetzungen über die städtebauliche Form (Kapitel 2.3) und über den Wohnanteil (Kapitel 2.5) im Herbst 1991, zugunsten der Investoren erhöht. Das Ergebnis war ein Kompromiss, in dem sowohl die Investoren als auch das politisch-administrative System ihre Vorstellungen durchsetzen konnten (siehe 3.1.3).

Weitgehende Einigkeit zwischen den Akteuren bestand bezüglich einer überwiegend gewerblichen Nutzung seit Beginn des Planungsprozesses (Kapitel 2.2). Ausnahme war 1990 die Diskussion um den Anteil von Büroflächen im Vergleich zu anderweitig gewerblich genutzten Flächen (Kapitel 2.2), die aber im Einvernehmen gelöst wurde.

Die Rentabilitäts- und Gewinnmaximierung wurde im Auseinandersetzungsprozess von den Akteuren immer wieder als ein Hauptargument vorgebracht. Beispielsweise wurde von der Senatsverwaltung für Bau- und Wohnungswesen und von Daimler Benz das Kostenargument bei Zeitverzögerung genannt, als die Senatsverwaltung für Stadtentwicklung und Umweltschutz 1990 eine Verlegung des Wettbewerbstermins forderte, um den Ost-Berliner Magistrat nach den Volkskammerwahlen einbeziehen zu können. Von den Investoren wurde das Wirtschaftlichkeitsargument wiederholt als Drohung genannt: Man würde sich aus Berlin zurückziehen und nicht am Potsdamer Platz bauen, wenn sich die geplanten Investitionen *nicht rechnen* würden. Allerdings finden sich in den Unterlagen an keiner Stelle Berechnungen und Kalkulationen. Die Rentabilitäts- und Wirtschaftlichkeitsforderungen wurden nicht belegt.

Dienstleistungen

Ein weiteres Merkmal hegemonialer Männlichkeit ist die ausschließliche und übereinstimmende Orientierung des politisch-administrativen Systems und der Investoren an der Konzentration von Dienstleistungen am Potsdamer/Leipziger Platz. Die Ansiedlung von Dienstleistungen wurde als alleiniger Garant für das wirtschaftliche Wachstum und das städtische Renommee angesehen. Dies bezog sich zum einen auf die Nutzung durch Büros, Einzelhandel und Konsumeinrichtungen. Zum anderen betraf dies auch die zu schaffenden Arbeitsplätze. Allerdings können nur jene Dienstleistungsarbeitsplätze als hegemonial männlich konstruiert angesehen werden, die mit Leitungsfunktionen, dem Management und der Hauptstadtfunktion zusammenhängen sowie jene Einzelhandelsarbeitsplätze entlang der *Einkaufslandschaft* mit qualität- und niveauvollem Angebot (Kapitel 2.4).

Zentrum

Der Potsdamer/Leipziger Platz war für die beteiligten Akteure das Zentrum Berlins als künftige Hauptstadt und internationale Metropole, was sowohl mit der geographischen Lage *im Herzen* der Stadt, als auch mit der historischen Vergangenheit begründet wurde beziehungsweise sich aus dem Mythos des Platzes speiste (Kapitel 2.3). Obwohl die hegemonial männlich konnotierte Vorstellung vom Zentrum sowohl vom politisch-administrativen System als auch von den Investoren vertreten wurde, zeigten sich unterschiedliche Definitionen und Funktionen.

Sinnbildliche Merkmale

Neben den genannten Merkmalen gibt es eine Reihe von Zuschreibungen, die im Planungsprozess als hegemonial männlich konstruiert angesehen werden können. Diese beziehen sich auf Attribute des Platzes als vital und großstädtisch, mit Vielfältigkeit und Lebendigkeit. Er sollte durch Urbanität, Attraktivität und intensives Leben gekennzeichnet sein und Erlebnisvielfalt und differenzierte Sinnesangebote bereithalten. Diese und ähnliche Beschreibungen wurden von den Akteuren während des gesamten Planungsprozesses verwendet, wodurch die vorgetragenen *harten* Fakten mit sinnbildlichen Merkmalen angereichert wurden.

3.1.2 Merkmale abgewerteter Männlichkeiten

Wie in Kapitel 1.1 dargelegt, ist hegemoniale Männlichkeit immer in Ausgrenzung und Abwertung gegenüber anderen Männlichkeiten konstruiert. In der Planung des Potsdamer/Leipziger Platzes wurden – bis auf wenige Ausnahmen – abgewertete Männlichkeiten aus dem Planungsgebiet ausgegrenzt und teilweise auch räumlich auf andere Gebiete verwiesen.

Anders als die Merkmale hegemonialer Männlichkeit ergeben die Zuschreibungen abgewerteter Männlichkeiten keine zusammenhängende Beschreibung, da sie – in den meisten Fällen – keine Eigenständigkeit besitzen. Deshalb können nur anhand weniger Punkte die Merkmale abgewerteter Männlichkeit den Argumenten der einzelnen Akteure zugeordnet werden, sofern sie konkrete konträre oder alternative Vorstellungen vertraten. Überwiegend dienten die Attribute der Abwertung und Ausgrenzung dazu, die hegemoniale Männlichkeit zu bestätigen und die Relation der Männlichkeiten zu verdeutlichen.

Unrentabilität

Analog zur hegemonial männlich konstruierten Rentabilität ist Unrentabilität ein wesentliches Kennzeichen abgewerteter Männlichkeiten.

Innerhalb des politisch-administrativen Systems bedeutete dies im Zusammenhang mit der Ansiedlung von Investoren im Frühjahr 1990, dass die Senatsverwaltung für Stadtentwicklung und Umweltschutz es vorgezogen hätte, kleinere Grundstücke an mehrere und möglicherweise kleinere Investoren zu verkaufen. Sie konnte sich unter anderem deshalb nicht durchsetzen, weil, wie erwähnt, nur Großinvestoren als Garant für das wirtschaftliche Wachstum von der Senatsverwaltung für Bau- und Wohnungswesen angesehen wurden.

Der Aspekt der Unrentabilität betraf während des gesamten Planungsprozesses vor allem die Nutzung von Flächen. So ist die Forderung von der Senatsverwaltung für Stadtentwicklung und Umweltschutz 1990 nach einer *Grünen Mitte* (Kapitel 2.6) abgewertet männlich konstruiert, weil die Errichtung von Grünflächen den EigentümerInnen keine finanziellen Einnahmen einbringen würden. Für die Nutzungsmischung ist insgesamt feststellbar, dass neben den Freiflächen auch soziale Infrastruktur, die Erweiterungsvorhaben der Staatsbibliothek sowie Wohnflächen abgewertet männlich konstruiert sind, weil sie nach Vorstellungen der Akteure nicht Bestandteil der *rentabilitätsorientierten Dienstleistungsmischung* waren (Kapitel 2.2).
Da diese *zusätzlichen* und unrentablen Nutzungen – mit Ausnahme der Wohnflächen – auf den Flächen der Stadt Berlin untergebracht wurden, kann das politisch-administrative Sys-

tem in diesem Punkt als abgewertet männlich konstruiert angesehen werden.

Peripherie

Unter dem Stichwort *Peripherie* wurde während der Planung alles als marginalisiert männlich ausgegrenzt, was *nicht* den Potsdamer/Leipziger Platz als Zentrum kennzeichnete. Während in der feministischen Planung(swissenschaft) Peripherie die weiblich konnotierten privaten und reproduktiven Aspekte umfasst (Kapitel 1.2), wurden diese bei der Planung gänzlich ausgeblendet. Stattdessen fand eine Umdeutung hin zum öffentlichen Bereich mit abgewertet männlichen Zuschreibungen statt.

Räumlich wurde die Peripherie als Rand definiert, der außerhalb des West-Berliner Innenstadtbereiches lag und am damals stillgelegten S-Bahnring begann, sodass sich Vorstellungen der dezentralen Ansiedlung von Dienstleistungskomplexen durch Investoren nicht durchsetzen konnten. Des Weiteren wurde ganz Ost-Berlin, mit Ausnahme der historischen Innenstadt, sowie der gesamte *Osten* beziehungsweise die DDR als Peripherie konstruiert, was weniger in Zusammenhang mit räumlichen Kategorien, als mit der Abwertung des gesellschafts-politischen Systems der DDR zu sehen ist.

Verstärkend wurde die *Ost-Berliner Peripherie* abgewertet männlich konstruiert, indem sie mit Armut gleichgesetzt wurde, wo – so die Befürchtung – Menschen mit geringem Einkommen in Billigquartieren und MigrantInnen aus Osteuropa in Slums leben würden.

Arbeitsplätze

In Zusammenhang mit der Definition von Peripherie wurden auch die außerhalb des Zentrums liegenden Arbeitsplätze marginalisiert männlich konstruiert. Analytisch betrachtet sind weniger die stadtplanerischen Überlegungen, im Planungsgebiet ausschließlich Dienstleistungen statt Industrie anzusiedeln, bedeutsam, sondern vielmehr die Konstruktion von Industriearbeitsplätzen als abgewertet männlich. Die Männlichkeit von Industriearbeitern und Handwerkern wurde abgewertet, indem sie mit Schmutz und Lärm assoziiert wurde, im Gegensatz zur Sauberkeit und Verträglichkeit der Dienstleister (Kapitel 2.4).

Zudem fand eine Hierarchisierung der Arbeitsplätze im Dienstleistungsbereich des Zentrums statt. Diese vollzog sich jedoch, mit Ausnahme von eher männlichen Dienstleistungsarbeiten wie Hausmeister oder Portier, eher indirekt durch die Ausblendung der geschlechtsspezifischen Arbeitsmarktsegregation. Im Gegensatz zu den Führungskräften wurde die *Masse* der ausführenden Bürotätigkeiten sowie Einzelhandelsarbeitsplätze abgewertet männlich konstruiert, sofern letztere in Untergeschossen und in unterirdischen Verbindungswegen zwischen den Grundstücken und S- und U-Bahnhöfen vorgesehen waren (Kapitel 2.4).

Sinnbildliche Merkmale

Analog zu den Kennzeichen hegemonialer Männlichkeit können den abgewerteten Männlichkeiten sinnbildliche Merkmale zugeschrieben werden. Durch Beschreibungen wie ‚verlangweilt', geschädigt, schmutzig, schäbig, qualitätsarm, niveaulos oder billig dienen diese Attribute der Abgrenzung von hegemonialer Männlichkeit.

3.1.3 Männlichkeiten und Akteure

Vorangehend wurde bereits der Zusammenhang zwischen Akteuren und unterschiedlichen männlich konnotierten Argumenten herausgestellt.

Zusammenfassend ist zu konstatieren, dass im Planungsprozess 1990 die überwiegend abgewertet männlich konnotierten Argumente von der Senatsverwaltung für Stadtentwicklung und Umweltschutz den hegemonial männlichen Argumenten der Senatsverwaltung für Bau- und Wohnungswesen und von Daimler Benz unterlagen. Dies mag weniger an den städtebaulichen Ideen an sich gelegen haben, sondern die Vorstellungen entsprachen in ihrer Rhetorik vielmehr weder der gesellschaftspolitischen und zeithistorischen Situation und standen außerdem den bereits laufenden Verhandlungen zwischen der Senatsverwaltung für Bau- und Wohnungswesen und Daimler Benz entgegen.

Ein Jahr später verlief die Konfliktlinie hingegen nicht mehr innerhalb des Senats sondern zwischen dem politisch-administrativen System auf der einen und den Investoren auf der anderen Seite. Besonders mit der Wettbewerbsausschreibung im Juni 1991 und der Entscheidung für den Entwurf von Hilmer und Sattler im Oktober bezogen sich die Argumente des politisch-administrativen Systems auf die Aspekte der Wieder-Herstellung historischer Bezüge, der Wieder-Vereinigung der beiden Stadthälften und gesellschaftspolitischen Systeme sowie der Betonung und Bewahrung berlintypischer baulicher und städtischer Momente. Diesem Ansatz gegenüber standen die Vorstellungen der Investoren von einem *Corporate Center* zur Präsentation ihrer Firmen sowie einer international geprägten Architektur.

Verhandelt wurden diese unterschiedlichen Vorstellungen nicht direkt, sondern in Form der Auseinandersetzung über die städtebauliche Form (Kapitel 2.3) und den Wohnanteil (Kapitel 2.5). Der Senatsbeschluss vom 10. Dezember 1991 war schließlich ein Kompromiss, weil jeder der Akteure, soweit in dieser Situation möglich, seine Vorstellungen durchsetzen konnte. Dies lässt den Schluss zu, dass es einen Kompromiss zwischen hegemonial männlich konnotierten Positionen gab, ohne dass eine Abwertung stattfand. Dies mag zunächst widersinnig erscheinen, ist jedoch vor dem Hintergrund des zeithistorischen Kontextes erklärbar. Schließlich galt es, nach den heftigen öffentlichen Auseinandersetzungen im Herbst 1991, Einigkeit herzustellen, um das Gesamtvorhaben nicht zu gefährden, sondern voranzubringen.

3.1.4 Ausgeblendete Weiblichkeit

Wie erwähnt, beruhen die Genderkonstruktionen in den Vorstellungen der Akteure auf der, in Kapitel 1.3 dargelegten, Trennung von Öffentlichkeit und Privatheit. Dabei wurde der weiblich konnotierte private Bereich und die mit ihm assoziierten Tätigkeiten und Zuschreibungen im Planungsprozess ausgeblendet und nicht thematisiert.

Stattdessen fanden Umdeutungen statt, indem weiblich konnotierte Aspekte als abgewertet männlich konstruiert wurden. Dies trifft neben der erwähnten Konstruktion von Peripherie auch auf den Aspekt des Wohnens zu. So wurde das Wohnen nicht als Privatheit und als Ort zur Verrichtung von Reproduktionstätigkeiten – und somit in Verbindung mit Weiblichkeit gebracht –, sondern mit Unrentabilität gleichgesetzt und diskutiert. Erst im Festsetzungsbeschluss von 1994 wurde der Wohnaspekt wieder dem privaten Bereich, in Form von familiengerechten Grundrissen, zugeordnet und mit Überlegungen zur der zukünftigen Bewohnerschaft verbunden (Kapitel 2.5).

Der weiblich konnotierte Bereich des Konsums erfuhr im Planungsprozess ebenfalls eine Umdeutung. So wurde Konsum nicht dem Bereich der Reproduktion und der Erledigung alltäglicher Einkäufe zugeschrieben, sondern in den Zusammenhang mit Freizeit und Vergnügen gestellt, der von den Akteuren wiederum als ein Aspekt von Rentabilität und Wirtschaftlichkeit behandelt wurde.

Die Ausblendung von Weiblichkeit ist letztlich dem Blickwinkel der Akteure auf die Planung geschuldet: Nicht die späteren BewohnerInnen und NutzerInnen sowie deren Bedürfnisse, sondern die Interessen der Akteure waren Ausgangspunkt und Gegenstand der Planung und standen durchweg im Mittelpunkt. Die BewohnerInnen und NutzerInnen fanden lediglich abstrakt als Fußgängerstrom, Arbeitskräfte, TouristInnen und BesucherInnen, Masse oder Singles Erwähnung und dienten einzig als Rechengrößen für Flächen, Wegesysteme und Bebauungsdichte. Aufgrund dieser Herangehensweise wurden auch die Auswirkungen der Planungsvorstellungen auf Frauen und Männer, wie zum Beispiel die geschlechtsspezifische Segregation der Dienstleistungsarbeitsplätze, ausgeblendet.

Da die zukünftigen NutzerInnen und BewohnerInnen in dieser Planungsphase weder einbezogen noch deren Bedürfnisse berücksichtigt wurden, können sie als weiblich konstruiert angesehen werden. Der hegemonialen Männlichkeit der Akteure als aktiv, erobernd, planend und kultivierend wurde die passive, empfangende Weiblichkeit gegenübergestellt, die mit dem Ergebnis versorgt werden würde, und die während der Planung ausgeblendet statt einbezogen wurde.

3.2 Ausblick

Die vorgelegte Arbeit füllt mit der Untersuchung von Genderkonstruktionen in der Planung eines exemplarischen Ortes eine Forschungslücke, die Ansatzpunkte und Impulse sowohl für die Planung(swissenschaft), die politikwissenschaftliche Gender-Forschung als auch für weitere Untersuchungen des Potsdamer/Leipziger Platzes geben kann.

3.2.1 Gender in der Planung(swissenschaft)

Der Planungsprozess am Potsdamer/Leipziger Platz sowie die Vorstellungen der Akteure über seine Gestaltung sind auch für andere städtebauliche Planungsgebiete relevant. Das Offenlegen von Genderkonstruktionen in den Vorstellungen der Planenden, besonders das Herausarbeiten von Merkmalen hegemonialer Männlichkeit, befördert die Erkenntnis und das Verständnis von Dominanzkultur, was sie kennzeichnet und wie sie sich durchsetzt. Die Feststellung, dass bei der Planung des Potsdamer/Leipziger Platzes der weiblich konnotierte private Bereich ausgeblendet wurde, wirft bei zukünftigen Forschungsarbeiten die Frage nach Konstruktionen von Männlichkeiten umso dringlicher auf. Dabei muss berücksichtigt werden, dass hegemoniale Männlichkeit nicht homogen ist, sondern aus einer Vielzahl von Merkmalen besteht, die sich zudem im Planungsprozess verändern können.

Für die praxisorientierte Planung(swissenschaft) bieten Untersuchungen von Genderkonstruktionen auf einer symbolischen und strukturellen Metaebene die Möglichkeit, das Beschreibungsdilemma der Unterteilung in ‚Frauen' und ‚Männer' aufzulösen. Wenn Vorstellungen sowie Interessen und Bedürfnisse von Planenden und NutzerInnen entlang von Merkmalen von Männlichkeiten und Weiblichkeit benannt würden, könnten geschlechtsdeterminierende Formulierungen wie ‚Menschen mit frauentypischem Alltag' oder ‚der motorisierte vollerwerbstätige Mann' vermieden werden. Stattdessen könnte die Unterscheidung zum Beispiel entlang von Merkmalen wie vollerwerbstätig – teilzeitarbeitend – erwerbslos, Dienstleistungstätigkeit – Produktionstätigkeit, Jugendliche – erwerbsfähiges Alter – Ruhestand, Elternschaft – kinderlos etc. erfolgen. Wahrscheinlich würden sich bei den verschiedenen Merkmalen einmal mehr Frauen und einmal mehr Männer wieder finden, aber dies gälte es je nach stadtplanerischem beziehungsweise lebensraumbezogenem Kontext zu untersuchen.

Eine veränderte Kategorisierung könnte auch Einflussmöglichkeiten und Bündnisse bei der Planung eröffnen, die nicht entlang des biologischen Geschlechts der AkteurInnen und NutzerInnen erfolgen; denn möglicherweise haben ein Teilzeit-Vater und eine Politikerin an einigen Punkten ähnliche Interessen und Bedürfnisse.

Außerdem wirft die Ausblendung weiblich konnotierter Aspekte sowie der zukünftigen NutzerInnen und BewohnerInnen bei der Planung des Potsdamer/Leipziger Platzes die Frage auf, wie Genderaspekte nachhaltig in der Stadtplanung berücksichtigt und implementiert werden können. Die Strategie des Gender Mainstreaming bietet beispielsweise die Möglichkeit Gender bereits ex ante, also zu Beginn der Planung, einzubeziehen.[134] Die Potentiale, aber auch Grenzen dieser

---

[134] Allgemein einführend und umfassend zum Gender Mainstreaming vgl. Meuser/Neusüß 2004.

Strategie in der Stadtplanung sind bisher noch nicht evaluierbar und bedürfen weiterer Forschungen und Untersuchungen. Von Bedeutung ist dabei, dass nicht nur genderspezifische Benachteiligungen aufgezeigt werden, sondern auch Vorteile und Nutzen der Berücksichtigung von Gender besonders für Planende und AkteurInnen herausgearbeitet werden können.

3.2.2 Stadt und Raum in der politikwissenschaftlichen Gender-Forschung

Wie bereits erwähnt, existieren bisher keine politikwissenschaftlichen Forschungen, die eine Verbindung von Stadtplanung als Politikfeld und Gender untersuchen.

Stadtplanung als Politikfeld zu untersuchen könnte verstärkt in den Fokus der Politikwissenschaft treten, denn zum einen sind Politikfeldanalysen ein originäres Forschungsgebiet dieser Wissenschaft. Zum anderen sei nochmals darauf hingewiesen, dass der räumliche und gesellschaftliche Bereich zusammen die gesellschaftliche Praxis herstellen. Es würden sich Untersuchungen von Stadtplanung auf der Kommunal-, Länder- und Bundesebene anbieten, die Politikgestaltungs- und Verhandlungsprozesse mit ihren Macht- und Herrschaftsverhältnissen verdeutlichen würden. Daraus ließen sich wiederum Schlussfolgerungen für politisches Handeln und Interventionen herausarbeiten.

Der Planungsprozess des Potsdamer/Leipziger Platzes ist zwar ein prominentes, wenn auch kein einzigartiges Beispiel. Für die politikwissenschaftliche Gender-Forschung könnten weitere Einzelfallstudien anderer Planungsprozesse die in dieser Arbeit aufgezeigten Genderkonstruktionen auf einer symbolischen Metaebene verifizieren und erweitern.

Für diese Arbeit wurde eine Methodenkombination gewählt, um die Fragestellung bestmöglich zu bearbeiten. Durch andere methodischen Vorgehensweisen könnten mit modifizierter Fragestellung weitere Aspekte des Planungsprozesses beleuchtet werden. Zum Beispiel könnten durch die Analyse von Interviews die Akteure als politische handelnde Subjekte in den Mittelpunkt gestellt und Genderkonstruktionen in den Akteuren der Stadtplanung herausgearbeitet werden, deren Vorstellungen und Handlungen wiederum politische Auswirkungen auf die Gestaltung von Stadt und Raum sowie auf die Geschlechterverhältnisse haben.

3.2.3 Genderkonstruktionen am Potsdamer/Leipziger Platz

Die vorgelegte Untersuchung des Planungsprozesses geht über vergleichbare Arbeiten hinaus, da nicht nur öffentliche, sondern auch interne Unterlagen aus dem Bestand der Senatsverwaltung für Stadtentwicklung und Umweltschutz analysiert wurden.

Wie bereits erwähnt, wurde aufgrund der Fragestellung und des Fokus' der Arbeit auf Interviews mit den damals beteiligten Akteuren verzichtet. Weitere Forschungsarbeiten mit dem Ziel einer umfassenden und vollständigen Rekonstruktion des Planungsprozesses könnten Fragen beantworten, die in der vorgelegten Arbeit offen bleiben, weil sie nicht in den Unterlagen dokumentiert sind. Dies betrifft beispielsweise die Frage, warum die Vorstellungen der Investoren zur städtebaulichen Form nicht im Vorfeld der Wettbewerbsausschreibung 1991 geklärt wurden – schließlich verhandelten die Akteure seit eineinhalb Jahren und einigten sich an vielen anderen Punkten –, oder warum Richard Rogers nicht zum Wettbewerb eingeladen wurde. Von Interesse ist auch die in den untersuchten Unterlagen nicht dokumentierte Planungsphase von Frühjahr und Sommer 1989 bis Anfang 1990, als Daimler Benz mit der Senatsverwaltung für Bau- und Wohnungswesen bereits über ein Grundstück verhandelte.

Vertiefend könnten einzelne Themen der Stadtplanung, zum Beispiel Verkehr, Umwelt-, Natur- oder Denkmalschutz untersucht werden, was sowohl die Bandbreite der Planungsthemen vervollständigen als auch weitere Genderkonstruktionen sichtbar machen würde. Mit einer Konzentration auf weniger umfangreiche, einzelne Themen könnte das Akteurset auf weitere AkteurInnen des politisch-administrativen Systems wie Bezirks- und Bundesverwaltungen oder auch einzelne Parteien sowie nicht-staatliche Akteure wie BürgerInnen-Initiativen, WissenschaftlerInnen und JournalistInnen ausgedehnt werden, wodurch die Palette der Vorstellungen über die Gestaltung des Potsdamer/Leipziger Platz und der Genderkonstruktionen erweitert würde.

In der vorgelegten Arbeit wurde der Planungszeitraum von 1989 bis Ende 1991 untersucht, weil in dieser Phase der politischen Auseinandersetzungen die Vorstellungen und Argumente der Akteure zur städtebaulichen Planung besonders gut sichtbar werden. Ein weiteres Forschungsfeld könnte der Planungsprozess nach 1991 sein, denn die existierende Literatur bezieht sich fast ausschließlich auf architektonische Aspekte. Der Politikgestaltungsprozess sowie die impliziten Genderkonstruktionen beispielsweise bei den Realisierungswettbewerben zwischen Investoren, Architekten, Bezirken und nicht-staatlichen AkteurInnen wie BürgerInnen-Initiativen oder Medien bleiben hingegen unberücksichtigt. Aufgezeigt werden könnte, wie und warum der städtebauliche

Kompromiss vom Dezember 1991, bei dem die unterschiedlichen Konstruktionen hegemonialer Männlichkeit des politisch-administrativen Systems und der Investoren nebeneinander bestehen bleiben konnten, im Rahmen der Realisierungswettbewerbe und Bebauungspläne der einzelnen Grundstücke teilweise jedoch zugunsten der Vorstellungen der Investoren verändert und entschieden wurde.

Während in der vorgelegten Arbeit Genderkonstruktionen in der Stadtplanung untersucht wurden und sich diese weitgehend in den Entwürfen der Realisierungswettbewerbe und in der Architektur fortgesetzt haben dürften, steht die Herausarbeitung der Merkmale von Männlichkeiten und Weiblichkeit in den Wettbewerbsergebnissen und Bebauungsplänen der Einzelgrundstücke bisher noch aus.

Die vorläufig letzte Planungsphase des Potsdamer Platzes bezieht sich auf den Zeitraum nach der Eröffnung der beiden größten Grundstücke 1998 von Daimler Benz und 2000 von Sony, bei dessen Untersuchung die NutzerInnen im Mittelpunkt stehen könnten. Während beim städtebaulichen Planungsprozess der Eindruck entstand, man habe im menschenleeren Raum und zum reinen Selbstzweck der Akteure geplant, würde sich die Frage stellen, wie und warum der Platz funktioniert, ob und welche unterschiedlichen (Aus-)Wirkungen auf Frauen und Männer als BesucherInnen, BewohnerInnen oder ArbeitnehmerInnen existieren.

Ein zu untersuchender Aspekt könnte die erwähnte Dienstleistungsmischung sein, die im Wesentlichen dem US-amerikanischen Vorbild des „Urban Entertainment Centers" entspricht (vgl. Schweitzer 1998: 33, Franck 1997: 3). Diese städtischen Vergnügungszentren sind so angelegt, dass sich BesucherInnen vier Stunden lang dort aufhalten, ohne sich zu langweilen. Dann, so kalkulieren die Betreiber, haben sie genug Geld ausgegeben. Dabei stehen Familien mit Kindern im Mittelpunkt des Interesses. Das Augenmerk richtet sich dabei insbesondere auf die Familien-Frauen, die in der Regel entscheiden, wo sich die Familie aufhält (Schambach 1999: 136, Schweitzer 1998: 22), deshalb sind sie eine relevante Größe für das Gelingen eines Urban Entertainment Centers, welches sowohl auf dem wirtschaftlichen Erfolg als auch auf der Anerkennung und Annahme durch die NutzerInnen beruht.

Obwohl die Brachfläche des Potsdamer/Leipziger Platzes mittlerweile bebaut und funktionstüchtig ist, harren auch 15 Jahre nach den ersten Planungsüberlegungen noch einige Forschungsfelder der Bearbeitung.

Bibliographie

Primärquellenverzeichnis

SenStadtUm: Senatsverwaltung für Stadtentwicklung und Umweltschutz

28.02.1990:	Protokoll der Sitzung vom 27.02.1990: Planungsverfahren Zentraler Bereich
06.03.1990:	Vermerk: Die räumliche Ordnung im Zentralen Bereich
09.03 1990:	Pressekonferenz: Der Zentrale Bereich – Grüne Mitte der Weltstadt Berlin
12.03.1990:	Vermerk: Städtebaulicher Wettbewerb Potsdamer/Leipziger Platz
12. 03.1990a:	Interne Mitteilung an Senatsverwaltung für Bau und Wohnungswesen, Wolfgang Nagel: Ihr Schreiben vom 8. März 1990
20.03.1990:	Vermerk: Wettbewerb Umfeld Potsdamer/Leipziger Platz
29.03.1990:	Vermerk: Städtebaulicher Wettbewerb Potsdamer/Leipziger Platz
09.04.1990:	Senatsvorlage Nr. 959/90 für die Sitzung am 10.04.1990
25.04.1990:	Pressekonferenz: Ausstellungseröffnung Potsdamer/Leipziger Platz
13.06.1990:	Interne Mitteilung an SenKanzlei: Wettbewerbsvorbereitung Potsdamer/Leipziger Platz

18.06.1990:	Vermerk: Städtebaulicher Wettbewerb Potsdamer und Leipziger Platz – landschaftsplanerische Zielsetzungen
27.06.1990:	Pressekonferenz: (Aus)-Verkauf für den Potsdamer Platz?!
29.06.1990:	Interne Mitteilung an den Regierenden Bürgermeister Walter Momper: Kaufvertrag zwischen dem Land Berlin und der Daimler Benz AG
29.06.1990a:	Interne Mitteilung an Senatsverwaltung für Finanzen: Stellungnahme zum Kaufvertrag DB-Berlin
03.07.1990:	Pressemitteilung: Ein Ziel des Wettbewerbs: Die städtebaulich verträgliche Einfügung des Daimler-Projekts in den Zentralen Bereich
25.07.1990:	Interne Mitteilung an Senatsverwaltung für Arbeit, Verkehr und Betriebe: Senatsvorlage über „Stellungnahme zu dem Antrag der Fraktion der CDU über unterirdische Verkehrsbauten als städtebauliche Rahmenbedingungen für die Gestaltung des Zentralen Bereichs“
09.08.1990:	Vermerk: Ökologische Planungskriterien für Wettbewerbsausschreibungen
08.10.1990:	Brief an Bezirksamt Tiergarten von Berlin: Errichtung des Filmhauses Esplanade
31.05.1991:	Interne Mitteilung an Senatsverwaltung für Finanzen: Entwurf Kaufvertrag Land Berlin/Sony Deutschland GmbH über Flächen im Bereich Bellevuestraße/Esplanade

13.06.1991:	Interne Mitteilung an Senatsverwaltung für Finanzen: Vertrag Sony, Potsdamer Platz
26.06.1991:	Vermerk: Wettbewerbsverfahren Potsdamer/Leipziger Platz
28.06.1991:	Protokoll des Preisrichter- und Ausgabekolloquiums: Wettbewerb Potsdamer und Leipziger Platz
10.07.1991:	Interne Mitteilung an SenBauWohn: Ansiedlungsvorhaben der ABB
04.10.1991:	Pressemitteilungsunterlagen: Internationaler Wettbewerb „Potsdamer und Leipziger Platz“ entschieden
07.10.1991:	ATO-Bericht für die Senatssitzung am 08. Oktober 1991: Bericht über das Ergebnis des beschränkten Ideenwettbewerbs Potsdamer/Leipziger Platz
10.10.1991:	Brief an Rem Koolhaas: Ihr Schreiben v. 7.10.91
16.10.1991:	Vermerk: Zur Diskussion über das Wettbewerbsergebnis Potsdamer und Leipziger Platz
28.10.1991:	Vermerk an Senatskanzlei: Wettbewerbsergebnis Potsdamer/Leipziger Platz – Weiterbearbeitungsverpflichtung, Urteilskriterien und Konzeptvergleich
02.11.1991:	Vermerk: Wettbewerb Potsdamer/Leipziger Platz
05.11.1991:	Vermerk: Informationen zum aktuellen Stand der Planung

07.11.1991:	Presse-Erklärung: 1. Preis des städtebaulichen Wettbewerbs Potsdamer/Leipziger Platz der Münchener Architekten Hilmer und Sattler
11.11.1991:	Vermerk: Zu klärende Entscheidungen für Potsdamer-Platz-Projekte
27.11.1991:	Vermerk: Potsdamer Platz
28.11.1991:	Vermerk: Zu klärende Entscheidungen für Potsdamer-Platz-Projekte – Aktueller Stand
02.12.1991:	Ergebnisprotokoll: Vorstellung des überarbeiteten Konzeptes und der Verkehrsplanung Potsdamer/Leipziger Platz am 30.11.1991 – Städtebauliches Konzept Potsdamer/Leipziger Platz
05.12.1991:	Vermerk: mögliche Verschiebung Senatsbeschluß (handschriftlich)
06.12.1991:	Gesprächsnotiz: Investorengespräch Potsdamer Platz (handschriftlich)
06.12.1991a:	Ergebnisprotokoll des Gesprächs am 4.12.1991: Realisierbarkeit der Hertieprojekte am Potsdamer/Leipziger Platz
09.12.1991:	Vermerk: Grundsätze für ein innerstädtisches Verkehrskonzept am Beispiel des Spreebogens und Potsdamer/Leipziger Platz
10.12.1991:	Vermerk: Vereinbarung mit den Investoren am Potsdamer Platz
16.12.1991:	Ergebnisprotokoll: Vorstellung des weiteren Konzeptüberarbeitung Potsdamer/Leipziger Platz am 06.12.1991 mit den Investoren

07.01.1992: Brief an Daimler Benz AG: Potsdamer Platz, Ihr Schreiben vom 10.12.1991

1990: Potsdamer und Leipziger Platz, Dokumentation einer Ausstellung über die Ereignis- und Planungsgeschichte der Doppelplatzanlage und ihres Umfeldes, ergänzt durch literarische und zeitgenössische Texte

1991: Potsdamer Platz/Leipziger Platz: Informationsband zur Ausschreibung des städtebaulichen Wettbewerbs

1991a: Potsdamer und Leipziger Platz: Internationaler engerer Wettbewerb – Ausschreibung

1991b : Städtebaulicher Wettbewerb Potsdamer und Leipziger Platz: Bericht der Vorprüfung, o. S.

1991c: Ergebnisprotokoll: Städtebaulicher Wettbewerb Potsdamer und Leipziger Platz

1991d: Stadtforum Journal No. 3, November

Gruppe Planwerk

29.05.1990: Protokoll zur ersten Sitzung der Steuerungsrunde „Potsdamer Platz“ am 22.5.1990

05.06.1990: Protokoll zur zweiten Sitzung der Steuerungsrunde „Potsdamer Platz“ am 29.5.1990

11.06.1990:	Protokoll zur dritten Sitzung der Steuerungsrunde „Potsdamer Platz" am 5.6.1990
25.06.1990:	Protokoll zur fünften Sitzung der Steuerungsrunde „Potsdamer Platz" am 19.6.1990

SenBauWohn: Senatsverwaltung für Bau- und Wohnungswesen

1990:	Untersuchung für ein erweitertes Engagement der Daimler Benz AG in Berlin, Arbeitspapier, Stand Januar 1990, unveröffentlichtes Manuskript, o. S.
21.02.1990:	Vermerk über die Sitzung am 19.02.1990: Niederlassung der Daimler Benz AG am Potsdamer Platz
08.03.1990:	Interne Mitteilung an Senatsverwaltung für Stadtentwicklung und Umweltschutz: Abstimmungsrunde am 19.02.1990
12.03.1990:	Vorlage zur Sitzung des Senats am 13.3.90: Niederlassung der Daimler Benz Inter Services AG am Potsdamer Platz
02.04.1990:	Senatsvorlage für die Sitzung am 03.04.90
11.10.1990:	Überarbeiteter Entwurf: Ausschreibung zum Investorenwettbewerb „Filmhaus Esplanade"

14.10.1991:	Ergebnisprotokoll des Gesprächs am 9. Oktober 1991 mit den Investoren zum Thema „Potsdamer Platz“
08.11.1991:	Ergebnisprotokoll des Gesprächs am 7. November 1991 mit den Investoren zum Thema „Postdamer Platz“
29.11.1991:	Interne Mitteilung an Senatsverwaltung für Stadtentwicklung und Umweltschutz: Mitzeichnung Senatsvorlage Nr. 1151/91
06.12.1991:	Interne Mitteilung an Senatsverwaltung für Stadtentwicklung und Umweltschutz: Mitzeichnung Senatsvorlage Nr. 1151/91
1994:	Bebauungsplan II-B 5: „Potsdamer Platz/Leipziger Platz“

SenFin: Senatsverwaltung für Finanzen

09.04.1990:	Besprechungsunterlage für die Sitzung am Dienstag, den 10. April 1990
01.07.1991:	Interne Mitteilung an Senatsverwaltung für Stadtentwicklung und Umweltschutz: Vertrag Sony, Potsdamer Platz
13.06.1991:	Interne Mitteilung an Senatsverwaltung für Stadtentwicklung und Umweltschutz: Städtebaulicher Wettbewerb Potsdamer/Leipziger Platz

Abgeordnetenhaus: Abgeordnetenhaus von Berlin, Ausschuss für Stadtplanung und Stadtentwicklung

02.05.1990:	Inhalts-Protokoll: 15. Sitzung
16.05.1990:	Wort-Protokoll: 16. Sitzung
06.06.1990:	Wort-Protokoll: 17. Sitzung
20.06.1990:	Inhalts-Protokoll: 18. Sitzung
06.11.1991:	Beschluß-Protokoll: 12. Sitzung

Senat: Senat von Berlin

06.04.1990:	Pressemitteilung: Daimler-Benz Inter-Services weltweit tätig
10.04.1990:	Senatsbeschluß Nr. 959/90 vom 10. April 1990: Städtebaulicher Wettbewerb Potsdamer/Leipziger Platz
07.05.1990:	Pressemitteilung: Daimler Benz will Senatsplanung zum Potsdamer Platz akzeptieren
05.07.1990:	61. Senatssitzung und 9. Magistratssitzung vom 3. Juli 1990: Vergabe Grundstück am Potsdamer Platz an die Daimler-Benz AG (DB)
16.07.1990:	Kaufvertrag zwischen dem Land Berlin und Daimler Benz AG (Entwurf)
26.06.1991:	Kaufvertrag zwischen dem Land Berlin und Sony AG (Entwurf)
12. 12.1991:	Senatsbeschluß Nr. 1154/91 vom 10. Dezember 1991: Umsetzung des

	Wettbewerbsergebnisses Potsdamer/Leipziger Platz
13.12.1991:	Pressemitteilung: Verändertes Konzept für Potsdamer/Leipziger Platz beschlossen
1994:	Festsetzung des Bebauungsplanes II-B 5 vom 28. Juni 1994

Daimler Benz

01.06.1990:	Brief an Senator für Finanzen
10.08.1990:	Brief an Senatsverwaltung für Stadtentwicklung und Umweltschutz
18.01.1991:	Brief an Senatsverwaltung für Stadtentwicklung und Umweltschutz
28.06.1991:	Brief an die Teilnehmer des Städtebauwettbewerbs
26.11.1991:	Brief an Senator für Stadtentwicklung und Umweltschutz und Senator für Bau- und Wohnungswesen
10.12.1991:	Fax an Senator für Stadtentwicklung und Umweltschutz
19.12.1991:	Brief an Senator für Stadtentwicklung und Umweltschutz: Umsetzung des Wettbewerbsergebnisses Potsdamer/Leipziger Platz

Sony

03.12.1991:	Brief an Senator für Stadtentwicklung und Umweltschutz mit Anlage: Interne

Mitteilung vom 2. Dezember 1991 zum Verhandlungsstand Potsdamer Platz

1992: Architekturwettbewerb Potsdamer Platz, Berlin

Das Europäische Sony-Center in Berlin, o. D.

Kupsch, Gewerbeimmobilien Management GmbH:

ABB/Haus Vaterland

01.11.1991: Gesprächsnotiz: Potsdamer Platz – Haus Vaterland Gespräch im Hause SenBauWohn am 31.10.91 – 17.00 Uhr

11.12.1991: Brief an Senator für Stadtentwicklung und Umweltschutz: Grundstücksaktiengesellschaft am Potsdamer Platz – Haus Vaterland

Hertie/Wertheim

15.03.1990: Brief von Rechtsanwalt Hans-Gerhard Franck an Senatsverwaltung für Bau- und Wohnungswesen: Bebauung des Geländes zwischen Lennéstraße/Ebertstraße/Bellevuestraße – sog. „Lenné-Dreieck“

13.09.1990: Brief an Senatsverwaltung für Stadtentwicklung und Umweltschutz: Bebauung des sog. Lenné-Dreiecks

Wertheim Berlin: Projektbeschreibung Leipziger Straße, o. D.

Hertie-Zentrum-Berlin: Projektbeschreibung, o. D.

Daimler Benz u.a.: Ein Platz zum Leben. Das Investorenkonzept von Richard Rogers für das Herz Berlins, o. D.

Weitere (alphabetisch)

AIV 1992: Dokumentation AIV-Ideenkonkurrenz Leipziger Platz – Potsdamer Platz, Berlin

AL 06.04.1990: Pressedienst Alternative Liste: Leitgedanken der AL-Fraktion zu den Planungen am Potsdamer Platz

Einem 1990: Einem, Eberhard von: Metropole Berlin – ein wirtschaftliches und regionalpolitisches Szenario für das Jahr 2010

Gruppe 9. Dezember Charta für die Mitte von Berlin – Ausschnitt Leipziger und Potsdamer Platz, o. D.

Hilmer & Sattler 1991: Potsdamer Platz - Leipziger Platz, o. S.

Koolhaas 07.10.1991: Brief von Rem Koolhaas an Senatsverwaltung für Stadtentwicklung und Umweltschutz: Potsdamer und Leipziger Platz

Koordinierungsrat 29.03.1990: Vermerk: Hinweise zur Vorbereitung des städtebaulichen Wettbewerbs Potsdamer/Leipziger Platz

Magistrat 11.04.1990: Beschlußvorlage: Überlegungen des Magistrats von Berlin zur Vorbereitung eines gemeinsamen städtebaulichen Wettbewerbes des Senats von Berlin und des

Magistrats von Berlin zur Gestaltung des Potsdamer/Leipziger Platzes

Provisorischer Regionalausschuß 19.02.1990: Konzept zur Erarbeitung von Vorschlägen für die Gestaltung des Grenzbereichs

RRP 1991: Richard Rogers Partnership: Entwicklungsgutachten für den Potsdamer und Leipziger Platz, Vol. 1

RRP 1991a: Richard Rogers Partnership: Entwicklungsgutachten für den Potsdamer und Leipziger Platz, Vol. 2, 1991a

Schramm 09.04.1990: Stellungnahme von Hilde Schramm (MdA) zur Senatsplanung Potsdamer/Leipziger Platz und westlich angrenzende Bereiche

Stadtplaner/innen u.a. 07.05.1990: Stadtplaner/innen und engagierte Bürger/innen aus der DDR und West-Berlin zusammen mit dem Stadttor e.V.: Brief an die Delegierten des Landesparteitags der SPD am 12.5.190: Hinweise zum Potsdamer Platz

Stiftung Preußischer Kulturbesitz 15.03.1990: Brief an Senatorin für Stadtentwicklung und Umweltschutz: Erweiterungsgelände für die Staatsbibliothek Preußischer Kulturbesitz

Szamatolski 19.08.1990: Dr. Clemens-Guido Szamatolski im Auftrage der Senatsverwaltung für Stadtentwicklung und Umweltschutz: Vegetationsstrukturkartierung Potsdamer/Leipziger Platz – Eine Untersuchung zur Vorbereitung des städtebaulichen Wettbewerbs

Tiergarten 05.03.1990: Brief des Bezirksamtes Tiergarten von Berlin an die Senatsverwaltung für Stadtentwicklung und Umweltschutz: Errichtung des Filmhauses Esplanade

Literaturverzeichnis

Acker, Joan (1989): The Problem with Patriarchy. In: Sociology, Jg. 1989, H. 2, 235-240

Arendt, Hannah (1992): Vita acitva oder vom tätigen Leben, München

Armbruster, Christof/Müller, Ursula/Sein-Hilbers, Marlene (Hrsg.) (1995): Neue Horizonte? Sozialwissenschaftliche Forschung über Geschlechter und Geschlechterverhältnisse, Opladen

Barrett, Frank J. (1999): Die Konstruktion hegemonialer Männlichkeit in Organisationen: Das Beispiel US-Marine. In: Eifler, Christine/Seifert, Ruth (Hrsg.): Soziale Konstruktionen – Militär und Geschlechterverhältnisse, Münster, 71-93

Bauhardt, Christine (1994): Stadtentwicklung und Verkehrspolitik. Eine feministische Untersuchung am Beispiel der Stadt Essen, Essen

Bauhardt, Christine/Wahl, Angelika (Hrsg.) (1999): Gender and Politics. Geschlecht in der feministischen Politikwissenschaft, Opladen

Bauhardt, Christine/Becker, Ruth (Hrsg.) (1997): Durch die Wand! Feministische Konzepte zur Raumentwicklung, Pfaffenweiler

Baumgart, Sabine (1993): Planungskonzepte aus Frauensicht in Städte- und Wohnungsbau, Kommunalplanung und Raumordnung. In: Bundesministerium für Raumplanung, Bauwesen und Städtebau (Hrsg.): Frauen planen die Stadt. Dokumentation eines Kolloquiums am 25.02.1993 in Bonn, Heft 493, Bonn, 47-64

Baumgart, Sabine/Pahl-Weber, Elke (1993): Bausteine für eine Stadt der Frauen – Visionen für Hamburg Gutachten im Auftrag des Landesplanungsamtes der Stadtentwicklungsbehörde Hamburg, Hamburg

BauSteineMänner (Hrsg.) (1996): Kritische Männerforschung. Neue Ansätze in der Geschlechtertheorie, Berlin

Beck, Ulrich (1986): Risikogesellschaft. Auf dem Weg in eine andere Moderne, Frankfurt am Main

Becker, Ruth (1997): Frauenforschung in der Raumplanung – Versuch einer Standortbestimmung. In: Bauhardt, Christine/Becker, Ruth (Hrsg.): Durch die Wand! Feministische Konzepte zur Raumentwicklung, Pfaffenweiler, 11-32

Becker, Ruth (1998): Geschlechtsspezifische Planung – Utopie oder realisierbare Chance? Dokumentation einer Podiumsdiskussion. In: Demmel, Friederike/Klingberg, Tina/Siemer, Dorothee (Hrsg.): Geschlechterverhältnis und Räumliche Planung, Berlin, 169-197

Becker, Ruth (2000): Geschlecht und Raum: Feministische Forschung und Praxis in der Raumplanung. In: Cottmann, Angelika/Kortendiek, Beate/Schildmann, Ulrike (Hrsg.): Das undisziplinierte Geschlecht. Frauen- und Geschlechterforschung – Einblick und Ausblick, Opladen, 89-106

Becker, Ruth/Dörhöfer, Kerstin/Hannemann, Christiane (1998): Geschlechsspezifische Planung – Utopie oder realisierbare Chance? Dokumentation einer Podiumsdiskussion. In: Demmel, Friederike/Klingberg, Tina/Siemer, Dorothee (Hrsg.): Geschlechterverhältnis und Räumliche Planung, Berlin, 169-197

Becker-Schmidt, Regina/Knapp, Gudrun-Axeli (Hrsg.)(1995): Das Geschlechterverhältnis als Gegenstand der Sozialwissenschaften, Frankfurt am Main/New York

Becker-Schmidt, Regina/Knapp, Gudrun-Axeli (Hrsg.)(2000): Feministische Theorie zur Einführung, Hamburg

Behning, Ute (1997): Diskursanalyse in der Policy-Forschung. Vorüberlegungen zu einer geschlechterpolitischdiskursanalytischen Policy-Analyse, http://sozialwiss.uni-hamburg.de/Soz/PolKog/behning.html 23.01.2001

Behning, Ute (1999): Zur Rekonstruktion von „Geschlecht" durch politikwissenschaftliche Analysen. In: Bauhardt, Christine/Wahl, Angelika (Hrsg.): Gender and Politics. Geschlecht in der feministischen Politikwissenschaft, Opladen, 199-213

Behning, Ute/Lepperhoff, Julia (1997): Policy-Forschung revisted. In: femina politica, 6. Jg., H. 1, 52-60

Benhabib, Seyla (1991): Modelle des öffentlichen Raums: Hannah Arend, die liberale Tradition und Jürgen Habermas. In: Soziale Welt, 42. Jg., H. 2, 147-165

Benhabib, Seyla (1994): Feministische Theorie und Hannah Arendts Begriff des öffentlichen Raums In: Brückner, Margrit/Meyer Birgit (Hrsg.): Die sichtbare Frau, Freiburg i. Br., 270-299

Benhabib, Seyla/Nicholson, Linda (1987): Politische Philosophie und die Frauenfrage. In: Fletcher, I./Münkler, H. (Hrsg.): Pipers Handbuch der politischen Ideen. Band 5. Neuzeit, München/Zürich, 513-562

Biester, Elke u.a. (Hrsg.) (1992): Staat aus feministischer Sicht, Berlin

Biester, Elke/Holland-Cunz, Barbara/Sauer, Birgit (Hrsg.) (1994): Demokratie oder Androkratie. Theorie und Praxis demokratischer Herrschaft in der feministischen Diskussion, Frankfurt am Main/New York 1994

Bock, Stephanie/Heeg, Susanne/Rodenstein, Marianne (1997): Reproduktionsarbeitskrise und Stadtstruktur. Zur Entwicklung von Agglomerationsräumen aus feministischer Sicht. In: Bauhardt, Christine/Becker, Ruth (Hrsg.): Durch die Wand! Feministische Konzepte zur Raumentwicklung, Pfaffenweiler, 33-52

Bodenschatz, Harald (1995): Berlin auf der Suche nach dem verlorenen Zentrum, Berlin

Bovenschen, Silvia (1979): Die imaginierte Weiblichkeit, Frankfurt am Main

Braun, Christina von/Stephan, Inge (Hrsg.) (2000): Gender Studien. Eine Einführung, Stuttgart/Weinheim

Breckner, Ingrid/Sturm, Gabriele (1993): Weibliche Lebenssituation im Wandel: Gesellschaftliche Entwicklungen verändern die Gestaltungsräume von Frauen in räumlichen Strukturen. In: Bundesministerium für Raumplanung, Bauwesen und Städtebau (Hrsg.): Frauen planen die Stadt. Dokumentation eines Kolloquiums am 25.02.1993 in Bonn, Heft Nr. 493, Bonn, 23-46

Breckner, Ingrid/Sturm, Gabriele (2002): Kleiderwechsel – Sackgassen und Perspektiven in patriarchalen Öffentlichkeiten. In: Löw, Martina (Hrsg.): Differenzierungen des Städtischen, Opladen, 157-186

Brückner, Margrit/Meyer Birgit (Hrsg.) (1994): Die sichtbare Frau, Freiburg i. Br.

Bundesministerium für Raumplanung, Bauwesen und Städtebau (Hrsg.) (1993): Frauen planen die Stadt. Dokumentation eines Kolloquiums am 25.02.1993 in Bonn, Heft Nr. 493, Bonn

Bundesstadt Bonn (Hrsg.) (1995): Stadt der Männer – Stadt der Frauen. Die Stadt der Zukunft. Dokumentation eines Symposiums am 20./21.03.1995 in Bonn, Bonn

Burg, Annegret (Hrsg.) (1994): Neue Berlinische Architektur. Eine Debatte, Berlin

Carrigan, Tim/Connell, Robert/Lee, John (1996): Ansätze zu einer neuen Soziologie der Männlichkeit. In: BauSteineMänner (Hrsg.): Kritische Männerforschung. Neue Ansätze in der Geschlechtertheorie, Berlin, 38-75

Cohen, Jean L. (1994): Das Öffentliche und das Private neu denken. In: Brückner, Margrit/Meyer Birgit (Hrsg.): Die sichtbare Frau, Freiburg i. Br., 300-326

Connell, Robert (1987): Gender and Power, Cambridge

Connell, Robert (1995): Neue Richtungen für Geschlechtertheorie. Männlichkeitsforschung und Geschlechterpolitik. In: Armbruster, Christof/Müller, Ursula/Sein-Hilbers, Marlene (Hrsg.): Neue Horizonte? Sozialwissenschaftliche Forschung über Geschlechter und Geschlechterverhältnisse, Opladen, 61-83

Connell, Robert (1998): Männer in der Welt: Männlichkeiten und Globalisierung. In: Widersprüche, 18. Jg., März, 91-105

Connell, Robert (1999): Der gemachte Mann. Konstruktionen und Krise von Männlichkeiten, Opladen

Connell, Robert (2000): Die Wissenschaft von der Männlichkeit. In: King, Vera/Bosse, Hans (Hrsg.): Männlichkeitsentwürfe. Wandlungen und Widerstände im Geschlechterverhältnis, Frankfurt am Main/New York, 17-28

Cottmann, Angelika/Kortendiek, Beate/Schildmann, Ulrike (Hrsg.) (2000): Das undisziplinierte Geschlecht. Frauen- und Geschlechterforschung – Einblick und Ausblick, Opladen

Dahl, Doris/Fey-Hoffmann, Simone (1994): Wohnungspolitik aus weiblicher Sicht – Frauengerechtes Wohnen, Quettinger Feld, Leverkusen

Demmel, Friederike/Klingberg, Tina/Siemer, Dorothee (Hrsg.) (1998): Geschlechterverhältnis und Räumliche Planung, Berlin

Demmel, Friedericke/Klingberg, Tina/Siemer, Dorothee (1998): Vorwort. In: Demmel, Friederike/Klingberg, Tina/Siemer, Dorothee (Hrsg.): Geschlechterverhältnis und Räumliche Planung, Berlin, 7

Demmel, Friederike/Mack, Gerlinde (Hrsg.) (1994): Frauen und Stadtplanung. Der Flächennutzungsplan Berlin, Berlin

Demmel, Friedericke/Mack, Gerlinde (1994): Vorwort. In: Demmel, Friederike/Mack, Gerlinde (Hrsg.): Frauen und Stadtplanung. Der Flächennutzungsplan Berlin, Berlin, 1-4

Deutscher Städtetag, Kommission „Frauen in der Stadt" (Hrsg.) (1998): Frauen verändern ihre Stadt, Arbeitshilfe 3: Frauen und Stadtentwicklung, Köln

Diepgen, Eberhard (1996): Vorwort. In: Infobox (Hrsg.): Der Katalog, Berlin, 12-13

Döge, Peter (1998): Männerforschung und Geschlechterdemokratie. Vortrag bei der Heinrich-Böll-Stiftung am 11.06.1998, Dortmund

Döge, Peter (1999): Männlichkeit und Politik, Bielefeld

Döge, Peter (2001): Geschlechterdemokratie als Männlichkeitskritik: Blockaden und Perspektiven einer Neugestaltung des Geschlechterverhältnisses, Bielefeld

Döge, Peter/Kassner, Karsten/Schambach, Gabriele (Hrsg.) (2004): Schaustelle Gender. Aktuelle Beiträge sozialwissenschaftlicher Geschlechterforschung, Bielefeld

Dörhöfer, Kerstin (Hrsg.) (1990): Stadt – Land – Frau. Soziologische Analysen feministischer Planungsansätze, Freiburg i. Br.

Dörhöfer, Kerstin (1993): Metropole Berlin – avantgardistischer Anspruch und patriarchale Rückständigkeit. In: Senatsverwaltung für Bau- und Wohnungswesen (Hrsg.): Neue Wohn- und Siedlungsformen – Impulse aus Frauensicht, Berlin, 10-19

Dörhöfer, Kerstin (1994): Raumplanung für Frauen. Theoretische Positionen und praktische Konzepte in Deutschland. In: Perspektiven, Wien, Jg. 1994, H. 1,2, 19-23

Dörhöfer, Kerstin (1999): Öffentlicher Raum: gendered spaces? Gedanken zur Demokratisierung des öffentlichen Raums. In: RaumPlanung, Jg. 1999, H. 87, 263-267

Dörhöfer, Kerstin (2002): Symbolische Geschlechterzuordnungen in Architektur und Städtebau. In: Löw, Martina (Hrsg.): Differenzierungen des Städtischen, Opladen, 128-139

Dörhöfer, Kerstin/Terlinden, Ulla (1987): Verbaute Räume. Auswirkungen von Architektur und Stadtplanung auf das Leben von Frauen, Köln

Dörhöfer, Kerstin/Terlinden, Ulla (1998): Verortungen: Geschlechterverhältnisse und Raumstrukturen, Basel

Dörhöfer, Kerstin/Terlinden, Ulla (1998a): Ein Fauxpas mit Folgen. Rückschau und Ausblick auf feministische Positionen in Stadtforschung und Planung. In: FOPA e.V. (Hrsg.): Neue Wege – Neue Ziele. Positionen feministischer Planung, FreiRäume Band 10, Bielefeld, 25-43

Eifler, Christine/Seifert, Ruth (Hrsg.) (1999): Soziale Konstruktionen - Militär und Geschlechterverhältnisse, Münster

Engelfried, Constance (1997): Männlichkeiten. Die Öffnung des feministischen Blicks auf den Mann, Weinheim/München

Fassbinder, Helga (1997): Stadtforum Berlin. Einübung in kooperative Planung, Dortmund

Fenner, Brigitte/Döge, Peter/Collmer, Sabine (Hrsg.) (1999): Technik – Politik – Geschlecht. Zum Verhältnis von Politik und Geschlecht in der politischen Techniksteuerung, Bielefeld

Fletcher, I./Münkler, H. (Hrsg.) (1987): Pipers Handbuch der politischen Ideen. Band 5: Neuzeit, München/Zürich

FOPA e.V. (Hrsg.) (1992/93): Raum greifen und Platz nehmen. Dokumentation der 1. Europäischen Planerinnentagung, FreiRäume Sonderheft, Berlin

FOPA e.V. (Hrsg.) (1994): Entschleunigung – die Abkehr von einem Lei(d)tbild, FreiRäume, Bielefeld

FOPA e.V. (Hrsg.) (1998): Neue Wege – Neue Ziele. Positionen feministischer Planung, FreiRäume Band 10, Bielefeld

Franck, Jochen (1997): Urban Entertainment Centers – Spaß muss sein. In: Immobilien Manager, Juni, 9-13

Frank, Susanne (1998): Stadtlandschaften und Geschlechter-Geographien. Aspekte einer geschlechtsbezogenen Stadt- und Raumforschung. In: Kreisky, Eva/Sauer, Birgit (Hrsg.): Geschlechterverhältnisse im Kontext politischer Transformation, Opladen, 334-355

Frank, Susanne (2003): Stadtplanung im Geschlechterkampf. Stadt und Geschlecht in der Großstadtentwicklung des 19. und 20. Jahrhunderts, Opladen

Frank, Sybille (2000): Der Potsdamer Platz in Berlin – Das „Herzstück" der Metropole und das Unbehagen in der Geschichte, Diplomarbeit, Berlin

Fraser, Nancy (1996): Öffentlichkeit neu denken. Ein Beitrag zur Kritik real existierender Demokratie. In: Scheich, Elvira (Hrsg.): Vermittelte Weiblichkeit. Feministische Wissenschafts- und Gesellschaftstheorie, Hamburg, 151-182.

Frauenreferat der Stadt Frankfurt am Main (1996): Frauenbelange in der verbindlichen Bauleitplanung, Frankfurt am Main

Freie und Hansestadt Hamburg (Hrsg.) (1993): Bausteine für eine Stadt der Frauen – Visionen für Hamburg, Hamburg

Freie und Hansestadt Hamburg (Hrsg.) (1998): Zwei Jahre Frauenbeirat, Hamburg

Frevert, Ute (1995): Mann und Weib, und Weib und Mann – Geschlechterdifferenzen in der Moderne, München

Geiger, Gabriele (1994): Der enteignete, der ungeeignete Ort. Psychosoziale Faktoren für das Verhalten von Frauen im städtischen Raum In: Perspektiven, Jg. 1994, H. 1,2, 13-18

Gerhard, Ute u.a. (Hrsg.) (1990): Differenz und Gleichheit. Menschenrechte haben (k)ein Geschlecht, Frankfurt am Main

Gildemeister, Regina (2001): Soziale Konstruktion von Geschlecht. Fallen, Mißverständnisse und Erträge einer Debatte. In: Rademacher, Claudia/Wichens, Peter (Hrsg.): Geschlecht – Ethnizität – Klasse, Opladen, 65-87

Habermas, Jürgen (1990): Strukturwandel der Öffentlichkeit, Frankfurt am Main

Hagemann-White, Carol (1984): Sozialisation: weiblich – männlich?, Opladen

Hagemann-White, Carol (1985): Wir werden nicht zweigeschlechtlich geboren. In: Hagemann-White, Carol/Rerrich, Maria (Hrsg.): FrauenMännerBilder, Bielefeld, 224-235

Hagemann-White, Carol/Rerrich, Maria (Hrsg.) (1985): FrauenMännerBilder, Bielefeld

Hannemann, Christiane (1998): Geschlechtsspezifiche Planung – Utopie oder realisierbare Chance? Dokumentation einer Podiumsdiskussion. In: Demmel, Friederike/Klingberg, Tina/Siemer, Dorothee (Hrsg.): Geschlechterverhältnis und Räumliche Planung, Berlin, 169-197

Haug, Frigga (1990): Tagträume eines sozialistischen Feminismus. In: Gerhard, Ute u.a. (Hrsg.): Differenz und Gleichheit. Menschenrechte haben (k)ein Geschlecht, Frankfurt am Main, 82-94

Hausen, Karin (1990): Überlegungen zum geschlechtsspezifischen Strukturwandel der Öffentlichkeit. In: Gerhard, Ute u. (Hrsg.): Differenz und Gleichheit, Frankfurt am Main, 268-283

Héritier, Adrienne (Hrsg.) (1993): Policy-Analyse. Kritik und Neuorientierung, Opladen

Hessisches Ministerium für Wirtschaft, Verkehr und Landesentwicklung (HMWVL) (1996): Bauleitpläne aus Frauensicht, Wiesbaden

Hipp, Herrmann/Seidl, Ernst (Hrsg.) (1996): Architektur als politische Kultur, Berlin

Holja, Catherine (1998): Der Frauenbeirat – aus der Sicht der STEB. In: Freie und Hansestadt Hamburg (Hrsg.): Zwei Jahre Frauenbeirat Hamburg, Hamburg, 6-8

Holland-Cunz, Barbara (1992/93): Öffentlichkeit und Privatheit – Gegenthesen zur einer klassischen Bipolarität. In: FOPA e.V. (Hrsg.): Raum greifen und Platz nehmen. Dokumentation der 1. Europäischen Planerinnentagung, FreiRäume Sonderheft, Berlin, 36-53

Holland-Cunz, Barbara (1994): Öffentlichkeit und Intimität – demokratietheoretische Überlegungen. In: Biester, Elke/Holland-Cunz, Barbara/Sauer, Birgit (Hrsg.): Demokratie oder Androkratie. Theorie und Praxis demokratischer Herrschaft in der feministischen Diskussion Frankfurt am Main/New York, 227-246

Infobox (Hrsg.) (1996): Der Katalog, Berlin

Jäger, Siegfried (1993): Kritische Diskursanalyse. Eine Einführung, Duisburg

Jäger, Siegfried (1994): Text- und Diskursanalyse. Eine Anleitung zur Analyse politischer Texte, Duisburg

Jakisch, Ulrike (1998): Bewertung frauenspezifischer Belange in der Bauleit- und Landschaftsplanung. In: Demmel, Friederike/Klingberg, Tina/Siemer, Dorothee (Hrsg.): Geschlechterverhältnis und Räumliche Planung, Berlin, 135-144

Janshen, Doris (Hrsg.) (2000): Blickwechsel. Der neue Dialog zwischen Frauen- und Männerforschung, Frankfurt am Main/New York

Kahlert, Heike (1994): Reflexionen über soziale Beziehungen von Frauen in der Wissenschaft. In: Biester, Elke/Holland-Cunz, Barbara/Sauer, Birgit (Hrsg.): Demokratie oder Androkratie. Theorie und Praxis demokratischer Herrschaft in der feministischen Diskussion, Frankfurt am Main/New York, 69-98

Kail, Eva (1994): Ein Plädoyer gegen die „frauenfreundliche" Stadt. In: Perspektiven, Jg. 1994, H. 1/2, 24-27

Kail, Eva (1995): Frauen-Werk-Stadt. In: StadtBauwelt, Jg. 1995, H. 24, 1391-1393

Kaufman, Michael (1996): Die Konstruktion von Männlichkeit und die Triade männlicher Gewalt. In: BauSteineMänner (Hrsg.): Kritische Männerforschung. Neue Ansätze in der Geschlechtertheorie, Berlin, 138-171

King, Vera/Bosse, Hans (Hrsg.) (2000): Männlichkeitsentwürfe. Wandlungen und Widerstände im Geschlechterverhältnis, Frankfurt am Main/New York

Kleger, Heinz/Fiedler, Andreas/Kuhle, Holger (1996): Vom Stadtforum zum Forum der Stadt: Entwicklung und Perspektiven des Stadtforums Berlin, Amsterdam

Klinkhart, Stefanie (1998): Planen, Bauen und Wohnen aus Frauensicht. Wettbewerbs- und Beteiligungsverfahren konkreter Hessischer Bauprojekte. In: Demmel,

Friederike/Klingberg, Tina/Siemer, Dorothee (Hrsg.): Geschlechterverhältnis und Räumliche Planung, Berlin, 111-134

Klotz, Heinrich (1994): Bloß nicht diese Hauptstadt. Heinrich Klotz im Gespräch mit Nikolaus Kuhnert und Angelika Schnell. In: ARCH+ , Jg. 1994, H. 122, 23-27

Knapp, Gudrun-Axeli (2000): Konstruktion und Rekonstruktion von Geschlecht. In: Becker-Schmidt, Regina/Knapp, Gudrun-Axeli (Hrsg.): Feministische Theorie zur Einführung, Hamburg, 63-129

Knapp, Gudrun-Axeli/Wetterer, Angelika (Hrsg.) (1992): TraditionenBrüche. Entwicklungen feministischer Theorie, Freiburg i. Br.

Krämer-Badoni, Thomas (1995): Hat Urbanität eine Zukunft? In: Bundesstadt Bonn (Hrsg.): Stadt der Männer – Stadt der Frauen. Die Stadt der Zukunft. Dokumentation eines Symposiums am 20./21.03.1995 in Bonn, Bonn, 9-15

Krause, Juliane (1994): Erhöhung der sozialen Sicherheit als integraler Bestandteil von sozial- und umweltverträglichen Stadt- und Verkehrskonzepten. In: FOPA e.V. (Hrsg.): Entschleunigung – die Abkehr von einem Lei(d)tbild, Bielefeld, 80-90

Krause, Juliane (1998): Frauenbelange in der Verkehrsplanung. In: Demmel, Friederike/Klingberg, Tina/Siemer, Dorothee (Hrsg.): Geschlechterverhältnis und Räumliche Planung, Berlin, 145-168

Kreisky, Eva (1992): Der Staat als „Männerbund". Der Versuch einer feministischen Staatssicht. In: Biester, Elke u.a. (Hrsg.): Staat aus feministischer Sicht, Berlin, 53-61

Kreisky, Eva (1997): Diskreter Maskulinismus. Über geschlechtsneutralen Schein politischer Idole, politischer Ideale und politischer Institutionen. In: Kreisky, Eva/Sauer, Birgit (Hrsg.): Das geheime Glossar der

Politikwissenschaft. Geschlechtskritische Inspektion der Kategorien einer Disziplin, Frankfurt am Main, 161-213

Kreisky, Eva/Sauer, Birgit (Hrsg.) (1995): Feministische Standpunkte in der Politikwissenschaft, Frankfurt am Main

Kreisky, Eva/Sauer, Birgit (Hrsg.) (1997): Das geheime Glossar der Politikwissenschaft. Geschlechtskritische Inspektion der Kategorien einer Disziplin, Frankfurt am Main

Kreisky, Eva/Sauer, Birgit (Hrsg.) (1998): Geschlechterverhältnisse im Kontext politischer Transformation, Opladen

Kroll, Katharina (2002): Zur Problematik privater, öffentlich zugänglicher Räume am Beispiel des DaimlerChrysler Areals am Potsdamer Platz, http://userpage.fu-berlin.de/~kkroll2/uebungsaufgabe12.html 02.12.2002

Kulawik, Teresa/Sauer, Birgit (Hrsg.) (1996): Der halbierte Staat: Grundlagen feministischer Politikwissenschaft, Frankfurt am Main/New York

Kulawik, Teresa/Sauer, Birgit (1996): Staatstätigkeit und Geschlechterverhältnisse. Eine Einführung. In: Kulawik, Teresa/Sauer, Birgit (Hrsg.): Der halbierte Staat: Grundlagen feministischer Politikwissenschaft, Frankfurt am Main/New York, 9-44

Lampugnani, Vittorio Magnago/Schneider, Roman (1994): Ein Stück Großstadt als Experiment. Planungen am Potsdamer Platz Berlin, Stuttgart

Lang, Sabine (1994): Politische Öffentlichkeit und Demokratie. Überlegungen zur Verschränkung von Androzentrismus und öffentlicher Teilhabe. In: Biester, Elke/Holland-Cunz, Barbara/Sauer, Birgit (Hrsg.): Demokratie oder Androkratie. Theorie und Praxis demokratischer Herrschaft in der feministischen Diskussion, Frankfurt am Main/New York, 201-225

Leibl, Walter (1992): Rolle und Funktion des Berliner „Stadtforums“ im Kontext sich verändernder Stadtpolitiken, Diplomarbeit FU Berlin, Berlin

Lemke, Christiane (1995): Politikwissenschaft und Theorien des Geschlechterverhältnisses. In: Zentrum für interdisziplinäre Frauenforschung der Humboldt-Universität zu Berlin (Hrsg.): Politische Kultur – Demokratie – Geschlechterverhältnis. Dokumentation der Ringvorlesung im Wintersemester 1994/1995, Berlin, 73-79.

Lenhart, Karin (2001): Berliner Metropoly. Stadtentwicklungspolitik im Berliner Bezirk Mitte nach der Wende, Opladen

Lorber, Judith (1999): Gender-Paradoxien, Opladen

Löw, Martina (Hrsg.) (2002): Differenzierungen des Städtischen, Opladen

Mauter, Horst (1995): Der Potsdamer Platz im Wandel der Zeiten. In: Plewina, Ulrike u.a. (Hrsg.): Der Potsdamer Platz. Eine Geschichte in Wort und Bild, Berlin, 6-110

Meckseper, Cord (1996): Oben und Unten in der Architektur. Zur Entstehung einer abendländischen Raumkategorie. In: Hipp, Herrmann/Seidl, Ernst (Hrsg.): Architektur als politische Kultur, Berlin, 37-52

Meulemann, Heiner/Elting-Camus, Agnes (Hrsg.) (1993): Lebensverhältnisse und soziale Konflikte im neuen Europa, Bd. 2, Opladen

Meuser, Michael (1998): Geschlecht und Männlichkeit, Opladen

Meuser, Michael (2000): Perspektiven einer Soziologie der Männlichkeit. In: Janshen, Doris (Hrsg.): Blickwechsel. Der neue Dialog zwischen Frauen- und Männerforschung, Frankfurt am Main/New York, 47-78

Meuser, Michael/Neusüß, Claudia (Hrsg.) (2004): Gender Mainstreaming. Konzepte – Handlungsfelder – Instrumente, Bonn

Meyer, Birgit (1992): Über das schwierige aber notwendige Verhältnis von Feminismus und Demokratie. In: Biester, Elke u.a. (Hrsg.): Staat aus feministischer Sicht, Berlin, 63-74

Michalitsch, Gabriele (2003): Krieg mit friedlichen Mitteln. Die maskuline Ökonomie der Konkurrenz. In: Neissl, Julia u.a. (Hrsg.): Männerkrieg und Frauenfrieden. Geschlechterdimensionen in kriegerischen Konflikten, Wien, 47-62

Mies, Maria (1992): Patriarchat und Kapital. Frauen in der internationalen Arbeitsteilung, Zürich

Möller, Simon (1999): Sexual Correctness. Die Modernisierung antifeministischer Diskurse in den Medien, Opladen

Mönninger, Michael (1998): Global-Cities und Mega-Cities. In: Prigge, Walter (Hrsg.): Peripherie ist überall, Frankfurt am Main, 92-97

Müller, Jörg (1990): Der Potsdamer Platz in Berlin. Zur Geschichte eines zentralen Platzes, Berlin

Neissl, Julia u.a. (Hrsg.) (2003): Männerkrieg und Frauenfrieden. Geschlechterdimensionen in kriegerischen Konflikten, Wien

Niedersächsisches Frauenministerium (1996): Bebauungspläne aus Frauensicht – Eine Handreichung, Hannover

Nohlen, Dieter (Hrsg.) (1992): Pipers Wörterbuch zur Politik, München

Ostendorf, Helga (1999): Die Konstruktion des Weiblichen durch politisch-administrative Institutionen. In: Bauhardt, Christine/Wahl, Angelika (Hrsg.): Gender and Politics.

Geschlecht in der feministischen Politikwissenschaft, Opladen, 149-170

Overkamp, Elisabeth/Thomas, Anja (1998): Denkanstöße. Über Geschlechterbilder in der feministischen Theorie, Emanzipationsstrategien und Frauenbelange in der Planung. In: FOPA e.V. (Hrsg.): Neue Wege – Neue Ziele. Positionen feministischer Planung, FreiRäume Band 10, Bielefeld, 97-107

Pabsch, Matthias (1998): Zweimal Weltstadt: Architektur und Städtebau am Potsdamer Platz, Berlin

Pahl-Weber, Elke (1998): Der Frauenbeirat – aus der Sicht des Beirats. In: Freie und Hansestadt Hamburg (Hrsg.): Zwei Jahre Frauenbeirat, Hamburg, 15-23

Pateman, Carole (1989): The Disorder of Women, Cambridge

Pinl, Claudia (1993): Vom kleinen zum großen Unterschied. „Geschlechterdifferenz" und konservative Wende im Feminismus, Hamburg

Plewina, Ulrike u.a. (Hrsg.) (1995): Der Potsdamer Platz. Eine Geschichte in Wort und Bild, Berlin

Prigge, Walter (Hrsg.) (1998): Peripherie ist überall, Frankfurt am Main

Rademacher, Claudia/Wichens, Peter (Hrsg.) (2001.): Geschlecht – Ethnizität – Klasse, Opladen

Rau, Petra (1987): Stadtplaner sind autofahrende Männer. Die Gewalt der Stadt gegen Frauen am Beispiel Verkehr. In: Steg, Elke/Jesinghaus, Inga (Hrsg.): Die Zukunft der Stadt ist weiblich. Frauenpolitik in der Kommune, Bielefeld, 116-121

Reichel, Peter (1996): Berlin nach 1945 – eine Erinnerungslandschaft zwischen Gedächtnis-Verlust und Gedächtnis-Inszenierung. In: Hipp, Herrmann/Seidl, Ernst (Hrsg.): Architektur als politische Kultur, Berlin, 253-272

Reichwein, R. (1998): Privatsphäre im Umbruch. In: Reichwein, R./Cramer, A. (Hrsg.): Umbrüche in der Privatsphäre, Bielefeld, 81-22

Reichwein, R./Cramer A. (Hrsg.) (1993): Umbrüche in der Privatsphäre, Bielefeld

Rodenstein, Marianne (1990): Feministische Stadt- und Regionalforschung – Ein Überblick über Stand, aktuelle Probleme und Entwicklungsmöglichkeiten In: Dörhöfer, Kerstin (Hrsg.): Stadt – Land – Frau. Soziologische Analysen feministischer Planungsansätze, Freiburg i. Br., 199-230

Rodenstein, Marianne (1994): Wege zur nichtsexistischen Stadt, Freiburg i. Br.

Rodenstein, Marianne (1998): Freiräume für Frauen. Weibliche Stadtansichten und Stadtplanung für Frauen. In: Freie und Hansestadt Hamburg (Hrsg.): Zwei Jahre Frauenbeirat, Hamburg, 64-75

Rodenstein, Marianne (1998a): Von der frauengerechten zur nicht-sexistischen Stadt. Ein Plädoyer für eine neue Perspektive in der feministischen Stadt- und Regionalplanung. In: FOPA e.V. (Hrsg.): Neue Wege – Neue Ziele. Positionen feministischer Planung, FreiRäume Band 10, Bielefeld, 142-150

Rossanda, Rossana (1990): Differenz und Gleichheit. Eröffnungsvortrag. In: Gerhard, Ute u.a. (Hrsg.): Differenz und Gleichheit. Menschenrechte haben (k)ein Geschlecht, Frankfurt am Main, 13-29

Sassen, Saskia (1996): Metropolen des Weltmarktes, Frankfurt am Main

Sauer, Birgit (1994): Was heißt und zu welchem Zweck partizipieren wir? Kritische Anmerkungen zur Partizipationsforschung. In: Biester, Elke/Holland-Cunz, Barbara/Sauer, Birgit (Hrsg.): Demokratie oder Androkratie. Theorie und Praxis demokratischer Herrschaft in der feministischen Diskussion, Frankfurt am Main/New York, 99-130

Sauer, Birgit (2000): Das langsame Jahrhundert. Zur Theorie der Geschlechterpolitik an der Milleniumswende. In: Wolfgruber, Elisabeth/Grabner, Petra (Hrsg.): Politik und Geschlecht: Dokumentation der 6. Frauenringvorlesung an der Universität Salzburg, Innsbruck/Wien/München, 29-46

Schambach, Gabriele (1996): Die symbolische Repräsentation des Geschlechts 'Frau' in der DDR, Diplomarbeit FU Berlin, Berlin

Schambach, Gabriele (1999): Daimler-City oder wie das Geschlecht in der Stadtplanung verborgen ist. In: Fenner, Brigitte/Döge, Peter/Collmer, Sabine (Hrsg.): Technik – Politik – Geschlecht. Zum Verhältnis von Politik und Geschlecht in der politischen Techniksteuerung, Bielefeld, 127-142

Schambach, Gabriele (2004): Genderaspekte in der Planung des Potsdamer Platzes in Berlin. In: Döge, Peter/Kassner, Karsten/Schambach, Gabriele (Hrsg.): Schaustelle Gender. Aktuelle Beiträge sozialwissenschaftlicher Geschlechterforschung, Bielefeld, 172-190

Scheich, Elvira (Hrsg.) (1996): Vermittelte Weiblichkeit. Feministische Wissenschafts- und Gesellschaftstheorie, Hamburg

Schmidt, Hartwig (1981): Das Tiergartenviertel – Baugeschichte eines Berliner Villenviertels, Berlin

Schröder, Thies (1995): Die Chance des Potsdamer Platzes? Ein Platz im Spiegel der Wettbewerbe. In: Plewina, Ulrike u.a. (Hrsg.): Der Potsdamer Platz. Eine Geschichte in Wort und Bild, Berlin, 151-158

Schubert, Kurt (1991): Politikfeldanalyse. Eine Einführung, Opladen

Schubert, Kurt (1992): Politisch-administratives System. In: Nohlen, Dieter (Hrsg.): Pipers Wörterbuch zur Politik, München, 727-728

Schweitzer, Eva (1996): Großbaustelle Berlin. Wie die Hauptstadt verplant wird, Berlin

Seifert, Ruth (1992): Entwicklungslinie und Probleme feministischer Theoriebildung. In: Knapp, Gudrun-Axeli/Wetterer, Angelika (Hrsg.): TraditionenBrüche. Entwicklungen feministischer Theorie, Freiburg i. Br., 255-286

Senatsverwaltung für Bau- und Wohnungswesen (Hrsg.) (1993): Neue Wohn- und Siedlungsformen – Impulse aus Frauensicht, Berlin

Sennett, Richard (1993): Verfall und Ende des öffentlichen Lebens. Die Tyrannei der Intimität, Frankfurt am Main

Siemonsen, Kerstin/Zauke, Gabriele (1991): Sicherheit im öffentlichen Raum. Städtebauliche und planerische Maßnahmen zur Vermeidung von Gewalt, Dortmund

Spitthöver, Maria (1989): Frauen und Freiraum. Zur Beanspruchung öffentlichen städtischen Freiraums durch Frauen, Oldenburg

Spitzner, Meike (1998): Die Krise der Reproduktions-Arbeit: Herausforderung an eine öko-soziale Stadtplanung, herausgegeben vom Deutschen Städtetag, Kommission „Frauen in der Stadt“: Frauen verändern ihre Stadt, Arbeitshilfe 3: Frauen und Stadtentwicklung, Köln

Steg, Elke/Jesinghaus, Inga (Hrsg.) (1987): Die Zukunft der Stadt ist weiblich. Frauenpolitik in der Kommune, Bielefeld

Stegers, Rudolf (1990–1993): Der Streit um den Potsdamer Platz. Lose-Blatt-Sammlung, Berlin

Stephan, Inge (2000): Gender, Geschlecht und Theorie. In: Braun, Christina von/Stephan, Inge (Hrsg.): Gender Studien. Eine Einführung, Stuttgart/Weinheim, 58-96

Striefler, Katja (1998): Das RROP soll zur Gleichstellung beitragen! Frauenspezifische Belange im Regionalen Raumordnungsprogramm Großraum Hannover. In: Demmel, Friederike/Klingberg, Tina/Siemer, Dorothee (Hrsg.): Geschlechterverhältnis und Räumliche Planung, Berlin, 79-96

Sturm, Gabriele (1997): Öffentlichkeit als Raum von Frauen. In: Bauhardt, Christine/Becker, Ruth (Hrsg.): Durch die Wand! Feministische Konzepte zur Raumentwicklung, Pfaffenweiler, 53-72

Der Tagesspiegel, 10.03.1990

taz – die tageszeitung, 21.02.1991

Terlinden, Ulla (1990): Gebrauchswirtschaft und Raumstruktur, Stuttgart

Terlinden, Ulla (1993): Räumliche Heterogenisierung und Veränderung des weiblichen Lebenszusammenhangs. In: Meulemann, Heiner/Elting-Camus, Agnes (Hrsg.): Lebensverhältnisse und soziale Konflikte im neuen Europa, Bd. 2, Opladen, o. S.

Terlinden, Ulla (2002): Räumliche Definitionsmacht und weibliche Überschreitungen. Öffentlichkeit, Privatheit und Geschlechterdifferenzierung im städtischen Raum. In: Löw, Martina (Hrsg.): Differenzierungen des Städtischen, Opladen, 141-156

Wajcman, Judy (1994): Technik und Geschlecht: Die feministische Technikdebatte, Frankfurt am Main

Walter, Willi (2000): Gender, Geschlecht und Männerforschung. In: Braun, Christina von/Stephan, Inge (Hrsg.): Gender Studien. Eine Einführung Stuttgart, Weinheim, 97-115

Warhaftig, Myra (1985): Emanzipationshindernis Wohnung, Köln

Weiske, Christine (1998): Das Geschlecht in der Planung: Version Ost. In: Demmel, Friederike/Klingberg, Tina/Siemer, Dorothee (Hrsg.): Geschlechterverhältnis und Räumliche Planung, Berlin, 49-78

Wettbewerbe aktuell (1996): Zwei Parks am Potsdamer Platz, Berlin, Heft 1/1996, 61

Wilde, Gabriele (1995): Geschlecht und das Prinzip der Ungleichheit. Zur Problematik der Gleichheit in demokratietheoretischen Ansätzen. In: Kreisky, Eva/Sauer, Birgit (Hrsg.): Feministische Standpunkte in der Politikwissenschaft, Frankfurt am Main, 122-161

Windhoff-Héritier, Adrienne (1987): Policy-Analyse. Eine Einführung, Frankfurt am Main/New York

Wolfgruber, Elisabeth/Grabner, Petra (Hrsg.) (2000): Politik und Geschlecht: Dokumentation der 6. Frauenringvorlesung an der Universität Salzburg, Innsbruck/Wien/München

Zibell, Barbara (1998): Das Geschlecht (in) der Planung. Zwischen Anpassung und Widerstand. In: Demmel, Friederike/Klingberg, Tina/Siemer, Dorothee (Hrsg.): Geschlechterverhältnis und Räumliche Planung, Berlin, 19-48

ZIFF – Zentrum für interdisziplinäre Frauenforschung der Humboldt-Universität zu Berlin (Hrsg.) (1995): Politische Kultur – Demokratie – Geschlechterverhältnis. Dokumentation der Ringvorlesung im Wintersemester 1994/1995, Berlin

Zillmann, Kerstin (1998): Ein stilles Jubiläum – 10 Jahre und mehr! Gender Planning an der TU Hamburg-Harburg. In: Freie und Hansestadt Hamburg (Hrsg.): Zwei Jahre Frauenbeirat, Hamburg, 58-63

Abbildungsverzeichnis

Danksagung

An allererster Stelle möchte ich meiner lieben Freundin Eva Maria Hinterhuber danken, die maßgeblich zum Gelingen der Arbeit beigetragen hat. Ebenso danke ich meinen Doktoreltern Peter Grottian und Kerstin Dörhöfer für ihre Unterstützung sowie der Hans-Böckler-Stiftung für die ideelle Promotionsförderung.

In der Hoffnung, an alle gedacht zu haben, und mit der Bitte um Verständnis, falls ich jemanden vergessen habe, danke ich den klugen Köpfen und helfenden Hände von Petra Behrens, Peter Döge, Birgit Dörr, Sven Froese, Anne-Catherine Geuder, Karsten Kassner, Michaela Meier, Kerem Öktem, Christa Saffrahn, Benjamin Schork, Monika Steins, Sonja Vandrei, Regina Vogel und natürlich Markus Peter Ibrom für Dissa und vieles mehr.

Mein spezieller Dank gilt Claudia Neusüß und Irene Reifenhäuser, weil sie zwei sehr beeindruckende Frauen sind.

Und natürlich danke ich besonders Karin Schambach sowie meinen Eltern Silke Ullmann und Günter Schambach, denen diese Arbeit gewidmet ist.